王邦雄 —— 著

老子十二讲

图书在版编目（CIP）数据

老子十二讲 / 王邦雄著. -- 北京：北京联合出版公司，2019.11
　　ISBN 978-7-5596-3608-9

Ⅰ. ①老… Ⅱ. ①王… Ⅲ. ①道家②《道德经》—研究 Ⅳ. ①B223.15

中国版本图书馆CIP数据核字(2019)第186625号

本书由台北远流出版公司授权中文简体字版，限在中国大陆地区发行

老子十二讲

著　　者：王邦雄
选题策划：后浪出版公司
出版统筹：吴兴元
编辑统筹：梅天明
责任编辑：昝亚会　夏应鹏
特约编辑：魏姗姗
营销推广：ONEBOOK
装帧制造：墨白空间·张萌

北京联合出版公司出版
（北京市西城区德外大街83号楼9层　100088）
后浪出版咨询（北京）有限责任公司发行
北京天宇万达印刷有限公司印刷　新华书店经销
字数222千字　889毫米×1194毫米　1/32　12印张
2019年11月第1版　2019年11月第1次印刷
ISBN 978-7-5596-3608-9
定价：48.00元

后浪出版咨询(北京)有限责任公司 常年法律顾问：北京大成律师事务所
周天晖 copyright@hinabook.com
未经许可，不得以任何方式复制或抄袭本书部分或全部内容
版权所有，侵权必究
本书若有印装质量问题，请与本公司图书销售中心联系调换。电话：010-64010019

序

在大学研究所开课之外,我也常在民间讲堂开讲《老子》,没有课程进度的拘束,听讲的朋友也没有修习学分的压力,真的是海阔天空,随意挥洒。少了知识性的负担与学术研究的庄严,课堂氛围轻松多了,可以把经典融入生活,经由人生的体验与真切的感受,来解读流动在字里行间的经典奥义,拉近了古书与今人的距离。经典就此活化,似乎老君正现身说法,引导每一个人活出自己一生的美好,讲者只是中介导读,在若有还无间,让每一个人都可以跟老君做一个心灵的对话与生命的印证。

《老子十二讲》,是由《老子道》《生死道》《人间道》等三书统合而成,由于老子三书讲于二十年前,某些情境已随时间而消逝,甚或有了一百八十度的大翻转,今虽维持十二讲的理序架构,却做了相当幅度的删减与修正,纲目更显豁灵活,文字也更贴切生动,大大提升了全书的可读性。虽老书新出,读者朋友或许可以发现,在面目一新之外,此中自有新意。

想当初，为了保有讲课现场的真实感，书中对我的语气、话题尽量不做更动。时隔二十年重读，自家已不能接受课堂过于口语化且不免粗疏的论述表达，一路修饰、顺通下来，尤其义理解读与生命体悟，今昔大有不同，也随文补充，求其文字精准，而义理完足。

《老子道德经的现代解读》问世以来，颇受好评，感谢编辑团队的用心，存全千古经典该当有的庄严相与厚重感，可与老子的生命高度与智慧深度呼应。我开讲《老子》，已有四十年之久，看《现代解读》能以庄重厚实的姿态出现在广大读者的面前，想来也对得起老君了。不过，对从未来课堂听讲的朋友而言，这本书读来似有难度。今《老子十二讲》在一年之后也紧接着出书，喜欢《现代解读》的读者朋友，可以随《十二讲》补课式地听讲下来，弥补些许无缘听课的遗憾吧！

或许我可以如斯说，《老子十二讲》可以作为《老子道德经的现代解读》的前导书。先听讲，后解读；先入门，后登堂奥。前后一以贯之，心中有道，而道在当下、现前。"道法自然"，意谓每一个人生命价值的"然"，要从自身体现出来；"百姓皆谓我自然"，说的是从政者要把生命的真实美好还给百姓自己；"辅万物之自然而不敢为"，意涵在于身为万物之灵的人类，要辅助万物回归自然的生息，而不应过度开发，破坏了万物赖以存活的生态环境。

如是，天地自然，百姓自然，万物也自然，天地万物回归"道法自然"的轨道理序中，人生不会漂泊流落，人间少了权力的干预宰制，天候地理也不会遽变，人人自在，物物自得。解读《老子》，此为究竟。

王邦雄序于淡大中文系

二〇一一年三月

目 录

序　001

一　人生的困苦何在？　001
二　为什么我们会流落天涯？　027
三　人生总在相互牵引中同归沉落　053
四　让每一个人回归他自己　081
五　婴儿永不受人为的伤害　117
六　不为死亡留下余地　135
七　水的高贵就在于它承担卑下　167
八　虚无的妙用无穷　199
九　在家常日常中活出天大地大　227
十　超离俗染的素朴天真　261
十一　无心奥藏的生成原理　297
十二　小国寡民的桃花源　327

附录　《老子》全文　355

一　人生的困苦何在？

人生总在寻求俗世的幸福，
意图开创新局或突破困境；
而老君道家却另做反向思考，
认为"开创"是心知的执着，"突破"是人为的造作，
此有心有为，反而困住自己，让自己受苦。

心是根源动力

要生存下去必须有一个推动的力量，像是生机、情趣等，

我们叫活力、动力。人生人生，那个"生"的力量在儒家说来是我们的人性，这个人性是从人心说的。人的心可以给我们生命的动力，可以让我们活一生。而这个"活一生"的"生"有创造的意思，我们的人生都是在创造中度过的；譬如说我们给出情意，给出理想，给出关怀，给出祝福，我们固然要活下去，我们的亲人、朋友，也因为我们的心而可以活下去。假如这个世界没有情意和理想，大家都不把心给出来，那么就是活着也等于没有活着，"生"也不成为"生"了。所以，人生人生，本来应该有它生命的动力；生命的动力从心中来，这是中国儒家最重要的一个见解，我们叫它良心、爱心、本心、善端、良知；我们有了这个"心"，就可以拥有创造力，所以说："天地之大德曰生。"

儒家认为"生"才是德，所以父母亲是有德的，因为他们"生"了我们；天地是有德的，因为它们"生"了万物；老师也是有德的，因为他"生"学生——他所"生"出来的不是这个人，而是这个人的价值观念。因为人不是光靠生理——像是胃部、肺部、心脏——活下去的；我们要靠人格、修养活下去，靠知识、学养活下去。这方面的动力便是来自学校老师的，中国会有几千年尊师重道的传统，便是因为老师是引导我们活出一生美好的源头。我们从书本上学、从历史上学，这个才是德，这个德是"天地之大德曰生"。

人生人生，是要靠德来"生"下去的。这个德是通过人心来的，所以儒家肯定了人心的创造力。人心是可以产生价值的，也可以给出生命的动力；所以我们从心说性，而心是德，所以叫德性。中国人讲心性学，讲德性，是通过心的创造力来说的。所以儒家肯定，心可以给我们生命的动力，对于心是从正面肯定的。

心无限而物有限

道家觉得人生的困难出于我们有"心"，儒家则认为我们活不好是因为我们有"物"。我们是有心人，但尽管"心"是情意和理想，却总不能够充分地实现。因为我们有一个"物"，这个"物"是我们的牵累，叫物欲，物累。物欲，物累，它把我们拉住，让我们的"心"不能充分地展现。所以人生永远有遗憾，我们的遗憾就是：我们的"心"是无限的，我们真的想对别人很好，对人间都很好，但有一个有限的"物"老是把我们拉住。例如你明明喜欢小孩，喜欢学生，但是你却忍不住骂他，还会对自己身边亲近的人讲一些有杀伤力的话；那些不是"心"讲出来的，是我们的"物"讲出来的。但人生的有限性在哪里？为什么人生会出问题？假如我们有"心"，而"心"又是一切的话，为什么我们会有问题？因为还有"物"，所以人生的问题出在"物"。我们的希望在"心",我们的困苦在"物",我们是被"物"给拉住了。儒家的观点集中在怎样克己,怎样去人欲,所以说"养心莫善于寡欲"。如何把底下的欲化掉,而存全上面的心,是儒家的修养功夫。"克己复礼为仁",己是指"物"的己,"复礼为仁"是指"心"的己。要用"心"来跟别人相处,而不要用"物"来跟别人对抗,这是儒家的基本观念。

人间的希望在于"爱",但是去"爱"以前先要修养,因为我们身上具有"不爱"的因素;我们的"心"是"爱",我们的"物"是"不爱"。你挤公交车,别人跟你挤,你的第一个反应是:这人真讨厌,怎么又上车了?以人的"物"来说,"物"跟"物"之间是有抗拒性的。因为他有了你就没有,这个空间是他的就非你的;但心灵不会,两颗心可以在一起而不冲突,所以人跟人同心的时候,我们不会觉得很挤,而是感到温暖,因为他的情意就在我的情意里面,他的心就在我的心里面。但是"物"会产生一种对抗性。所以如果我们要去爱,人生的"生"的力量是爱的话,那是我们的"心"去爱,但"物"不爱;而人便是这二者的复合体。所以首先要把那个不爱的因素解消,爱的心才会充分地展现;这是儒家的思想。

心知、心执困住自己

但道家不这样讲。在进入道家的思考之前,得先花一点力气来讲儒家。儒家认为:我们的"心"是有爱的,这没有问题,问题出在我们的"物"。道家的想法是:人生的困苦在于我们的"心"。人们常说活不下去,其实人要活下去是很容易的,在一个自然条件里面,我们大部分人都可以活下去;活不下去都是因为"心"所带来的压力——挫折、伤感、悲痛、忧愁,这些东西才让我们活不下去。不是找不到工作,也不是三餐不继,很多人活不下去不是因为"物"的问题,而是"心"的问题。

儒家说有心就有希望,道家却认为正好相反。有心人有情意和理想,对人间怀有太大的希望,对别人抱持太多的期许,自己一定会失望。因为你一直给大家压力,如望子成龙、望女成凤,希望学生考第一来造就自己名师的地位。你对人间有太多期望,这样的心才是我们困苦的原因所在。所以活不下去的不是我们的"物",而是我们的"心"。因为你的心有太多执着、太多向往、太多期许,才让我们的"物"跟着受苦。"物"是跟着"心"受苦的,你在紧张匆忙的生活里面,自然会消化不良。就像我刚坐出租车过来,胃就有一点痛。因为眼看时间来不及了,路上又塞车,没有交通警察指挥,全都挤在路口不动；我本想下车走路的，后来总算有一个出租车司机下来指挥。所以人间还是有温暖的，"窗外有蓝天"——对此，我的解释是"吾心有阳光"，蓝天是通过我们的"心"去照出来的，我们不能等着窗外的蓝天带来希望，要让"心"去照出蓝天才有希望。当我要赶行程去讲课，我的"物"就随着我的"心"受苦，在途中奔波。所以我们的"心"不能充分地实现是因为我们有"物"，把"物"化掉，"心"就可以实现了；这是儒家的思想。

监牢在我们的心

道家的想法不同。问题不在这里，反而是：因为我们有"心"，"物"才跟着"心"受苦。心是困，物是苦，我们的心有太多的执着，这一生注定要天涯奔走、人海流浪；是我们的心拉着我们在人间受苦受难。所以我的困是从心说的，苦是从生命说的。困的是我们的心，苦的是我们的生命。它分分秒秒都在我们的周遭，没办法摆脱，因为是你的心执着来的。你可以摆脱天下，但不能摆脱自己的心灵；监牢不在外面，而在我们的心里。我们的心盖了一个监牢，把自己放在里面让自己受苦。谁在限制我们？其实都是我们自己。道家做了这样一个相反的反省。儒家说：人生的问题在哪里？在我们的"物"。道家说：人生的问题在哪里？在我们的"心"。因为我们的心会执着于很多的东西，这就会成为我们的负担，一生压迫我们。譬如我们从小就被灌输"一定要得第一"，你的一生就受到"第一"这样一个名号的压迫，如影随形，永远摆脱不掉。"得第一"的心就成为生命的负担、压力、伤害，这就是我们的困苦了。

人生的道路在上下，而不在东西南北

《道德经》第一章说："道可道，非常道。"《论语》也讲"道"："天下有道"，"人能弘道"，"士志于道"。中国人喜欢讲道，讲道路。道路就是人生走的路，但为什么是走这条路，而不是走其他的路？天下都是路，为什么独独今天走到这里来？这个地方一定有"道"，那是老子的"道"。之所以走这条路，一定是因为它代表某一种价值，是有意义的。不然我为什么不往相反的方向走？人生的道路首分上下，再问东西南北。"形而上者谓之道，形而下者谓之器。"我们要形而上，不要形而下。现在的人却只问东西南北，不分上下，这才产生了问题。现在这个叫作"天下无道"，无道就是没有形而上，全部形而下。孔子和老子都讲道，两家都认为人生一定有一个价值理想的道，我们可以去走出来。

所谓的价值就是美跟善。我们总在追寻美、追寻善，希望尽美尽善。孔子说："尽美矣，未尽善也。"是讲《武》乐美是美，但还没有尽善；《韶》乐才是尽美尽善，因为它把杀伐之气都化掉了。"尽美矣，又尽善也"，美跟善是代表人间的价值。今天我们都讲真善美，事实上在过去，儒家认为"真"是善，道家认为"真"是美。道家要我们当真人；儒家要我们当一个有真性情的人，忠于自己的人。儒家讲"忠恕"，"忠"就是让真性情显现出来，忠于自己，"尽己之谓忠"，尽到自己的真才叫忠。所以"忠"的观念本来是忠于自己的意思；"恕"是推己，"推己之谓恕"，就是推己及人。

　　道家跟儒家都讲真，人生的价值标准要么追求善，要么追求美，都要讲真。人生的道路上一定要有美、善，所以我们对美跟善永远存有一份敬意、一份向往，总是试图去追寻它，去实现它，去捕捉它，去拥有它。人生之所以有意义，我们之所以愿意活下去，就是因为看到前程有美跟善。假定前程一无所有，我为什么要活下去？就是因为未来的人生可以是美又是善，所以尽管再苦再累，我们还是愿意活下去，因为值得我们活下去。

　　所以我们要问：你活得值不值得？活，第一个问题是事实问题，现在的生理官能欲求能不能活？如果得了绝症，大概是不能活了。第二个问题是价值问题，假定人生未来的岁月只是过去的累积的延长，那么我为什么要活下去？因为有未来，只要好好抓住现在，就可以拥有未来。未来是什么？美跟善。所以一般说来，我们对于美、善都有积极的肯定，无尽的向往。一生的追寻大概是这样子。

美善是心知的执着

但是老子不这样想，他不认为在本质上有美跟善的存在，美跟善"天下皆知"，但要追寻美跟善，得先问美跟善是怎么来的。什么叫美？什么叫善？老子说美跟善是我们的心去"知"、去"执"的。那什么叫知？我们的心去"知"，就是我们去执着。去执着、去知道美之所以成为美，就是对于所谓的美的内涵做一个规定："知美之为美"，"知善之为善"。考第一志愿是善，走在时代尖端、把时髦穿在身上是美，这样我们就对美跟善有了一个价值的规定。在老子的反省中，美跟善不是本质上的真的美善，而是我们的心去认取、去执着过来的。我们规定了什么是美、什么是善，通过自己的形象来说什么是美、什么是善。譬如说白种人认为白人是最美的，某一教的教徒认为自己的教最善；所以白种人排斥有色人种，这叫"斯恶已"。信我这个教的人才是善，那么跟我宗教信仰不同的人，"斯不善已"——因为他们是异教徒。

"一日克己复礼，天下归仁焉。"我要有爱心，天下人都在我的爱心笼罩下，我的爱遍照全球，这是儒家的理想。道家认为心一"知"，一执着，这个世界就开始破裂。我们总是通过自己的形象来看人，通过自己存在的处境，如行业、阶级、种族、肤色、宗教信仰等各方面去看天下人，然后把美跟善定在自己的身上。既然美善在我，只要别人跟我不一样就是有问题。这就会形成猜疑。我们一直在猜疑别人，不信任别人，因为我们觉得美跟善在我，而他的观念竟然跟我不一样，当然就对他充满怀疑，不信任；结果就会逼他维护自己，这个世界就开始对抗：党团之间的对抗，人我之间的对抗，都是这样来的。

所以，"天下皆知美之为美"，"皆知善之为善"，知是执着，执着于人间真的有一个客观的美善标准摆在那里，"放之四海而皆准，俟之百世而不惑"。但在老子的想法中，美跟善是相对的；我们执着美，执着善，然后"斯恶已""斯不善已"。当我们规定什么是善、什么是美时，就把跟我们不同的人贬抑、流放到不美、不善的那面去了。你把标准定出来了，便会去执着于它。本来天下是一体的，当我把美善定在我的种族、我的宗教信仰的时候，就把非我族类、异教徒贬到那不善、不美的那面去了。所以是你把一体二分了，变成对抗和破裂；双方一旦对峙，当然要各自维护自己，证明自身是善，是美。于是便有了意识形态的对抗，阶级的对抗。所以从这边来说是美善的代表，另一面便是所谓的"天涯沦落人"，就是无家可归的人；因为美善才是我们生命的归乡。

逼出天涯沦落人

我们每天都回家，是因为知道家里面有亲情，有美跟善。假如家里是个战场，我们就不回家了。因为它已经开始有对抗、破裂，所以我们事实上是天涯沦落人，无家可归的人。婚姻不好的人就有这种感慨和伤痛。如果是不知善，不知美，是一体常善，这样的人生道路，老子叫"常道"。天下一体，浑然天成，没有分别，大家都美好；我们不分什么教，大家都有自己的宗教生活，都有自己的心灵修养，老子认为这才是永恒的道。永恒的道是让每一个人都能有自己的道，在这个道里面大家都有自己，你不会觉得被流放、贬抑，不会觉得自己是个失败者，受挫折的人，没有希望的人。

但假如在青少年的世界里，唯一的英雄就是考试英雄，那就不一样了。一个有四十个班的初中，它的Ａ段班大概不会超过八个，那么其他三十二个班的学生就都成了天涯沦落人。校长和所有老师的眼睛都看至善至美的那八个班，其他的三十二个班被贬到了不善不美的放牛班去。所以初中三年是培养他们挫折感的三年，他们无家可归；学校和父母都不要他们，像过街老鼠，大家喊打——他们哪里有家？

所以老子说："道可道，非常道。""可道"就是你规定了什么是善，什么是美，什么是唯一的道路，这就"非常道"，因为它不再是属于每一个人的道了。你把道给了少数人，他们就成了特权阶级。A段班是特权阶级的学生，就像过去专制政体下的王室、皇亲国戚。当你把美善定在权贵，你就得罪了天下所有非权贵的人，因为他们都被流放到不美不善的领域了。我们应当好好想想这个问题，不要老是把标准定在自己；爸爸的善，妈妈的美，对应到儿女身上的就永远是不善不美。这哪是爱他，这是跟他对抗，而且事实上是在伤害他，所以我们不能老是把美善的标准定在自己来看对方。定在自己，对方自然不善不美了。对老师和父母而言，这是在逼学生离开自己，逼孩子离开自己，而我们却又说：孩子不懂事，学生"不可教也"。

美丑相对而立，善恶相因而成

我不是说道家是唯一的真理，但这是代表道家的思考：没有绝对的美善等着我们去追寻，去实现，去向往；美善是我们从心里面去执着出来的。而在别人的对比之下，它们就不善不美了。"有无相生，难易相成，长短相较，高下相倾，音声相和，前后相随。"有无、难易、长短、高下、音声、前后，就是相对等的观念，跟前面讲的善恶、美丑一样。规定什么是善，相对的就是不善了；说什么是美，相对的就不美了。有前才有后，有高才有下，有长才有短，有难才有易，有有才有无。这些观念是相对的，男女、阴阳、天地的观念都是相对而立，相因而成；互相以对方为原因才能成立，也才有意义。所以我们经常说"什么跟什么是相对的"，就代表它不是绝对的。既然是相对，我们就不要用"绝对"来看它；站在这个立场上你是"善"，但站在另外一个立场来说你就不是"善"了。

譬如我喜欢读书，站在喜欢读书的立场来说，读书人是"善"；但站在相对的立场，社会这么乱还每天在家里读书，算什么"人"？这自然就是"不善"了。可见"善"的标准是站在相对等的立场上才成立的。文学重要，还是哲学重要？理工重要，还是文史重要？这永远是相对的。我们可以肯定自己的善，但是也请欣赏别人的善。念文史的是人才，念理工的也是人才。现在的问题是：学文史的人否定理工，说学理工的人没有人文修养；学理工的人说学文史的人空谈理论，不切实际。大家互相排斥对方，只因为他跟我不一样。这样一来，才产生了大学里文史学院和理工学院之间的对抗，大家都认为自己的学科在学校中是最重要的。其实学校的每一个学院、每一个科系都一样重要，不然也就不叫大学了。

就像"常道"，每一个人都有道才能叫"常道"。道在你，别人没有，那叫"可道"。"可道"就是特权都归你，天下的好处全在你身上，别人都不对，那样的人就是"可道"。"常道"是每一个人都是一体常善的，所以不管你站在哪一边，请不要用绝对的态度来肯定自己，否定别人。我是对的，他也可能是对的；他犯错了，我也可能犯错，只是另外一种错而已。人世间最恶劣的莫过于说"我全对，他全错"，从来没有站在对方的立场来想，只从自己这边看过去。所以我们要感同身受，要体贴。体贴就是贴近他，通过他来想问题。这叫推己及人，是儒家的恕道。

但我们通常会以我们的标准看对方，说对方不对。所以这边告诉我们：人间有很多东西我们觉得是善是美，像有无、难易、长短、高下、音声、前后，但很多事并非天经地义、斩钉截铁地被分开——黑未必是黑，白不一定是白。这并不是要否定既有的价值标准，而是要我们在既有的价值标准里面，对别人存一份宽大、同情、包容的心。我们不一定总是对的，对方也不一定全是错的。

现在世界的情势变成两边：资本主义，共产主义；什么教徒，非什么教徒；什么阶级，非什么阶级……都是相对而分裂开来的。这个分法是人为的执着、人为的造作，不是人天生就这么分别的。

放下就得到释放

老子告诉我们：因为这个分别而受苦受难是不必要的，人生的本质不是带有苦难的，是我们执着造作以后才有苦难的。佛家告诉我们：人生是苦的，因为人有生、老、病、死，世界有成、住、坏、空；这是一个会变坏的世界，会毁坏的人生。但是道家的想法不是如此，道家认为：这些东西是心执着出来的，有心才会使你受苦受难。人生的困苦是自己找出来、带出来的，如果我们不执着了，这种苦就没有了。本来我一生都在追求第一名，现在开始我忘掉它，放下来了，突然间便轻松起来：我不追求第一了，就得到了最大的解放。从传统的、家族的枷锁里面解放出来，开始过自己的人生，喜欢什么就去做什么，就是不要背负那么大的责任、那么大的使命。所以人生的困苦何在？困苦就是从我们的心去知、去执着出来的。

接下来说到圣人，圣人不就是要消解人的痛苦吗？所以说："是以圣人处无为之事，行不言之教。"因为圣人是要救人的；能生百姓、救百姓才叫圣人。人生的困苦已经有了，那圣人怎么办呢？就是要分别消解——像前面所讲的对美善的执着，那个执着就在我们心里面，而圣人要行不言之教，因为我们有那个"言"才有那个"为"，有那个分别才有那个行动；心里执着于什么是美、什么是善，这叫"言"；知道什么是美、什么是善,付诸行动,这叫"为"。但"言"是我们执着来的,而且是我们"困"的原因;而"为"是我们苦的原因,因为我们停不下来才苦啊!这个无穷无尽、停不下来的时代浪潮把你往前推进,使你停不下来。所以庄子讲到人生的困苦时说"莫之能止",停都停不下来;"莫知其所归",停不下来而且不知何处是归程。

所以圣人要先"不言",百姓才能"无为";天下的圣人"不言",不规定什么是善、什么是美,不抛给人民很多的问题和责任,这样天下百姓就不用跟着种种规定去奔走一生。所以圣人要行"不言"的教,处"无为"的事。而美善是相对成立的,不是绝对的。因为有这个"善",那个"不善"才在那里的;有"不美",这个"美"才在这里的。因此,你不计任何代价去追求的,往往可能是假的。如果它真是绝对的美善,那再怎么苦也是值得的。但事实上那可能是父母或老师一时的想法,只是在孩子、学生心目中把它当作一生不可违抗的命令,这才是可怕的。我们一生所追寻的,可能有很多是这样的东西;所以"不言",是因为"言"的本身只是相对的,不是绝对的价值。那样的追寻没有意义,既然你所追求的定不住,又为什么要用一生去追寻它呢?

学生常被迫考第一名,第一名有什么意义呢?第一名应该是在彼此间很自然地出现而已,它不见得是天经地义,而且也未必是最好。得到高分的文章不一定好，低分的也不见得坏。天下的标准很难确立，把浮动中的标准当作天经地义去追寻，将一生投进去，这值不值得？所以圣人看到了这些困苦的来源，困是从"言"来的，苦是从"为"来的，于是都加了一个"不"。"不言"就是不知善、不知美，圣人行"不言"的教化，他"不言"，百姓就"不为"；"不为"就是不去追寻美善，也就是"无为"。既然不困，就不会苦；言是困，为是苦，所以圣人要"处无为之事，行不言之教"。

功成而弗居是人生的修养

要讲"人生"，先要讲"生"，而"生"显然是一种道德，"万物作焉而不辞，生而不有，为而不恃"，"长而不宰"，之后接着"功成而弗居"。"生""为""长"，都是"功成"；"不有""不恃""不辞"或"不宰"，都是"弗居"。你完成的，却不居功，这就是"功成而弗居"。"生"是生下他，"为"是为他做了一切，"长"是带他长大。就像父母生子女，圣人生百姓，天地生万物，"生"就是"德"，因为"生"要付出很多的"为"。"生"很容易的，但是要带他，要让他成长，才算是父母。光生下来就不管，那算什么？所以"生"还要"为"，还要"长"，要连续下来，叫作"德"。

一般人的反应是：我生他，为他做了一切，带他长大，所以应该拥有他，他是我的。老子跟常人不一样的地方就是他加了一个"不"字。他说：你可以生他，但他不是你的；你可以爱他，为他做一切，但你不能依恃他，好像他亏欠你似的。千万不要恃为己恩，觉得自己可以主宰他。迫使别人承受亏欠你的压力，而你每天都在期待他的回报，那么你的一生便会活在气苦中。

如果你能够放开，"不有""不恃""不宰"，一方面对他好，一方面也忘了对他的好；这样对方没有压力，你的一生也不会气苦。我们对孩子付出一生的关爱，为什么要停下来等待他回报呢？所以我提出一个相反的看法：要感激我们的孩子，让我们有机会爱他；要感激我们的学生，让我们有机会讲课，得以"教学相长"。如果学生不听课，你的学问讲不出来；如果孩子不给你机会去爱他，你的家一定比较冷清。有孩子才有欢声笑语，家里才有生机，才有情趣，才有动感。所以我们要反过来想：要感激我们的孩子、朋友，如果世上只有我一个人，我怎么办？还好他走在我身边。所以我们对身边的人要永远怀抱感激之情，不然人生道上踽踽前行，孤单一人，"前不见古人，后不见来者"，生命如何安顿？

所以老子没有反对"生""为""长"，他在这里并不消极，还要我们去生、去为、去长，但是要"不有""不恃""不宰"；

他不反对"功成",但是也告诫我们不要居功。做任何好事情,当下完成,当下忘记,不要放在心里面,不要留下记录,这叫"功成而弗居"。这是人格的修养。

弗居才功成是形上的体悟

本来功成了而不居功是我们应该有的修养,我们只是做我们应该做的,是在完成自己。爱子女、爱学生,是因为如此才能完成做父母、做老师的责任。所以要感激,因为孩子、学生让我们有机会完成自己的责任。而老子突然在这里做了一个形上思考,提出一个相反的反省:"夫唯弗居,是以不去。"他说事实上是因为我们"弗居"才"功成"的。"不去"就是功不去,功不去就是"功成",本来说"功成"了再不居,"功成"在先,不居在后。但老子在此突然有了人生的体悟,大智慧的灵光一闪,好像在那当下整个生命涌现出来。他顿悟了,本来是人生的修养,突然一转而成"实现原理",或叫作"生的原理",就是这个世界"生"的基本原理。老子说:是因为你"弗居",你才"功成"的;因为我们不居功,我们的功才成的。人生不如意事十之八九都是功败垂成的;功败垂成就是什么都做了,但是最后少了一点,就差一个"弗居"。本来已经成了,结果功亏一篑,只是因为你念念不忘,所以成不了。

我们很认真地去生、去为、去长，总觉得一切都是我的功德、我的心血、我的付出；是因为我满脸的皱纹、满头的白发，才有了你的成长。我们就是忘不了这一点，所以本来你真的能成就他，结果却没有。因为你用福报来要求他，于是他还了你，你的德就没有了。德行是不要福报的，要福报的不是德行，那叫投资。如此便失去了道，你跟所有的人一样：做了一件事就要求回报。所以老子说：只有到"弗居"的时候，你才能"功成"；而不是"功成"了以后才"弗居"的。"功成"了"弗居"是人格的修养，经过这样的修养，你才真正实现了当初对他的好。

我们什么时候"功成"？当我忘记我对他的好的时候。当我忘记我对他的好，我才真正完成了对他的好；忘记了，放开了，"不有""不恃""不宰""不居"，那时候才功成。所以"不居"比"功成"更重要，这叫智慧。我们有时候很没有智慧，爱人一生，爱到最后整个垮掉，只因为你忘不掉你对他的爱——在足球场上这叫临门一脚，到最后缺这一脚，还是零分。在道家来说，那个临门一脚的得分就是"生"了。原来人生就是差了这么一点。当我们忘了的时候，我们才真正地实现。要等到你忘了以后，你的爱才会完成，这叫智慧。没有智慧的爱，是大家爱得很辛苦，爱得轰轰烈烈，但是结果是零分。不但零分，甚至是负分，他还会怨你，因为你老是让他觉得亏欠你。

所以，千万不要居功。"弗居"，原来的爱、原来的功才永远在那里，不要老是提醒对方，老在嘴上念着，唯恐对方忘记，这会把你原来的德、原来的好，全部否定掉。所以说："夫唯弗居，是以不去。"

"弗居"就是"无"。"不去"就是长久，永远不会没有，永远不会变坏，永远不会消失，不会生老病死，不会成住坏空，不会悲欢离合，不会"此事古难全"，它总是"千里共婵娟"，这就是长久，这就叫"有"。怎么会"有"的呢？老子说：因为"无"。"天下万物生于有，有生于无。"一切的"有"从"无"来，"无"就是忘记了，不居功，放开了。就因为你忘了，结果你原来的功、原来的德永远在那里。所以老子最大的智慧就是：人间一切的"有"从"无"来。而一般人一生的奋斗却是从"有"抓住"有"，唯恐失落，这是从"有"去追寻"有"。老子告诉我们：你要让"有"在那里，请通过"无"。

人为造作破坏了自然美好

第十二章说："五色令人目盲，五音令人耳聋，五味令人口爽。"道家认为：五色、五音、五味会令人视觉衰退，听觉麻木，味觉丧失。为什么这样讲？一般人的感觉是相反的，视觉本来就是要分辨五色，观赏五色的美，这不是眼睛的功能吗？

耳朵就是要听五音的转，嘴巴就是要品味五味的妙。眼、耳和口本来就是我们跟自然界接触的通道，我们有这样的感官才能看到、捕捉世界的美好。而老子所说的是五色、五音、五味的刺激变化，会让我们的官能衰退。

一般说来，儒家是从正面讲人生，道家则是从负面看人生；儒家认为我们的心可以创造，道家则认为我们的心会扭曲人家。同一个心，我们用心去体贴他人是儒家的思想；用心去执着、去跟对方对抗，这是道家从反面看到的结果。你说目所以视五色，他偏说五色令人目盲；你说耳所以听五音，他偏说五音令人耳聋；你说口所以品五味，他偏说五味令人口爽——什么都从负面讲。不过这里儒家所讲的"五色""五音""五味"是指自然的颜色、自然的声音、自然的味道。而老子讲的不是自然的，是人为造作的。人为造作的"五色""五音""五味"令人"目盲""耳聋""口爽"，它们破坏、干扰了自然的感觉与自然的美好。本来一切都很自然的，但现在我们用人为造作来刺激它，让它起了变化。

像我们的烹调发挥了最大的功能，但我们最后吃到的往往不是食物的原味，而是调味料的味道。现在的烹调让你远离了食物原来的味道，干扰了自然的感觉，这个就叫刺激。像现在电视、表演场的光影变化，令我们的眼睛受到伤害；你看不到人真正的神情，只看到光彩闪烁不定，很多舞蹈、歌唱都不再是原来的样子。所以，人为造作破坏了自然的美好。前面说目所以视五色，是以我们敏锐的官能去捕捉自然的美好；反之，人为造作的刺激会让我们的感官麻木、迟钝，越迟钝越需要刺激，越刺激就越迟钝；迟钝到最后就会麻木，没有感觉。如今我们已渐渐远离自然的生活，活在一个五味、五音、五色的世界了。

底下加一句："驰骋畋猎，令人心发狂。"五色、五音、五味的变化，到最后变成"难得之货"。在这里五色、五音、五味只是一个代表，其他不光是颜色、声音、味道的变化，还有排名的变化、功利主义、政治权势等，都是。这些都是人为造作，但是它引导我们去追逐它，这叫"驰骋"。驰骋就是心之逐物无边——这个变化太多了。就像服饰的流行趋势，我们怎么都赶不上，只好让自己处在流行之外；不过不流行也算流行，有一天它会循环回来跟我们一样。所以你只能超离它，不然就只好跟它跑，这叫驰骋。驰骋就是追逐五色、五音、五味这些世界的变动，本来是知善、执着善的，紧接而来的是争善，不择手段地去奔竞争逐，如此已转为权术。名利权势都是心的执着，"驰骋畋猎"是心在追逐捕杀；到最后它回过头来伤害自己，那就叫"伤心"。奔竞争逐是狂热，权谋诈术则是冷酷，冷酷捕杀就伤了自己的心。譬如斗牛、拳击赛等，以刺杀发狂的牛、打垮击倒对方为能事，观众都狂热起来，因此往往演变成大暴动，大家的心都在狂热中转为冷酷。

五色、五音、五味极尽变化之能事，不断有新的产品、新的排行榜出来，这就是"难得之货，令人行妨"。——妨是妨害，妨害了自然的美好。传统的注解把"行"当作农事，就是妨害了自然的行程。人本来可以"一箪食，一瓢饮，居陋巷"的，只要亲人、朋友都在，我们就已得到人生最大的满足。但现在人们从美好的家庭中走出来，到十字街头去争名争利争权势，心开始狂热、冷酷，以对抗他人、打击他人为能事。回过头来，自己的心也会受到伤害，回到家都不能平息，不能好好对待自己的家人，这叫"令人行妨"。

回归自我的真实

我们自以为在前进、在创造，但在老子的反省中，那些都是不必要的，它只会把我们逼入一个困境，让我们在那边受苦，受到伤害，妨害了人生自然的行程，破坏了人生自然的美好，干扰了人生自然的感受。

老子分析了人生的困苦之后，便说到圣人如何面对这令人行妨、令人心发狂的扭曲变质的人生。"是以圣人为腹不为目，故去彼取此。"本来人都有爱别人的能力，都有宽容的心胸，但社会有太多的竞赛、太多的名目，让人们不再能互相关怀,不能再支持别人,而变成彼此对抗,最后自己也流落天涯。互相对抗和彼此关系的破裂,便是"驰骋畋猎"。所以"圣人为腹不为目",就是人所要走的路、所要做的事情是"为腹",腹是"反求诸己"的意思。"不为目",则是因为眼睛会被外在景物吸引,而使人流落天涯。所以"为目"是流落天涯,"为腹"是回归自我。我们要走回归自我的路,不要去走流落天涯的路。"为腹"是回到我的内在,不是把肚子填饱。老子这句话的意思是:回到我自己,回归自我,而不要流落天涯。"故去彼取此"是去掉流落天涯的"彼",而取回回归自我的"此"。"去"就是"不为","取"就是"为",取"为腹"这条路,去"为目"那条路。

二　为什么我们会流落天涯？

人生是有困才有苦，所以娑婆世界本来没有监牢，
监牢在我们的心里，是我们把自己关在心里面的。
我们的心执着于很多东西，
然后把自己的生命关在心知的监牢里，
而让自己受苦受难。心知是困，造作则苦，
心知执着带出人为造作，人生就此流落天涯！

知美知善来自"尚"贤"贵"货

第三章说："不尚贤，使民不争；不贵难得之货，使民不为盗。"贤是贤德，贤德是名，难得之货则是利；尚贤是崇尚名，贵难得之货是看重利。老子是否反对贤德和财货呢？财货还是

身外之物，但反对贤德却讲不过去。如果是这样，中国道家就一点都不可爱了，竟然反对贤德。我们要了解这里的问题不是出在"贤"与"货"，在老子的反省中，民所以争、盗，是要争贤名，要盗难得之货，所谓"争名夺利，欺世盗名"。道家发现"争"和"盗"，才是时代的病痛所在，因为大家都被卷入名利争逐的浪潮中。所以他先从"争"和"盗"来反省，而不是从贤德和财货来反省，贤德、财货本是无罪的，但一讲究贤德，天下人民就去争了，一看重财货，天下人民就不择手段去盗取了。所以问题的重点不在于贤德和财货，而在于"尚"和"贵"——崇尚和尊贵。

这点就如第二章所说，问题不出在美跟善，美善没有什么好反对的，它们是有价值的东西。问题出在通过我们的心去"知"、去执着它们；执着善和美本来也没有不好，择善固执怎么不好？一生追寻美有什么不好？问题在于人把美善的标准定在自己的身上，定在自己的阶级、肤色、宗教信仰上。如此与我不同的人便不善不美，失去了他们的存在价值，似乎也失去了存在的权利。这才是问题的所在，所以圣人要"处无为之事，行不言之教"。

第二章的问题不出在美跟善，第三章的问题也不出在贤德与财货上，而是出在"尚"和"贵"上。"尚"和"贵"是就帝王家说的，是帝王去崇尚、去尊贵、去宣传、去引导人民的。第一章说:"道可道,非常道;名可名,非常名。"人生总是要有一条道路的,而人生走这条路就是赋予生命内涵,这叫"名"。老子一开始就告诉了我们人生的问题,中国哲学是人的哲学,一定要站在人的立场上来讲哲学。人的哲学首先讲人生要有道路,要引导他,让他有一条路可走,这叫"可道"——"可道"就是我可以走过去、你可以走过来的道。人不是独自过活,而是要和好多人一起活,所以人生要有道路。我要走到他那边去,他也可以走过来。经由这样的道路,我们就成就了生命的内涵,这叫"可名"。

"道"一定要通过"名",儒家把"道"定在名教、礼教,所以在家庭里就说"父父子子",在国度就说"君君臣臣"。人生的道路在哪里?通过"名",我们先知道我是谁,我的位置在哪里,然后要尽到各自名位的本分。所以儒家的道路是通过名教来的,通过伦常礼教,才能让人生定位。而在人生定位里,尽到了本分,才能显现人的价值。爸爸像爸爸,他就有了爸爸的价值;儿子像儿子,他就有了儿子的价值。所以人生的道路一定要通过"名"来说。人生第一个"名"就是"我是人",做一个人是儒家对人生最重大的人权宣言,它不是政治的、法律的,而是哲学的、生命的。人生的道路,第一位一定是"大家都是人",这是最根本的;我们不是禽兽,所以儒家一定要讲"人禽之辨",讲"人禽之辨"才能"可名"——给出生命的价值内涵。我们是在成就名,而名事实上是指向实的,人要有他的实在,有他的生命。人道主义突破两岸的隔阂,可见得人道主义比政治的现实立场更优位,更根本。说我是北京人或台北人,这个层次比较低;我们都是人是第一位,我们都是中国人是第二位,我是台北人,他是北京人,是第三位,这叫"优位"。

尚贤贵货与知善知美、可道可名连线

不讲可道可名,就不好讲知善知美、尚贤贵货的问题。无论是"可""知",或这里的"尚"和"贵",都是就人的心知来说的。"可"就是心去认可,我们认可这是生命的价值、生命的内涵。而人生的道路在哪里?在于追求善,追求美;人的价值内涵是什么?在于可以拥有善,拥有美。人生的历程尽管充满了挫折和变动,但我们仍然觉得值得活下去,就是因为可以拥有美善。美善比较抽象,通过政治,我们知道自己可以拥有贤名、拥有财货,也就是名利。价值的世俗化叫名利;美善是比较高贵的,因为它是从比较高的层次讲。美善的政治化叫权力欲;美善的世俗化叫名利心;美善的江湖化叫英雄气;而知识分子对美善的执着叫优越感。这四方面都是人我之间、人际关系的障碍。先生对太太有优越感,是大男子主义;而知识分子对社会大众有优越感，会导致很难让群众接受知识的领导。江湖好汉的英雄气，知识分子的优越感，卷入政治的对抗中就形成了权力欲，卷入名利的浪潮中就形成了名利心。

所以第一、第二、第三章是连起来的，它们都扣紧我们的心来说：去认可，去执着，去崇尚，去尊贵，都是我们的心。贤德是不应该被反对的，难得之货本来就是该看重的。问题是政治家去崇尚，去尊贵，去引导，这是政治家的误导。因为他把人引入一个对贤名、财货的争逐浪潮中，结果生命本身被忽略了；名利取代了生命，功利主义取代了真实的情感，就会产生人生的问题。所以，第三章是对政治家的反省。人生的困苦何在？我们为什么会流落天涯？是因为政治家的误导，因为政治家去"尚贤""贵难得之货"，才形成所有人的知善知美。很多人对美跟善的执着和追寻，是受到了政治的引导。所以道家一定要讲政治哲学，因为人生的主要问题就是：所有的人，他们的价值观，他们所知的善、所知的美，是通过政治家的"尚贤""贵难得之货"去推波助澜的。所以老子说：不尚贤，天下人民就不会去争了。这样让贤德回归自然，就没有问题了。现在，"贵货"就像股票市场一样，它的狂升暴涨，都是人为在助长。站在人生哲学的观点，我觉得把人引到这样的路上去是不好的。所以你不去"尚"，他们就不争；你不去"贵"，他们就不会去为盗了。

抛现可欲，在心中生根

接着老子说："不见可欲，使民心不乱。"你崇尚尊贵，就是抛给百姓一个"可"。什么叫"可"？就是心里接受。贤名、货利是每一个人都可以拥有的，这叫"可欲"。"可欲"不是好的意思。譬如我们用奖品来鼓励学生和小孩，如果他这个学期考第一名，那么寒假就给他一部脚踏车。结果从现在开始，他的心就乱了。因为我们抛给他一个可能——可能拥有，即将拥有——但这是有条件的：等你考第一名。于是这个东西就进入他的心中成为他的"可欲"，他的心就被这个"可欲"占满了。所以"不见"就是不抛给他们将来可能拥有的东西，不给他一个时间表、行程表，如三十岁要怎样，四十岁要怎样，五十岁又要怎样等。一般人常会给自己一个计划表，像三十而经理，四十而总经理，五十而董事长，六十而中央银行总裁，七十而院长之类的。所以你心里面就形成了可以有的欲，不再能平静，而开始心头乱纷纷了。

"可欲"是"尚贤"加上"贵难得之货"。而"可欲"是怎么来的呢？是政治家给人们的，这叫"见"（读"现"）。"见"就是抛给人一个想法：只要你接受我的引导，你将来就可以拥有什么，如经济的远景、事业的突破等。这样一来，每一个人的心都乱了，所以说："不见可欲，使民心不乱。"

老子对政治的反省，当然是希望解决其问题。底下接着说："是以圣人之治，虚其心，实其腹；弱其志，强其骨。常使民无知无欲。"圣人之治就是"常使民无知无欲"。不要把自己的"尚"和"贵"去抛给他人，这样人民的心就可以平静下来，而不会每天扰攘不安了。所以圣人之治当然不能走"尚"和"贵"的路。

圣人治天下怎么做呢？老子是往虚心弱志、实腹强骨去讲。我们的心一执着，意志就会投入，只要认为什么是对的，什么是善是美，就会产生权力欲、名利心、优越感、英雄气。那些都是心知的产物，也就是我们的价值观；把生命都投进去，这叫"投入担当"。而志是"心之所之"，人的心往什么地方走便叫"志"。故"心"是心知，"志"是意志。心知是一个价值的抉择，意志是生命的投入。所以人会困苦是因为心知是困，而一生投入才是苦。因此老子说要"虚其心""弱其志"，心不要有这个执着。虚就是不要去贵，不要去尚，不要去可欲，不去知善、知美。只要能虚其心，一定能弱其志，因为志是跟着心走的。老子又说"强行者有志"（第三十三章），"强行"就是不自然，人为造作，一意孤行，不择手段，不计任何代价。所以强行者再有志，在道家的价值观中也是不好的，是不自然的。所以我们要"弱其志"。

人为虚假而脆弱,自然真实而坚强

而实腹强骨不是把肚子填饱,让自己的筋骨像铁打的一般,它是对应虚弱讲的。"腹"和"骨"是内在自然的,心和志则是人为执着造作出来的。"实其腹""强其骨"是让我们回到自然的真实坚强。人间最真实、最坚强的就是自然,在历代的变迁中,即便城市、都会都垮了,广大的农村却从来不会毁坏,永远保持她的生机。农村代表道家所谓的自然、常道;而大都会的文明,代表道家所谓的人为造作。如名望、财货、尖端、突破等被人认为是高贵的东西,道家却认为是最脆弱的。最素朴的农村、土地、空气、水分等,在道家来说,这些才是最坚强、最真实的。

这里的坚强不同于"强行者有志"的人为造作和闯荡江湖、打天下的强;而是自然的坚强。回到生命自然的节奏、自然的韵律,像"日出而作,日入而息",只有真实才是真正的坚强,人间一切的"假"都是很脆弱的。要靠应酬,靠讲很漂亮的话,靠奇技异巧赢得人家的欣赏,那样的人生一点都不真实,也不坚强。所以应酬很累人,而聊天、谈心再久也不累,因为彼此用真诚对待,那是真实生命的交会,没有半点虚假。所以"实其腹""强其骨"是回到生命自然本身的和谐与自然的真实。还有什么比和谐更坚强的?家之所以坚强就是因为大家和谐，因此说"和为贵"。但是虚假的和谐没有意义，要真实的和谐才行。虚假的和谐是存有距离的，暗潮汹涌，表面的友好难以持久。所以真正的坚强是从自然的和谐来的，这叫"实其腹""强其骨"。

后来的道教说打坐让肚子鼓出来叫"实其腹"；又说练金钟罩、铁布衫的功夫，全身刀枪不入，叫"强其骨"。老庄是没有那个意思的，老庄的功夫是在心上做的，不是在筋骨肌肉上练的。"实其腹""强其骨"是象征性的语言。因为心志会执着于那些虚假的东西，误把名利、权势当作生命；这样一来，整个人生就被引入名利的狂潮和权力的争逐行列中了。现在我们要把那些虚掉，不执着于名利，不去争夺权势；回到生命的自然真实中，即过"日出而作，日入而息，凿井而饮，耕田而食，帝力于我何有哉！"这种大家都很向往的生活。

我现在最喜欢的就是十八九岁时在小学教书的那一段岁月。记得第一天教书，我背着书包，穿着高中的制服，还戴着师范生的帽子。到了小学，人家还以为是什么人来了，原来是新老师。那时候的师范学校等于高中，不是师专。我每天骑着自行车，迎着晨曦，背着夕阳，在乡村的小路上来回，在学校跟学生过一天。那种生活正是我所向往的，"日出而作，日入而息"。教了一年书后考上师大，我不晓得考上是好还是不好，今天反正是站在这个地方了。但是渐渐地，我就有一种"名"

的压力，学者啦，专家啦，都是名号的压力。所以我很怀念那段在小学教书的日子。我也很喜欢在台北市第一女子高级中学的教书生涯，住在学校里，都不用搭公交车。我每天看书看到半夜三四点，第二天起不来，学生来敲门，再赶快冲到教室上课。那时我全部生命都在北一女，所以我到北一女演讲时跟学生说："我比你们更'北一女'。"她们最多念三年，而我教了四年，其中三年还住在她们教室楼下的单身宿舍。我很喜欢那种生活，现在却是很难——只能在梦里追寻了。

所以，有时候我们的人生通过某一段成长的历程后再反省，才会发觉什么是"虚其心""弱其志""实其腹""强其骨"，"实"和"强"要放在生命自然的真实坚强中来讲，那种坚强不是把别人打垮，而是自己永不落败。怎么能永不落败？因为没有东西可以打击我。为什么没有东西可以打击我？因为我什么都不要。我只要阳光，阳光不会背离我；我只要空气，到处都有空气。这样我是不是很坚强？心里面想要很多东西的人，是最脆弱的；因为你想要的东西，别人也想要。大家都要权力，都要难得之货，都要贤德的名号。而在名利的争夺里，有你就没有他，不是可以共有的。反之，生命的美好、感情，是大家可以同时拥有的，我分享你的美好，让人性的光辉普照全世界，这都不会产生冲突。名利和权势会引起冲突，都是因为占有的冲动。占有的冲动是你有了他就没有，我们现在都被引导到这条路上来了。我们应该被引导到创造的冲动上，英国哲学家罗素就是如此说的。罗素最欣赏中国的老子，因为老子讲的是创造的冲动；而西方文明给人的目标是占有的冲动。所以他不欣赏西方文明，独钟中国的老子。"虚其心，弱其志"就是不要有占有的冲动；"实其腹，强其骨"就是要回到创造的冲动上，活在创造的真实、和谐、坚强中。爱迪生发明了电灯，全世界都享受到光明，这叫创造；音乐、艺术作品，使每一个人都有生命的感动，这叫创造。而参与竞赛活动，就不一定值得倡导，因为你当选就有人会落选。

自然本身是永远不会落败的——太阳永远会出来，春夏秋冬不会因为人而停止它的脚步。所以自然是最坚强的，英雄豪杰而今安在？不是"大江东去，浪淘尽，千古风流人物"吗？只有自然永远在那里。所以道家要我们回到自然，回到自然的长久和坚强中。

虚心弱志从圣人自身做起

而这四句的"其"字是包括圣人在内的所有人，没有任何人例外。如果这四个"其"都指百姓，那就是"圣人之治"是要"虚"掉百姓的心，"弱"掉百姓的志，填满百姓的肚子，让百姓筋骨坚强——这样的皇帝叫阴谋家，不叫圣人了。因为把百姓引导到那边去，这不是阴谋家吗？所以钱穆先生认为老子是权术阴谋家——其实不只钱先生，还有好多人，像学者张舜徽也是这样想，他说整部《老子》最重要的就是权术。另有人说整部《老子》是兵书。而我们却说它是生命哲学最高境界的书，不是我们硬要把它讲到好的方面，它本来就是这个意思。我们可以用第八十一章来支持我们的论点。随便引某一章某一句话来讲《老子》如何如何，都是靠不住的。这部书是一部完整的书，我们不能断章取义。我们从第八十一章来建立老子思想的方向、思想的性格。所以把《老子》讲得好，事实上是通过老子来的。

所以这四个"其"包括圣人，从圣人自身做起，再去引导百姓。圣人"虚其心"，百姓就"虚其心"；圣人"不尚"，百姓就"不争"；圣人"不贵"，百姓就"不为盗"；圣人不见"可欲"，百姓的心就"不乱"；圣人"弱其志"，百姓也"弱其志"。圣人要打天下，百姓就会跟他对抗，大家一起来打天下；圣人不打了，那谁跟他争天下？不就没有人打天下了。大家都"藏天下于天下"（《庄子·大宗师》），"以天下观天下"（《道德经》第五十四章）。天下不是谁的天下，也不是可以打出来的。我们要让天下回到天下自己，不用人为来争逐、混乱天下。所以那些打天下的人，我们说是"混世魔王"，因为他让世界混乱了。王是要用王道的，如果他用霸道的手段，他就不是王，要加上一个"魔"字，叫魔王。所以道家要"以天下观天下"，用天下来观照天下，这样天下才能回归自然。所以这个"其"一定要包括圣人。圣人首先要"虚"掉自己的心，而且"弱"掉自己的志——"虚"就是不以为天下是自己的，"弱"就是不会去打天下，让整个天下回到自然的真实和美好中，回到农村，回到休养生息，回到自然的步调、节奏中。

底下说"常使民无知无欲"，通过圣人讲下来，所以天下人民就可以无知无欲。无知比较讲得通，无欲就难说了，人怎么可能无欲呢？因为欲是自然的欲，自然的欲是让我们活下去的一个根本动力，没有这个自然的欲我们是很难活下去的，人哪一天不再想吃饭了，恐怕问题就来了。因为连自然的欲都没有了，生命就会出现危机。所以无知无欲是"无"掉心知对欲求的介入，因为心知介入了欲求，会助长它，干扰它；欲本来是自然的，因为心知的介入就会令它膨胀。像有的人一定要喝一杯数百元的咖啡——饮食本是生命的自然，但心知介入后，便认为那是优越，所以请客要到最豪华的饭店，以代表自己的身份。吃一顿饭是自然，奢华的餐宴则是心知的介入，干预、扰乱了生命的自然。所以"常使民无知无欲"的意思，是"无"掉心知对自然之欲的介入，不去干扰和助长它。

心知不介入，让气回归自然，就是无知无欲

第十章有一句"专气致柔"，专是专一，气就是这里说的"欲"，是自然生命。前面引了"强行者有志"，第五十五章另有一句"心使气曰强"，都可以佐证。我们的心会介入气，会任使气，就像身体太累应该休息，但心却要求身体不休息，继续奋斗。"心使气曰强"就是你的心知介入了气，介入了生命自然，这叫"强"。所以"强"不好，这是就心说；"强行者有志"是对志说，因此志一定要跟着心。这两句话可以跟前面的"虚其心，弱其志"一起讲。要"虚其心"，是因为"心使气曰强"；要"弱其志"，是因为"强行者有志"。心使气所成就的"强"是闯荡江湖、打天下、争逐奔竞的"强"。"专气致柔"的专气就是心不介入气。心使气，气便不自然，因为心已经加进来了。现在我们要求心知退出，就像让大人不要参加孩子的游戏一样。心不介入气，使气专一，归于生命本身的柔和；大人不干扰，孩子玩过家家就能入戏，自然和谐。无知无欲，放开优越感、英雄气，不讲责任感、理想性，就能完全放松，没有压力；一如鸟兽虫鱼、山水田园的闲适。现在说山水田园，不一定是去爬山或游山玩水，我们可以找一些活动，如种花、绘画、书法等，充实自己的心灵世界。"专气"了就能和谐，原先的消化不良、心律不整等问题都会

渐渐消失；很多人以为那是功夫很神奇，使病都没有了。其实不是功夫神奇，是因为我们经过这番功夫，忘掉人间烦忧了。那些功夫并没有惊人的效力，事实上是人转移了注意力；比如人打坐两小时，忘掉了名利、权势，进入忘我的境界中，身心很快就能恢复。然而，我们不必打坐，只要跟朋友聊聊天，无心，不争，就可以有这样的功效。

我们都被干扰了，而且欲求膨胀，好像欲求比生命本身更重要，为了名利宁可不要活，这不只是助长，还是歪曲呢。所以接下来说"使夫智者不敢为也"，想要为天下做很多事、干扰每一个人的，都是那些智者——自以为有头脑、自以为聪明的人。老子要让天下的智者"不敢为"。因为人没有办法对自然宣战，没有人可以打得过时间，不管你是谁，人生不过百年，有什么好争的呢？人也是争不过自然的。我们没有办法跟自然的规律、秩序对抗，所以"使夫智者不敢为也"，便是对自然存一份敬意，不会以为只要我去做，就可以改变什么。人是不能征服什么、不能改变什么的，所以"为无为，则无不治"。

圣人所为的是无为，而无为是无心而为

老子到底为不为？现在他告诉你了："为无为。"大陆的学者把什么都变成了辩证法，他们说：这边是"为"，那边是

"无为",为是"正",无为是"反",老子就把正反"合"起来叫"为无为"。那答案是什么呢?到底是"为"还是"无为"呢?圣人总是要"为"的吧,因为圣人要领导百姓。但是圣人所为的是引导所有的人无为,这样的引导是否也是"为"呢?就像老师要带学生做游戏,游戏的"游"是"无心自得",才是"逍遥游"。做游戏当然要放下一切负担才有美感——距离的美感。不在乎名利的人始能显现美感,当你不想做官了,突然间你的姿态就很精彩,有美感了,因为你不在乎了。所以中国人喜欢江湖好汉,墨家的江湖好汉是不要名、不要利的,我们喜欢名士、隐者、隐退的人、流浪汉、江湖豪客,因为他们都有美感;而我们每天落在名利追逐的浪潮中,面目可憎,当然羡慕人家放得开。所以游戏一定要无心、要放开,老师带着学生游戏,对老师来说也是无心的,那有没有为呢?老师没有训练他们,没有把自己的意志加进去要学生接受,就只是游戏,这叫"为无为"。所以要说:"正"是为,"反"是无为,"合"叫为无为,两边都要。两边都要是什么意思?"圣人之治",是智者不敢为也,那岂不是不该有圣人了吗?还是要有圣人,要有老师的。儿童是很天真但也会出乱子的,要有一个老师去化解。那老师做什么呢?老师就是引导儿童的天真,不用成人的心介入,所为的只是引导他们永远维护童真世界的美好。

所以圣人所为的是"无为"。"无为"不是什么都不做,只是无心地"为"。自然有没有"为"？有呀！"日出而作，日入而息"，春夏秋冬运行，那也是"为"。道家要问的是：我们要把生命安放到什么地方去？答案是：把人的生命安放在自然的轨道、秩序中。只要取消人为的造作，就可以回到自然的美好了，所以人要"为"的就是"无为"。我们要"为"的就是追寻生命的究竟、生命的归宿，我们总是在问一个问题：要把人生放在哪里才最美好？答案就是回到自然，这叫"无为"。"为"就是我们在追寻人生到底要安放何处，"无为"就是应该安放在自然中。

或者说：圣人所"为"的就是"无为"。那什么叫无为？就是无心地"为"，自然地"为"。所以不要以为道家什么都不做，道家什么都做，只是让什么都是自然的。不要以为道家只是在等待，等待就没有扭转的功能。道家的"无为"是"无"掉人为，"无"掉人为的错误，"无"掉人为的造作。"人为"是相对于天生自然来说的，是人去做出来的；造作就是不自然的，硬造出来的。自然本来就有它本身的运行轨道，而现在却是我们硬去造作出来的。人因为执着才有造作，所以"无为"是"无"掉人为，如此，一切就是自然的了，这叫"为无为，则无不治"。"无不治"就是天下没有不平治的，治是自然的治。圣人所为的是什么？就是"无"掉人为。这样天下没有不回到自然的治的，这叫"无不治"。治从哪里来？如果人不做的话，自然本身会"治"的——到时候，天就黑了，天就亮了；到时候，冬天就去了，春天就来了。

期求恩宠本身就是屈辱，因为得失皆患

第十三章一开始说："宠辱若惊，贵大患若身。"后一句应该是"贵身若大患"，大概是因为押韵的关系，把前后颠倒了。底下说："何谓宠辱若惊？"隔四句又说："何谓贵大患若身？"可见本章前两句是前言，以下再分开说明这两句的意思。

贤的名和财货的利，都可以作为人们身份的表征；拥有名利，似乎就是人活在世上的荣耀，也是身份的标签。贤的名和财货的利也就是我们的"宠"，得到名利就是"宠"，失去它便是"辱"。不管如何，得失都是惊恐的，叫"若惊"，就是宠辱皆惊。为什么呢？"何谓宠辱若惊？宠为下，得之若惊，失之若惊，是谓宠辱若惊。"大陆出土的帛书《老子》说："宠为上，辱为下。"这个说法反而失去了藏在其中的人生智慧。"宠为下"才显现生命的痛切感，想得到人家恩宠的心本就是卑下的，因为人本身就是一个完足、独立的个人，天生本真，为什么要人家恩宠我？为什么要依赖人家的掌声和喝彩呢？所以想得到人家的掌声、喝彩的人，本身就是挺不住自己的人，缺乏自信的人，要靠得到人家的赞美才能活下去，若对方不大理我，就觉

得自己不受欢迎，存在基础也就动摇了。人的挫折感、沮丧感都是从这里来的。所以某些人的人生就是在人海漂泊，到处寻求依靠，所谓依靠，就是得到他人的肯定和支持。因而希望得到恩宠的想法本身就是卑下的，这叫"宠为下"。

不光是失去"宠"会惊恐，得到了也会惊恐的；得到了并没有解决人生问题，因为你不能永远得到。人家今天说你好，明天呢？我们必须面对一个永远不可知的明天。人的存在基础不靠自己而靠别人，这叫"投靠"；不只是感情，连婚姻都是不能投靠的。我们必须建立一个独立完整的人格。老子告诉我们"宠为下"，求人恩宠就是卑下，那么为什么失去会惊恐，得到也会惊恐呢？因为得失不在你而在别人，你失去了自主权。

像我们的爱会变成弱点，人家——可能是很亲近的人——会利用你的弱点。"你听不听话？不听话妈妈就不理你了！"这不是在利用孩子对父母的爱吗？我们常会在无心之中表现出爱的傲慢和优越感，好像没有我的爱的施舍，你这个人就不行了。但真的是这样吗？

惊恐来自不能自主而流落天涯

所以"得之若惊，失之若惊"，得失都是惊恐的，因为这不是你决定的，是别人决定的。你把自己的生命、自己的存在基础托付在别人的身上，天下还有比这个更严重的沦陷吗？找回自己的尊严，才叫光复，所以光复要从心灵上做功夫。"是谓宠辱若惊"，不管是宠是辱都是惊恐的，因为得到恩宠也没有解决问题，荣耀是别人给你的，那是假的。真正的存在基础是我自己本身就是有荣耀的，我自然、无所求、本身完足，不要名、不要利，不靠名利来富丽我、支撑我。

有一点很重要——这样的惊恐是无止尽的，就算你是天下唯我独尊的皇帝，也不能解决这个问题，因为你怎么知道你的臣下明天不会篡位？所以皇帝是人间最孤独的人，因为他面对的人都可能抢他的位子，没有朋友，也不敢相信任何人。韩非子说：后妃太子，莫不希望君王早死。皇后希望皇帝早死，她才可以垂帘听政，称皇太后。所以我们要无所求，不要"宠"，自然就远离"辱"了。我们的"辱"是从人家不给你"宠"来的，有求于人，人家才能辱你。你有所求，别人支持你所求的，就是给你恩宠，但他也可以随时撤回。如果我们对人际关系过度地依赖，那么他不在时怎么办呢？所以我们要有一个反省：不能让孩子对我们太过依赖，因为我们不能永远活在世上；一定要培养他的独立性，让他可以自己活下去。

因为我们去追求名，追求利，追求人家的肯定，追求人家的恩宠，我们就会流落天涯，在人海中漂泊。不会因为你有家庭、有工作，就不会漂泊——我们就在家庭和工作中漂泊。男人最受不了的往往就是太太不讲话，一看到太太不讲话，所有的先生都得投降。因为她没有笑容，我就会想不晓得犯了什么错，活在自己的惊恐和失去自信中，这就是我所说的流落天涯。去"尚贤"，去"贵难得之货"，这样的人生历程就叫流落天涯。因为你已经不再是你了，你已经被拉出去了，而且无穷无尽。"吾生也有涯，而知也无涯。"（《庄子·养生主》）吾生是有限的百年，但是心知被天下拉引出去，追求的东西却是无止尽的。因为名利的争逐浪潮是无穷无尽的，这叫"流落天涯"。

学生有时候也会鼓励我：老师你要继续努力，就会成为大师了。我说：我宁可当中师、当少师；而且为什么不是你当大师，一定要我当？他们觉得他的老师应该怎样怎样，他跟在后面才与有荣焉。"宠辱若惊"，他都忘记了。有时候我们本来是要求人家的恩宠的，到最后却是以打垮他作为反击——当我得不到世界对我的好的时候，我就开始用打垮社会来维护我的尊严，这是可怕的。如果我们对他无所求，就不会以伤害他来报复——因为你否定我，所以我就毁了你，恢复我起码的尊严。如果我们都没有那种执着，人间伤害的事情就会减少很多了。人间的悲苦真是言之不尽，但都是我们自己找来的，所以老子要我们化解。

执着自身打天下是一生的大患

底下说:"何谓贵大患若身?"应该是"贵身若大患",贵身就是高贵自己,人一有这样的想法就是大患。所以说:"吾所以有大患者,为吾有身。"我这个人在人生路上之所以有大忧患、大压力,是因为我有我这个人,有我对自己的执着。我们为何要名要利?要名要利的最根本原因就是有我。我们有一个"我",就想到这个"我"应该跟别人不同,于是要通过名、通过利、通过权力来建立自己的形象。这里的关键就在"有我"。宠辱若惊的惊恐也就是这里的忧患,得了"宠"也没有解决问题,因为害怕失去——得而复失。我们最大的恐惧就是明天不一样了,最大的冒险就是晚上睡过去而以为明天一定会醒来,人生其实不是那么的想当然耳。所以名利权势不可能拥有了就永远是你的,它是可能"得而复失"的,所以关键就是我不要。

但是我不要名利,又怎么可能证明我这个人的存在?我为什么有大患,为什么会落在"宠辱若惊"那种惊恐中呢?因为我要用恩宠来富丽我自己、支持我自己,所以关键是我有我自己,没有自己就可以什么都不要。名利总要有一个安放的地方,那就是"我"。所以人生的根本问题就是:我有我这个人在。但可不是因此说我不要活了,这只是说我有我的执着。因为有此执着,所以要把天下放在自己身上,才有安全感。所以人会膨胀,就是因为天下都是你的了,你才能安心。其实也不能真的安心,因为明天就不一定了。所以底下说:"及吾无身,吾有何患?"到了我没有我自己的时候,还有什么好担心的,还要承受什么压力呢?还有什么好沮丧的,还会有什么挫折呢?这些都会化为乌有。人生的苦恼,你说没有就没有了。关键在哪里?无身。无身不是把我自己取消,只是无掉我自己心里面对自己的执着,是无掉心知的执着,无掉心对自我的执着,这叫"无身"。就像"无欲"是无掉心知对"欲"的介入和干扰,而不是完全没有欲。老子并没有断七情六欲的说法,只要"欲"回归自然的素朴,没有人心的扭曲与虚妄,"欲"是可以有的,但是要无掉心的执着,才能无掉人间的烦恼。佛道两家是一样的,所以佛家讲空,老子讲无。老子讲了很多无——无知、无为、无欲等,"无"是老子哲学中最重要的一个字,另外就是"自然",像"道法自然"(第二十五章)、"希言自然"(第二十三章)。

放开自我就不用背负天下

下面又说:"故贵以身为天下,若可寄天下;爱以身为天下,若可托天下。"王弼在"贵以身为天下,若可寄天下"之下注解:"无以易其身,故曰贵也,如此乃可以托天下也。"而在"爱以身为天下,若可托天下"之下注解:"无物可以损其身,故曰爱也,如此乃可以寄天下也。"学者张松如说:"贵以身为天下就是以身为天下贵,爱以身为天下就是以身为天下爱。"意思是:"身"本身就是最高贵、最可爱的。刚才说过,很多人忘掉生命本身,而被名利取代——被虚名和身外物引出去,而失去生命本身,这是人生的悲剧。本来我们是希望以名利来支持自己的,到最后却是为了名利让自己没有了自我。这几句话就是告诉我们:生命本身就是最高贵、最可爱的,没有任何东西可以取代它,所以我们应该最爱自己,最爱每一个人;最贵自己,最贵每一个人。不要为了名利、权势,牺牲自己、朋友和家人。但是,现实人生中却经常有人为了天下而失落自我。

牺牲自我去救天下的是墨家,不要天下回归自我的是道家,天下跟自我都要的是儒家。这是三家不同的性格。人,要么活在自我中,要么活在天下,不可能活在其他的地方。不要自我、走离自我,再投身天下、背负天下的是墨家侠客;替天行道,打抱不平,行走江湖,为天下人牺牲,慷慨悲歌,以他的生命热血来背负人间的悲苦,这是墨家。道家认为:人间的问题就是因为天下太乱、人际关系太乱,所以我不要天下,天下给你们好了,我回到我的自我,这叫"杨子取为我"(《孟子·尽心》)。杨朱就是讲走回自我的路;"为我"不是自私,是回到自我。很多人误认为杨朱是很自私的人，如果杨朱是自私的人，怎么可能赢得天下人"不归杨则归墨"的赞誉呢？天下人的感动是因为杨朱告诉我们：人生的苦痛就是因为你要背负天下，我不要自己就不用背负天下了。这就是"及吾无身，吾有何患"。放开自己，就不用背负天下这无限的责任了。

不要天下的人才可以把天下托付给他

所以，以身为天下之最贵，以身为天下之最爱，就绝对不会为了争逐天下而让自己失落，让自己流落天涯了。天下本是假的，自我才是真的。这样，不要天下的人，才可以把天下托付给他。就像一个不要名、不要利的人，才可以当民意代表；一个没有权力欲的人，才可以当政府官员。不然人间就变成他的舞台，百姓就变成他的工具，而他是唯一的主角了。我们希望天下的老师、父母都这样想：一个不要权威的人才可以做人家的父母、做人家的老师；一个不要爱情的人才可以讲爱情，一个不依靠婚姻的人才可以走入婚姻。因为你不要它，你才会真心地对它；你要它，就会夹杂很多东西进去：会把先生或太太当工具，把家庭当舞台，自己是导演兼主角，其他人都是跑龙套的。"但愿人长久，千里共婵娟"，要长久，先要有道家的智慧——你不要它，才可以拥有它。长久不是从天上掉下来的，美好不是凭空而有的，必须有道家的智慧。一个不要天下的人，才可以把天下交给他；一个不要恩宠的人，才是真正的贵自己，爱自己。而真正贵自己、爱自己的人才可以爱天下，救天下，因为他不会是把天下当作舞台，把人民当作工具的独夫。我们当引以为戒，或许我们不会成为重要的政治人物，但是可能变成家庭的独夫，变成朋友中的独霸，变成学校中的独裁者。我们要"无身"，才会真正地"贵""爱"我自身，一个看重自己生命的人，就不会去打天下了。天下的宠辱放得下，就不会成为我生命中的惊恐和屈辱了。

三　人生总在相互牵引中同归沉落

如果我们老发出一些讯息和期许，
就会让我们身边的人奔走天涯。
他们的生命都是应我们的呼唤而去，
不能走回他自己的轨道，
这就是互相牵引而同归沉落。
所谓同归沉落就是双方都失落了自己，
彼此讲一些虚假的话，而没有真实的生命对话。
所以人往往在忙于人际酬应之时，各自失落了真实的自我。

标榜"正"道而引来"奇"变，不如放下"正"而消解"奇"

第五十七章开头讲："以正治国，以奇用兵，以无事取天下。"好像治国是用正道,而用兵是用奇变——出乎对方意料之外的方法。而"以无事取天下"的"取",一般都以"治"来说,就是治天下。但是我想这个"取天下"还是有打天下的意思。说以正治国就够了,为什么又讲治天下呢?因此这个"取天下",就是天下会归于谁的意思。一般认为这三句话都是对的:治国要用"正道",用兵要用"奇变",拥有天下要用"无事"。无事就是前面讲的无为,"为无为,则无不治"。"无为"就是无心而为,"为无为"就是所要"为"的是"无为"。所以道家的"无为"绝对不能叫"无政府主义",因为圣人还是要"为"的,只是他所"为"的是"无为"。无心的"为"也是"为"的,书还是要读,工作也要照做,只是工作时无心,读书时无心,这叫"无心而为",但总是"为"的。另一种说法是自然的"为",人不要"为",让人为退出,整个生命通过自然来运作。仍然是春夏秋冬,仍然是日出日落,还是"四时行焉,百物生焉"。我们无为,自然仍然在推动生命的行程,所以讲"无事取天下"。这个"取"事实上有拥有的意思,因为讲打天下语气太强了,取天下就是拥有天下。

我的想法是:老子强调的似乎是第三句话,而不是三者并列,同时肯定;前面两句话是陪衬的。治国用正道,用兵出奇变,这两句是正反相对的,第三句话才是老子的归结。正反相对便落在相对的有限中;正反是相对的,这叫两极对反,正面的会带出它的反面。就好像天下的父母很爱小孩，把他保护得很好，奇怪的是小孩却会抗议，会觉得他的独立性被侵犯了。又像我们爱小孩，但因对他的期许太高，很自然的，在爱的路上会形成对他的过度压迫；本来是爱他，但结果却像在害他，这叫"爱之适足以害之"。所以人间很多的正面会逼出自己的反面，就好像有执政党就有反对党一样。正面会把自己逼向反面，所以能够克服反面的人才是更高的正面，这叫正反合的辩证法。这是哲学的观念，不必深究，我们只要用生命来了解：我们是正面的，但正面会发展到反面那边去。不是天下很多好的事情，到最后给我们的感受都不好吗？这是因为它变成了自己的反对者。

我这样的观点得到了第五十八章的支持，念了第五十八章，我这样的讲法才会特别凸显出来。因为一般人都认为这三句并列，都对；另外有人认为第一句是肯定的，第二句是否定的，那第三句呢？所以我的想法是：前面两句是正反两端，以正治国，会逼出以奇用兵，所以政治的归趋在不正也不奇，不正也不奇就是"无事"。

我们会问：人间的坏人是从什么地方来的？道家告诉我们：人都是自然的，自然就是美好的；那么为什么会有人活不好？为什么人会有阴险、诡诈？有人曾在婴儿的脸上看到过诡异的笑容吗？当然没有，那么什么时候起他的脸上开始有怪异甚至邪僻的表情呢？人若邪僻，看他的眼神就会觉得有一点诡异；所以孟子说：一个人无所逃，只要看他的眼神就可以。因此我们要问：那些有人间活不好的人，或是所谓的坏人，是怎么来的？我们讲过第二章："天下皆知美之为美，斯恶已；皆知善之为善，斯不善已。"在道家的反省中，所谓不美不善的人，事实上是我们这些自认为是美善的人把他逼出来的。就像坏学生是被好学生比出来的，谁来比？老师、学校、家长、升学率，同样进了学校，凭什么有些是坏的，而另一些是好的？

奇变是被正道逼出来的自我防卫

所以老子的反省是：所有在奇变中的人，都是被正道的人逼出来的——"逼上梁山"。学生在教室中站不住脚，父母亲因为他考不好，让大人没面子而不要他，他只好离家出走，去参加少年帮会，在兄弟里面找安慰，找支持——他总不能孤零零一个人在天地中飘荡，像个游魂。人生总是要有依傍的，本来家庭是最后一个支持，但是有时候家庭也会失去支持的力道，因为父母亲也不一定活得很好。所以这时我们就可以了解那些不上学的小孩当初是怎么离开家的？又是怎么走上了奇变的路？是因为我们把正道树立得很庄严，高不可攀，然后就把那些天生在性向、才情上比较不适合当前社会这种激烈竞争的人，贬抑到不善不美的另外一个世界去了。

所以按照道家的说法，奇是被正逼出来的；老子的意思是："无事"是不正也不奇。不正自然就不会有奇，平时多真心对人，奇变便无所用其技了。所以我说：没有防卫是最好的防卫；天真的小朋友是没有防卫的，不管是谁在他面前讲一些刺伤他的话，他还是会对你笑笑。天真就是不设防，没有防卫，完全无事，在他的心目中没有正邪之分，没有正道和奇变的分界。所以任何的诡异、邪僻，对婴儿来说是完全不存在的，他仍然用天真的眼神看你，他依然以为人间那么美好，阳光还是在那里，世界还是在那里。

依我对道家的理解，第三句才是最重要的。"无事"就是从正和奇的相对中超拔出来，把天下事整个还归自然，你不要说这是正道，然后他就会用一套奇变来回应。因为他对应你就像下棋一般，你下一子，他非再下一个子不可，不然棋局就会马上失去平衡。所以人生如下棋，你在下棋，他马上要下在和你对应的位置；你再下一子，它又牵动他，这就是牵引。整个棋局就是一片杀伐之声。下象棋最大的问题就是如何把对方将死，但将死了他，你的棋也没有了。所以我才说：我们要下在生的位置，不要下在死的位置。但是我们又受到别人的牵引，明知道不对，还是要保护自己，他下一着，你也下一着。人际关系不就是这样子吗？他说一句，你说一句，不然你觉得不公平；他厉害，我也厉害，这样才能拉平，心理才能平衡。而在老子的说法则是：同时放下来，我们放下，都把它忘记了，还归无事。这样又是天下太平了。也就是说，没有人为造作的时候，天下本无事。

天下是没有国界之分的，中国的大一统观念从天下来，老子是要讲平天下的。第五十四章"以天下观天下"，就有这个意思。我们说奇是从正来的，那正从什么地方来呢？第二章说："天下皆知美之为美，斯恶已；皆知善之为善，斯不善已。"伊拉克和伊朗都是伊斯兰国家，但教派不同；基督教也有很多教派，佛教也有很多宗派，历代讲儒家的也有很多不同的讲法。但是每一派、每一个人都认为他是唯一的，他是真传，这就是"正"的来由。当你不坚持你是真传、你是唯一的时候，就是"无事"。当你说上帝是真神的时候，就是在否定其他所有的神；你说"正"的时候，是用你的"正"去伤害别人；你的是真的，那别人都是假的了，所以他一定要对抗。一个说菩萨是木头刻的，另一个就说十字架是水泥雕的，这不是一样的吗？如果说祖宗牌位是木头，拜木头干什么？那拜石膏像呢？

所以我们就不要说：我是"正"，是唯一的"正"。你是"正"，别人就会想办法让你"不正"。当我们宣称我是对的，我是美，我是善，我是好的，或我是唯一的时候，你的"正"事实上形同奇变——只有"正"的姿态，而实质上是奇变——

因为你用正来对抗他人,而且一定会引发对方的奇变。当你宣称你的是唯一的时候,其他的教派怎么办?他们的民族要不要活?这样你的唯一就伤害了他们的唯一,他自然要对抗,这叫"奇"。

我们把这句话放到春秋战国时代来想:儒家、道家都想到天下了,我们一看到"以正治国",会觉得很对,但要知道人生总在牵引中沉落,"正"是会牵引出"奇变"来的。"奇变"一出来,"正"跟"奇"就同时沉落了,所以说"在相互牵引中同归沉落"。只有一个办法:忘掉你的"正",不坚持你的"正";那么对方才可以放下心来,不必每天猜度你,想出一套"奇"来应对你。这样一来,你放下,就无事了。无事了,天下回归天下,哪还有那么多的纷争、那么多不能够解决的难题呢?如此各国之间就不必互相对抗,不必合纵连横了。所以我认为第三句才是老子真正的意思所在。

禁闭干预造成混乱,机心智巧带来骗局

底下说:"天下多忌讳,而民弥贫;……法令滋彰,盗贼多有。"天下的忌讳是通过法令去定出来的,这就是"以正治国",法令代表一个价值标准、行为规范,也就是忌讳。而"民多利器……人多伎巧",人民的利器就是智巧,智巧就是利器。忌讳是法令的规定，是正面的规定，"以正治国"的"正"摆出来之后，人民就靠智巧这个利器跟在位者争。有一天，我坐出租车，那个司机先生聊到他从小就不会读书，而今天却是属于读书人的时代，生活要靠知识、靠智慧、靠头脑。我说对，但是智慧、知识、头脑也会使人活不好的。他不大理解，我也来不及跟他细说。因为我们多的是智巧、利器，但是利器是两面刃，一边伤人，一边伤自己。我们拥有这些知识、技术、知道太多的东西，所以烦恼也增加了；责任感加重，负担也在增长。"士以天下为己任"，一般人只要负责自己，士却要负责天下，所以智巧是一个会伤到自己的利器。

在老子的反省是：从政者的"正"会逼出天下人民的"奇"；在列国之间，一国的"正"会逼出对方的"奇"。齐国怎样强，楚国就一定要用"奇"来相对应。所以国跟国之间会牵引、会沉落；君王跟百姓之间也一样，老子在这里就是在反省君王跟百姓的关系；君王摆出了正道，天下百姓就用奇变来回应。所以他说，天下有很多忌讳，人民就越来越贫穷；人民贫穷就要反抗，于是他要利器，要智巧。底下说："民多利器，国家滋昏。"国家越是混乱，这就是对应了：你让我穷，我让你乱，互相让对方有不好的结果。为什么民要利器？因为忌讳那么多，不钻法律漏洞怎么办？

底下说："人多伎巧，奇物滋起。"伎巧是指机心、伪装，我们说某个人很有心机、看不透，很多的作为都有用意，这就叫"伎巧"。"奇物滋起"，就是天下的邪事层出不穷。像骗徒到处行走，我就被骗过。我从来不晓得怀疑别人，有人假借卫生所来消毒的名义到我家喷洒，我想怎么可以不合作呢？我们平时不大可能有那份戒心，因为跟朋友、家人在一起，人家什么时候会用假话来骗你？但是真的会，而且假话在情场上也会出现，真不可思议，这叫"奇物滋起"。奇物就是不正常、不应该有的事情：那些骗局，那些仿冒，那些伪装、机心险诈。奇物滋起会成为社会的负担，所以列国之间的正引出反的，君王、统治者的"正"会引出百姓的"奇"，归结起来就是：君王不要"正"，百姓就不会"奇"，也不会奇物滋起、盗贼多有了。这个社会有很多仿冒的东西，假的艺术品，假的商品，连身份和感情都可能是假的，这叫奇物。只有消解自我的"正"，人间的"奇"才不会相对逼出。

政府清静无为，百姓归于自化

底下说："我无为而民自化，我好静而民自正，我无事而民自富，我无欲而民自朴。"这里的"我"是指在位者；每一句上面是"无为"，底下是"无不为"。我"无为"就是我不以正治国，然后天下人民就不会以奇变来回应，就不会有盗贼、奇物出现了。因为人民觉得你的"正"让他"弥贫",也就是说——你是来伤害他的,所以他就要对抗你。他用什么对抗?用奇物来对抗。所以在位者无为、好静、无事、无欲,这样天下人民就可以自己"化"、自己"正"、自己"富"、自己"朴"了。他自己这样就是自然,自然是自己如此;自己如此在道家思想中是很重要的,因为自己如此就不是被牵引的,不是别人决定的,是我自己独立完足的。前面说过:我们要光复,而不要让我们的人格沦陷。要恢复自己人格的完整,那就要通过自己、靠自己。我经由自己生化,归于人生的正道,自然就富有,自然就朴质、朴实,不在牵引中,也就不被人家带动了。所以底下归结到统治者(圣人)跟百姓的关系,本来那句话是说列国之间的关系:大家放开,大家无事,大家同归天下。然后才落在君王跟人民之间:你正,他奇,人民要用奇变回应,就会造成国家的混乱;但那是国家的法令滋彰,才"盗贼多有";天下多忌讳,人民才"弥贫"。所以双方要同时放下,这才是"以无事取天下"。

但是人我之间,怎样"无心",而且同时放下,才是问题。我们跟父母对抗,跟另一半对抗,什么时候我们才能放下利器,让家庭没有奇物,你也不"弥贫",我也不会"滋昏",让家庭回归家庭的美好,让学校回归学校的安静?不要师长一"正",我就来一个"奇"。学校或家庭变成奇正互动、互相对应较量的地方，就不好了。我希望不管学校或家庭，全部无事，大家都是天下。

第五十八章说："其政闷闷，其民淳淳；其政察察，其民缺缺。"这里还是讲圣人跟百姓的关系；"其政闷闷"，闷然不动，就是无为；"淳淳"是淳厚，你无为，天下人民就淳厚。"察察"是有为，明察秋毫，什么都要计较，什么都要严苛要求，于是民心就凉薄；就像"法令滋彰，盗贼多有"。你的政令有为，那人民就失去了淳厚，少了一份厚道。我们看人，有时候除了欣赏他的灵气、智慧、善良之外，也要看他是否淳厚。有的人在成长的历程中，因为要对应激烈的竞争，所以他的性情就归于浇薄。

有人问：老子说取天下，那老子是否在教为政者怎样取得天下呢？如果这样，道家岂不是有心、有所为了吗？这就好像老子说道是不可说的，那《道德经》这本书又是怎么来的？他说"不可说"，却说了五千言。其实他就在"不可说"里面去说，他的说是通过"不可说"来说的。老子是经过自己的批判，认为道是不可说的，所以他都不从正面说，而从反面说。你不能说道像茶杯，这么说道就垮了；所以他从来没有说道是什么，但是他告诉你道不是什么。道是什么是不可说的，他没有说啊！那么，老子是不是在教为政者怎样取得天下？对啊！但只要你学老子，天下就自然了。问题在他教的是什么？他说取天下，天子才会动心，学习，但你要无事取天下。既然无事，原来的顾忌就没有了，我们担心的就没有了。因为老子教他无心，要无心才能取天下，既然无心，那取不取天下有什么相干？所以我才说人人都是天下，不是由哪一个国家来统一天下。道家是否有心？当然是无心的。任何人以有心讲道家都会出问题，后来的法家、兵家、纵横家，都是有心地师承并应用老子的智慧，而道家的智慧是无心的，所以这是自我违反，违反了老子的义理，已经不是老子学了。

看似祸而福靠在门边，看似福而祸已藏在门后

有人问：以管理的观点来看，是否无制度就是有制度？无法令就是有法令？因为"有"的本身就是一种障碍。请注意，这是在高度的智慧层次讲的话。人间有制度就是有制度，没有制度就是没有制度；当我们说"没有制度也等于有制度"是就从智慧讲，在高度的智慧层次才能讲这句话，不然别人无法了解。"无法律就是有法律"，那么无委员等于有委员，委员的位置就没有了。是啊，无委员才是有委员，我们希望所有的委员都了解这一点；要没有自己，才能代表百姓。没有了自己，他才会变成天下的，帮百姓陈言，帮天下维系生态的平衡。所以这句话是从两个层次说的：我的"无"就是"有"，如"我无

为而民自化"是"无",但"无"的同时也可以是"有",我"无"掉我自己,而"有"百姓。在不同的层次是这样说,在同样的层次,有就是有,无就是无,所以刚刚那个问题是对的。

但是从管理的角度来说,中国式的管理是什么?就是无管理。这种方式在东方的境界极高,西方人不大了解。这是来自于老庄、禅宗的智慧,孔子也讲"毋意,毋必,毋固,毋我"。所以说无管理也就是有管理,因为无管理,你就得到了每一个人对你的敬重和负责,因为你对他们完全信任,他们觉得应该回报你的信任。所以每天都不管理他们也等于有管理,这话是对的,但是没有保证。

我在教初中的时候,有一天督学要来,校长要每班学生擦玻璃,我那一班负责擦两层楼高的玻璃窗,但那天刚好没有长竿抹布可用。我为了安全,不让学生攀爬冒险,哪管他督学来不来。结果升旗典礼时,校长说我那一班的学生最坏,没有清扫。我冲上前去大声抗议,是学生的生命重要,还是校长的考绩重要,和校长争执了一番。后来我进教室,只跟学生说了一句话:以后不要让你们的老师跟校长吵架。从此以后,我那一班从全校最散漫的变成了全校最守秩序的班。坏学生也有好处,有江湖道义,这叫没有管理也是有管理。但是没有管理你要付出很大的心力,成果不会从天上掉下来的。所以说没有法律也等于有法律,没有制度也等于有制度,那是从"道"的层次说，要做到没有也是有，可是一大段的心路历程，不要以为只要每一个人都放下那就好了。所以道德还是要讲修养的，就像我刚举的例子一样。

祸福之间找不到分界线

底下说："祸兮福之所倚，福兮祸之所伏。孰知其极？其无正。"我们最大的关心不是福报吗？我们把每一个人的生命交给德行，德行是靠自我的修养来的，问题是，我有德行，是好人，但好人有好报吗？德行会带来福报吗？做好人本来不难，难在有些人认为没有好报，我就不做好人了。做好人好事，不是为了给老师打操行分数的，因为有修养的人生命比较纯净，有一种单纯的美好，那个叫德行。德行不是为了积功德，功德是宗教的观念；虽然德行也是功德，但是功德不是为自己求好报。假如别人因为我的德行而得到好处，那就是福报，只是福报在别人。就我来说，我的德行是为成全我自己，提升我自己，所以我修养自己，就好像去学书法、学舞蹈、学音乐，只是让我这个人更接近完美。当然对这个完美的观念不要太执着，道家的修养是让我们成为"真人"，更真实。但是在人际关系里、在人间社会的遭遇里，我们的真实，就会给出福报，从而让人间更和谐。

"祸兮福之所倚，福兮祸之所伏。"说它是灾难吗？就像"闷闷"不是无为吗？看他"闷闷"，你也很闷：怎么这个校长来了一点动静都没有，每天只在他的办公室里看《老子》，这是什么意思？看起来像祸，但是"祸兮福之所倚"，因为他"无为"，让每一个老师都有自由，能好好地带学生，让学生都有个性。如果校长总爱发命令，全部老师都听他的，全部学生也都跟着做，不都成了一样的吗？所以看他"闷闷无为"，好像是祸，但是"其民淳淳"却是福。看他"其政察察"，"察察"不是有为、有表现吗？是福啊，却是"其民缺缺"，所以"福兮祸之所伏"。看似是福的时候，灾难已经隐藏在后；看它是灾难，但是事实上福已等在那里了。

"孰知其极？"谁知道祸跟福之间的究竟呢？谁知道祸跟福之间的界线呢？"其无正"，恐怕是没有标准可循吧！我们习以为常，认为什么才是福，什么才是对，但是老子告诉你这可不一定喔！你看，其政"闷闷"，但是"淳淳"；"察察"好像是好，但是"缺缺"。可见祸跟福很难说的。祸福之间的最后究竟在哪里？分界线在哪里？没有标准答案。

正道的善德会逼出奇变的妖恶

底下再讲正跟奇之间的关系："正复为奇，善复为妖。"这两句话讲得好，所谓讲得好就是说：正本身不会变成奇的，善本身不会变成妖的。就像第二章说的，善不会变成不善，美不会变成不美。有个英译本翻译"天下皆知美之为美，斯恶已"是这么说的：一个艺术品挂在墙上，大家去欣赏它的美，过一阵子它就变成丑的了。这怎么可能，美的艺术品怎么会变丑？就像说一个好人，每个人都欣赏他，他就变成了坏人，这是不可能的。所谓的"正复为奇，善复为妖"，是说在人生的流程中，起初是一个天真的小孩，一个有真性情的青年，但现在他变了。为什么善的会变成恶的？正的会变成奇的？正道会变成奇变？因为善代表仁义，仁义是心，而圣智有为，通过圣人来讲正道，圣人可以开出正道来，而仁义代表我们的心，代表善；有了这个标准，就有了要求。我们定了一个标准，然后用这个标准去责求他人，这叫有为——像学校定出每一个学生要考九十分，认为这才是善；然后通过这样的标准，通过老师的权威要求学生要考到这个分数。所以我们是有心而后有为的。问题是他做不到，我们做老师或父母的，常常忽略了孩子天生的性向和才情，误以为孩子只要用功，只要听话，就会成绩好。不会的，因为他有聪明程度的不同，有学习能力的限制，有他喜欢不喜欢的问题。

像我的才艺就不行。有一次，我儿子写书法边写边掉眼泪，一路哭着出来，我问，怎么了？他说："我的书法好难看！"那时他是小学二三年级，我进去看一看，果然很难看，我跟他说没有关系，爸爸也是，我们不一定每一样都是顶尖的，将来也只要走我们喜欢的、比较专长的路，不一定要跟人家比书法。所以每一个孩子都是不同的，他的学习能力和志趣不在这个地方，但是你的标准定出来，而且要求他做到，这个时候他怎么办？你又是老师，又是父母，又是社会的价值规范，他只是成长中的小孩、成长中的学生，他当然可以不理你，但也马上会被贬到不被喜欢的行列、不美跟不善的行列，那他该怎么办呢？他只好做假给你看了。这样，成绩是有了，标准也达到了，也通过了责求的关卡，但是这却让人变成了假的。

所以仁义规定出来后，这个世界便到处是假仁假义；圣智被推尊出来后，世界上就有很多假圣人出来，皇帝都变成圣人、圣上了。像乾隆皇帝，中国国宝的每一幅画他都盖一个章，写几个字，他觉得我这么圣智怎么可以不签名盖章呢？其实艺术品跟皇帝是不相干的，而他就要这样做。所以不是善本身变成恶，而是在这样的群体社会，本来每个人都不一样，你却定出一个标准来要求大家一样。像是规定要及格才能毕业，于是就可能有一门必修课，学生作弊被老师抓到，他说：如果我不作弊，就毕不了业，但是我一定要毕业，所以我只好想办法。这个办法就是你逼他想出来的。当然我不认为他是对的，但是这可以给我们一个反省。像体育课，要求每一个学生百米都十四秒跑完是不合理的，因为各人的体能条件不一样。像扁平足的学生，要他十四秒跑完合理吗？所以不是他本身变得不好了，而是这样的行程逼得人做出违反他本身真性情的事。

肯定西施，害苦了东施

所以在人生成长的过程中，我们渐渐地变成我不是我了；我不再那么天真，不再对朋友讲真话，不再能够一片心全给人家了。逐渐地，我们变成了假的——就像定出了一个捧心的标准，结果让天下的东施都效颦了，以为捧心才是漂亮，皱着眉头才是漂亮。所以定出一个像西施的标准，结果是让天下的东施都失去了她的性格。当我们定出某一个标准，以这个标准去要求每一个人的时候，很可能出现的一个问题就是：让每一个人失去他自己。而这样的要求、这样的标准叫牵引，变成不是他的样子叫沉落。我们有时候对自己最喜欢的人都不大敢讲心里的话，婚姻的结果就是我不再是我，所以我们当然会对婚姻有怨言，因为它让我完全失去了一生本来的美好。婚姻是不是牵引？对啊！你喜欢我，我喜欢你，携手走进礼堂，是牵引，但此后便同归沉落。所以"正复为奇，善复为妖"，不是它本身变坏了，而是在人生的流程中，被外在的很多标准、很多要求逼得你只好变成不是你的样子。这样，老子要问：学术文化有什么好？政治法律有什么好？刚开始都说那是爱，结果却都是害。立正道，有为，爱百姓，都说是爱，但是结果是害，因为让每一个人都不是他自己。世界上还有比让他不是他更大的伤害吗？那是全盘否定，等于自己都没有了。那可不是"无身"，"无身"是不要执着于自己，这个是失落了自己。不要执着是好的，失落却是不好的。前面我说流落天涯，这边说沉落；流落是在外面漂流，沉落可是掉下去了。

通过"正复为奇，善复为妖"的意思，我们才了解了"以正治国，以奇用兵"为什么不好，为什么"以无事治天下"才好。所以老子要说"绝仁弃义"，就是把仁义绝弃，绝弃就"无"掉；仁义有心，绝弃就是无心。"绝圣去智"，就是要"无"掉你的圣智有为。因为你的圣智会逼得别人变成假的，你的仁义会让天下人变成假的，所以你要绝弃你的仁义、绝弃你的圣智。无心然后无为，无心无为，百姓就无不为了。

"我无为而民自化"，绝弃的时候是"其政闷闷"，民自化是"其民淳淳"，绝弃就是不表现你的功业彪炳，天下百姓都可以活得很好，你还有什么不满意的？《论语》说："百姓足，君孰与不足?"如果天下百姓都很富足,君王怎么会不足呢?君王的"足"是建立在百姓的"足"之上的。孩子足,妈妈怎么会不足?学生好,老师怎么会不好?我们应该这样来看这个问题。有些帝王就喜欢功业彪炳,长留史册,但是跟着他的百姓就受苦受难了;"一将功成万骨枯""可怜无定河边骨,尽是春闺梦里人"不正是这样的写照吗?所以你自己绝弃,放开自己,天下百姓都好起来了。从这个地方,我认为前面说的"以正治国,以奇用兵"是对的,因为我得到了《老子》第五十八章的支持。

人心迷失在奇正、祸福的追逐间

底下说:"人之迷其日固久。"但是天下人民没有这样的觉悟,他迷于他的福、他的祸,迷于他的奇、他的正;他以为这些有分界线,什么是善,什么是美,什么是福,什么是祸,他觉得他抓得很稳。所以天下人民迷于此中,其日已久了。迷于此中会产生什么问题呢?就是制造了很多假的人,受苦受难的人。但是他只从正面看,都没有从另一边看;道家就在儒家从正面说的时候,站在反面说:你真的确定吗?老子问在位者:你怎么能坚信你所做的是对的?"是以圣人"要怎么做?因为圣人总是要治国的,正道逼出奇变,善德转成妖恶,要避开这样的自我否定。人间很多正面的事物都会自我否定，因此事先就要化解走向反面的可能性。

所以我们要有道家的智慧，不是说我们的爱就会害人，而是我们的过度坚持，甚至是所谓的择善固执，会带出它的负作用，逼出它的反面。所以，在"方""廉""直""光"这些正面的词底下都加一个"不"——你发出的光不要去刺伤他的眼睛。你如何又发光，又不会直射对方，迫使他睁不开眼睛，这叫"光而不耀"。上面讲的是正面的，底下讲的就是千万不要使你的正面变成反面。正面是正，反面是奇；正面是善，反面是妖；但我们经常掉到我们的反面，问题在此。我们一再地让历史重演、重蹈覆辙，一再地用我们过度的爱心去压迫我们所喜欢的人；一再一再地，因为爱本身就是无微不至，就是完全地给予。你忍不住要这样做，所以要动用道家的智慧，事先把它化解。因此当我们是"孔孟"的时候，我们也希望自己同时是"老庄"，然后我们的孩子就如沐春风——他会只感受到春风的温暖，不会感受到爱的压迫。

化解爱的杀伤力

我的意思是：要过滤掉爱的杀伤力。道家是一个过滤网，而爱是天罗地网，无所不在，把别人笼罩。道家让爱的杀伤力消失，这叫升华，也叫净化。我们要升华，要净化，不然情爱本身是有杀伤力的。所以怎样让爱还是爱，但是没有压迫、没有伤感、没有遗憾才是重要的。尽管我说人生有憾，但是我们希望通过道家、通过儒家，使人生无憾。通过道家，有憾也等于没有憾，这叫化解。化解就是把存在心中的那分遗憾化掉，没有遗憾就不会有哀愁，没有哀愁就没有伤痛，没有伤痛，人世间就不会有那么多悲剧。所以化解很重要，而"不割""不刿""不肆""不耀"就是要化解，方正一定会有割裂，廉洁一定会有伤害，正直一定会有放肆，光照一定会有耀眼；加一个"不"，就叫过滤，叫净化，叫升华。否则任何正面都会变成反面，任何爱都会构成害。我们希望有不会带来伤害的爱，不会变成反面的正面，那个是更高一层的正面，道家让我们更上一层楼。不增加我们爱的热力，但是提升了我们爱的层次，让我们用更高层次的爱展现在每一个人的眼前。这叫境界，道家给我们境界：艺术的境界，美感的境界。

或许为人师的人会有这样的疑问，"正复为奇"，那难道我们就不去引导学生走上正道了吗？在你的执着中变成反面，不是正的本身是反面，而是你对自己的正的执着变成反面。譬如说我是正，我执着于我的正，就会有优越感，会有英雄气。而不必要的英雄气、优越感冲出来——从这个地方，正面就会变成反面。不是我们否定了"正"本身的纯粹、美好，而是说你对本身的正过度地自信和执着，一方面压迫别人，另一方面也成了你自己很大的负担，使你不能被击败——一被击败就站不起来了。女生不太容易被击败，因为她阴柔；男生的阳刚很容易断折，所以一垮就全部垮。就像台风来的时候，小草不会断掉，都是电线杆、大树干断掉；小草随风摇摆，刮台风如此，春风、秋风吹也一样。所以女生的寿命比男生长，这是有道理的，她的放开比较强，而执着比较少。所以正面可以引导正面，我们不能否定，老子也不反对，但是老子告诉你：在你显发正面的过程中，你会不会因为好强求胜，而激起了执着和英雄气呢？你会把人间最好的爱当作争逐的利器吗？最好的朋友有时候也会为了竞赛而去追同一个女孩，两个人不见得都那么喜欢那个女孩，只是为了比一比到底谁比较强。你看这英雄气是不是害人？所以说道家的意思是：就执着来说，爱会害人。

天地为什么可以长久，因为它没有封限自己

　　第七章说："天长地久。天地所以能长且久者，以其不自生，故能长生。"一开始先说天长地久，反映出人间是没有长久的，只有天地才能长久。因为天地是自然的，所以它是长久的；人世间都是有心有为的，所以不长久。你有心就会执着于什么，但是这个"什么"很快就会过去；譬如我喜欢今夜，今夜是最美的,但是我们知道今夜会过去,所以这几个钟头一过去,马上就要面对无边的落寞和哀愁。但如果我是无心的,今夜过去,明夜一样好呀,后天也是一样。长久不是可以活几千年,而是不会觉得世界好像老是在变动,自己好像永远在不安感里面被拖着走,那个叫短暂。总是看别人的脸色,总觉得他好像又不一样了,他怎么又对我不好了?好像别人不再那么喜欢我了,这叫短暂。如果我无心,便觉得每一个人都一样,每天都同样美好,这叫长久。老是想着别人是否跟昨天一样对我好,学生还欢迎我吗?同事还敬重我吗?长官还赏识我吗?每天都在问这个问题,这样叫短暂。所以老子说:只有天地才长久,人间都是短暂的。

底下问:天地何以能长久?老子说:"以其不自生,故能长生。"就因为天地没有自己,它不把"生"定在自己的身上,而是放开给天地万物。如果它只是为自己而生,那很难长久;天地之所以能够长久,是因为不自生——不以自己的"生"为生,不把"生"封限在自己身上,然后它才能够把生命开放给天地万物,让天地万物有"生"的余地。就像天下的妈妈以其不自生,故能长生;因为妈妈不把生命封限在自己,然后她才会为她的子女留下生的余地。所以天地何以能够长久?因为它没有自己,所以才能长久;因为它无心,所以它才能长久地生下去。

圣人把自身放在最后面，反而会被推向最前头

所以底下说："是以圣人后其身而身先，外其身而身存。"圣人把自己的身、自己的生命放在最后面，才能够在最前面；把自己的生命放在最外面，他本身才能够在最里面。"外其身"是把身忘掉、放开的意思。这到底是什么意思呢？依照我们搭公交车的经验来看却是相反的，因为排在最后面，每一次都是上不了车的。"后其身而身先"，哪里会身先？"外其身而身存"，自身已在外面了，哪里还有身存之地？你们先上去好了，我让一让，车子开走了，自己却还在外头。所以老子的话是违反经验的。

圣人之所以是圣人，是因为他底下是百姓；就像老师的底下是学生，父母的底下是子女。"后其身""外其身"是说他本身，"身先""身存"是说他的学生跟子女。百姓足，君王怎么会不足？孩子、学生好，老师、父母怎么会不好？所以"身先""身存"千万不要套在他自身来说。圣人之所以为圣人，是因为他为百姓想，不然怎么配称圣人？中国人讲的圣人就是要治国、平天下的人，为什么我们把圣人看得最高，不只是因为他的自我修养高，还是因为他能成为天下的典范，让天下人都得到美好，那才能叫圣人。所以"圣人后其身"，是他没有自己；他把生命都给了他的百姓，叫"身先"。百姓都"生"了，等

于圣人"生"了。所以圣人的"先",是因为百姓"先"他才"先";圣人的"存",是因为百姓"存"他才"存"。譬如你是将军,带三万人出征,结果自己一个人回来,那算什么将军?你并没有"存",因为你的三万部队没有了。所以"外其身"是自己把自己放开,放到最外围、最不重要的地位,结果自己反而存在;因为这样百姓都"在"了,岂不是证明你"在"吗?百姓都"先"了,就是你"先"呀!

这边是说"后其身而身先,外其身而身存",后面则说"我无为而民自化,我好静而民自正,我无事而民自富,我无欲而民自朴"。无为、好静、无事、无欲,就是"后其身""外其身";自化、自正、自富、自朴,就是"身先""身存"。天地没有自己,不自生,才能让万物长久地"生"下去;天地有自己,万物就不大有机会跟空间了。

一个没有自己的人,才可以成就他自己

接着说:"非以其无私邪,故能成其私。"不是因为他没有自己,才能成就他自己吗?成就他自己是成就他自己的理想。他自己的理想可能是生百姓,生万物,生儿女,生学生。所以老师无私,没有自己,就可以成就他自己;因为没有自己才会关心孩子,而孩子有成就等于你有成,这叫"成其私"。因此不

要把身先、身存放在我们自己来看，否则老子的这句话是不合乎经验的检证的。不是说老子的话都要这样曲折地解释，但至少这些要这样理解，不然就讲不通了。

所以一个老师没有自己，才能长久地教学生；一对父母没有自己，才能长久地生养孩子；一个圣人没有自己，才能长久地去带百姓；天地没有自己，才能长久地生万物，这才叫长生。如果你有自己，你会有挫折感，会有伤感，会感到不值得，会觉得我为什么付出这么多，而回报这么少？这一来你就不愿意再"生"了。所以老子告诉我们：天地何以能长久？是因为天地没有自己，天地无心，所以万物才长久。如果我们能这样想，就不会逼着我们所喜欢的儿女、学生，跟我们互相牵引、同归沉落了。一方面我可以长久地生下去，另一方面我对他们的好就不会形成压力；因为我没有自己，我是无心的。我可以升华，可以过滤，可以净化，我的爱只是美好的，没有压迫，然后人生就不会短暂，我们可以跟天地一样长久；因为我们的心跟天地一样——我们无心，我们不自生，所以我们长生。

没有自己，就不会以正带出奇，以善带出妖，而可以无事地平治天下；没有自己，就不会有挫折、伤感，而可以长久地生万物，生百姓。没有自己，就不会相互牵引，同归沉落，而可以相互放开，同归成全。

四　让每一个人回归他自己

何以要让每一个人回归他自己？
因为人生的困苦是由于我们流落天涯；
而流落天涯则是人我之间的相互牵引，
且在相互牵引中同归沉落。
所以要避开那份由牵引而来的沉落，
解除我们流落天涯的困苦，那么只有一条路可走，就是：
我们不要把别人拉引出来，大家挤在一起受苦受难。
所谓人生的常道，或许就是在让每一个人回头走他自己的路吧！

信仰的路，可以依靠上帝；修养的路，要靠自己做主

　　第十六章是很重要的一章，是老子的修养功夫，问题就是"道法自然"的理想怎么可能实现呢？我说哲学总是要生人家，所谓的生人家就是生天地万物，而那个生的动力在哪里？怎么可能生？我们要去开发生的动源——动力根源，没有根源动力就生不下去了。所以哲学一定要把生的动力开发出来。天地万物是我们信仰的天道、天理、上帝、玉皇大帝所生出来的；通过上帝或天道来生这个世界，这样就解释了那个生的问题。而且上帝可以帮我们做主，所以要"生"还要"主"，他可以作为一个主宰，决定一切，拯救我们。

　　除开走信仰这一条路，另外的一条路就不是这样了，那是修养的路。我们自己修养成跟天道一样，当我跟天道一样，那我岂不是也有生的力量，而且可以做主了吗？我可以帮我的家人做主，帮我自己做主，帮人间做主，这样岂不是可以救人救世了吗？在中国的传统中，我们没有走上宗教信仰的路，而走了修养的路，但事实上修养跟信仰并不是那么分得开的。如果你没有信仰，也就不会往修养的路上走。如果我们对人间的人格，对所谓的爱没有一点信念，那为什么要修养呢？为什么要让自己变成好人呢？所以修养还是要肯定天道、天理，然后再让自己修养到天道、天理那个境地。只是这一段历程比较遥

远,孔子说:"五十而知天命,六十而耳顺,七十而从心所欲不逾矩。"他五十岁的时候才知道天命在哪里,天命是什么;他知道天命了,所以六十而耳顺。通过天命看人间,整个人间都可以包容;因为用天来包容人间,当然无所不包容。平时我们会拒绝别人,因为我们只是人,会抗拒另外一个人。但哪一天能够"下学而上达",达到天那个境地,通过天来看人间,就好像你突然变成父母,看每一个孩子都很可爱了。

所以我最近有一个主张:小时候他提携我,做我们的爸爸;等到他老了,换我们扶持他,做他的爸爸。父亲老了,我们正当中年、最强的时候,我们回过头来照顾他,这样就产生了一个人生最美妙的循环。人渐渐老了,就是回到童年:童年是美好天真的,老年也美好天真。我们说当他的爸爸,事实上就是替代天道来爱他——当爸爸的人就是天道。但是那个爱只是与生俱来的,范围很小;我们永远无条件地像天道一样爱我们的子女,但天下有更多的人,所以我们就要修养到跟天一样才能爱所有的人。

只有天道爱所有的人,我们总是只爱自己的家人。当然我们也爱天下所有的人,但和天道是有层次之分的;我们无条件去爱的只有我们的家人,其他的要靠社会的福利政策、救济制度,我们没办法同时爱天下所有人;因为人只有一个,回家也只是回到一个家。这个时候有一个办法:我们让自己的修养跟天道一样，不再是人间的某一个人，这样就能像天道一样爱所有的人；这条路叫修养的路。这条路比较遥远、比较漫长，因为我们毕竟不是天，仅仅是人；所以修养要在每一分钟进行，稍微不修养就堕为凡人，一修养就是天使。人生的保证在哪里？在每一分、每一秒都修养，这一条路是"造次必于是，颠沛必于是"。所以孔子说："君子无终食之间违仁。"你不能够有片刻停止，也不能放假；一放假就跌落到世间，在相互牵引中沉落。只有修养，你才能让自己变成天道，像天道一样爱每一个人。天道是没有家庭的，也没有肤色，没有阶级；天道不属于中华台北队或古巴队，而我们只喜欢为中华台北队加油，所以我们还是差一点。

　　为什么说信仰的路相对不会那么艰苦、那么难呢？因为可以依靠上帝，以上帝的爱、至善全能来做我们的保证，于是我们的责任卸下来了，把一切交给主。把人间最艰苦的交给上帝，当下就得到了解放，不用再肩负那么重的担子、那么大的悲苦了。所以走上宗教的路，事实上是比较简易的。我们不晓得为什么历代先贤就是要走修养的路，走这一条路，要靠自己来做主，而这个主就是你修养以后，你的良心、你的人格，它们就可以作为保证。平时我们不是靠良心和修养的，而是靠名利心和权力欲，靠优越感和英雄气，一下子飙出去的。所以修养只有一个保证，那就是你的良心和人格，这一条路是比较难的。儒家、道家都讲修养这一条路，尽管儒家有儒教，道家有道教，但是仍然是靠自己修持、修炼的。佛家也是一样的。我们就是在儒、道、佛三大教的文化园地里成长，走向自我开发的道路。这点刚好跟基督教、天主教、伊斯兰教形成一个对照，因为他们是把人交给最高的神来作为最后的保证；而我们是努力让自己变成天道，变成道的生、道的主、道的无所不在和无不包容。这样，世界就有了生的力量，人就可以自己做主了。

心虚静如镜而照现天下

我们在第三章讲到："虚其心，实其腹；弱其志，强其骨。"在第二章讲到："处无为之事，行不言之教……功成而弗居。"可能使这些话成立的修养功夫都在第十六章说的"致虚极，守静笃"。我们的心要致虚至极，守静至笃。就是：虚其心，弱其志，处无为之事，行不言之教；还要行教人间，还要处天下事。但是所处的是无为的事，所行的是不言的教；这就是虚。虚其心，弱其志，就是要把它虚掉，虚掉什么心？虚掉心的执着。心执着于什么？名利权势、英雄事业、才学优越。要去掉这些执着，让自己的心里面没有名利，没有权势，没有优越感，没有英雄气，也没有自己。要虚，是因为我们的心会执着于很多东西，摆在我们的心里面。

　　心里摆了这么多的东西，就不清明了，因为它只想到事功、名利、权势。所以有时候我们会听不到对方讲的话，因为你在想自己的事情；两个人相对时，突然间你仿佛有几分钟处在空白状态。那不是空白，而是你心里面正在想什么英雄事业。而且心里面有很多东西，再去看别人，事实上是把你心里面的东西加在他身上：看看他对我的名利心有没有帮助？他对我的权力欲能不能构成支持的力量？他对我的优越感有没有对抗的想法？对我的英雄气有没有伤害？我们事实上是通过心里面的东西去看别人，这样的结果就是你永远没有看到他。所以有的人和人做一生朋友，做一生夫妻，都没有看到对方。你跟他结婚是怀有目的的，你永远通过你的目的看他，所以他是你达成目的的对象。这样一来，对方变成了工具，对方不是主角，不管事业或婚姻，就失去了平等对待的关系。有的人把先生当跟班，你买东西他付账、他提；有的人把太太当作花瓶，因为太太在身边而能使自己的声望、身份得到更大的肯定。很多人反对中国小姐选拔，大概是因为很可能会往这条路上走吧。其实在暴发户的圈子谈选美是不大好的，带着庸俗而且不很正常的眼光，不是一种对美的观赏和肯定。

　　所以要把心虚掉，虚掉那些执着；虚掉了，你的心才会有去看别人的能力。不然心中充满了名利、权势，你就看不到别人了。就是去看也不是看,而是把你的名利和权势加在他的身上,衡量他有没有功利的价值罢了。平时都不跟人家握手,一到竞选期间就开始握手了,为什么?因为选票呀!对方有一票,这叫"工具价值"。我们希望每一个人都是一个目的——有目的价值。现代化社会最大的问题就是把物当作工具,所以不是真"爱物";中国传统讲"亲亲,仁民,爱物",我们真的喜欢那个"物",才会有艺术。是艺术才会好好去画花卉、画山水,因为山水是目的。如果把山水当作功用,那就不是艺术了,变成了开发,要开推土机去了。推土机可以推倒城墙,才不管什么几级古迹。站在功用的观点上,古迹就完全无用了;我们说它是古迹,是因为它是目的,是一个价值。但平时我们的心一执着于东西,就会以这些来衡量其他,于是其他东西都变成了我们利用的对象。所以美感一定是从现实利用中跳出来才有的,如果选美是为了宣扬国威,这恐怕不是好的心态。万一国威没有宣扬成功呢?人家来台湾刚好发现台北的脏跟乱呢?这岂不是赔了夫人又折兵吗?所以我觉得真正的美感是没有现实的利害关系的,那样才能发现美感。这样,一方面能看到别人,另一方面别人也不会成为我们的工具。

所以"致虚极,守静笃",就是心虚了才会平静。"不尚贤,不贵难得之货。"贤是名,难得之货是利;"不见可欲",就是不把这些名利的欲求抛给对方,这样民心才不会乱。对人民来说，你不给他名，不给他利，他就虚了；他一虚，心就平静了，不会生乱。所以致虚极，就可以守静笃，一方面虚，一方面就是静。把心知虚掉，生命就平静了。我们之所以乱，是因为心里面想要很多东西；而这些东西又面对着现实的条件约束和人我之间的对抗；因为你想要的，别人也想要，这样一来心就很难平静了。

懂得割舍，才是一切可能的开端

有一次演讲，有人问我对买股票有什么意见？他明知道我是外行，但是因为我讲缘与命，所以他以为我可以给出一个明牌。我的想法是：买股票可能获利，但是或许要付出更多的代价——心不虚静。心不虚，生命就不平静；这样我们付出的恐怕比得到的更多，所以我连兑奖的那种想望都没有。因此彩券、股票市场，对我们这样的人来说，一点吸引力都没有。这大概代表我们不大现代化，现代人应该有经济、投资方面的常识，但是我们完全割舍了，就是因为相信道家；天下没有白吃的午餐，老师每天去买股票，书一定教不好；因为你的生命在股票那边发光。一个人的精彩就是生命的所在，所谓生命在那里，就是全副生命、全副的心凝聚在这个地方。我们不可能每一个地方都是优越、美好的，人生的有限性就是：我们只能把我们的心、我们的爱集中在某一点,这叫"行行出状元"。只有这样,我们才在每一行都是天才,在每一行都是精彩的。什么都要,就会刚好什么都显不出光采。所以我才说:懂得割舍才是可能的开始。全世界那么多吸引我们的东西,我们一眼看去,都没有看在眼里;我们只看到我们可能得到的那个东西,然后我们一生就在这个地方。所以你能够凸显你的据点,凸显你所站的角落,凸显你一生的行程,是因为你没有旁观、没有分心到其他你不可能达到的领域,这样也算是一种静。所以"致虚极,守静笃",这个"笃"就是真切,"守静"要到最真切的境地;"致虚"要到极致,极致就是整个心都是空灵的。空灵就会灵动,就会感动,感动就有动力。

人本来是可以自己做主的,只因为卷进了太多的名利、权势,突然间我们就对自己失去了信心,灵没有了,法力没有了。本来我们都有法力的,有人格,有爱心,就有动源、动力,有感动;因为心会感受到他人,有情意,有理想。爱就从你的眼神中流露出来,怎么会不感动人?而我们就是因为永远在和他人的相互牵引中同归沉落,所以灵不见了。若是人失去了对自我的信心,不管阳神阴神乱拜,怪力乱神,无所不来;最严重的问题就是失去他自己。现在我们希望他回归自己,恢复他的灵、他的功力、他的法力,那来自于人格,来自于修养,来自于爱心、情意跟理想的灵。那样灵感流动,由空而灵，由灵而感，由感而动；我们才是有动力的人，有动力才能生人。

心致自己的虚，心守自己的静

所以"致虚极，守静笃"，心要变成虚静的。那么谁来"致"、谁来"守"呢？我自己致，我自己守。我是谁？是心！心自己"致"，心自己"守"，没有另外的人可以来帮你"致"，帮你"守"。你不能要求老师帮你安一颗心。那样老师就会说：你把你的心拿给我看看，你拿出来我帮你安好了。心又不是零件，怎么安呢？心感到不安，要自己让它安，这就是《论语》说的："我欲仁，斯仁至矣。"我一想要仁，则仁德就来了。你为什么会想要仁？因为你发觉心不安，觉得不安，生命定不住，所以你会从不安而求安。昨天说了一句重话，今天跟他道歉就安了。那谁去道歉？你自己啊！那谁让你感觉到不安？你自己啊！心不安的时候会产生一个动力，让你去跟他道歉，跟他解释，希望我们还是和谐的，还是感通的；这样叫"仁"。

在老子来说，心本来是空灵的，是虚静的，因为心本自然。现在因为你执着了名利跟权势，所以开始复杂起来，不平静，没有感动力，没有闲暇，没有余地可以容受别人，看到天下。所以，要致虚，要守静，才能接纳别人，观赏天下。问题是谁来"致"、谁来"守"？心，心自己致，自己守；致自己让它虚，守自己让它静。中国人讲人生修养一定是通过心来说的，因为心是自己的；上帝、天主虽然最高，但那不是我。我是从自己的心出发的，通过修养，心就可以跟天道一样宽阔，一样无所不爱；然后再回过头来，用像天道一样的心来对待朋友和家人。功夫一定要在心上做，所以我们称道家的心为"虚静心"，就是从这个地方来的。而儒家的心叫"德性心"，叫"仁心"，是爱心；和老庄讲的心不一样。心虚静，可以把艰苦悲愁都忘掉，用全新的面貌来对待我们的朋友和家人。你一定要把悲苦化掉，不然会一直积累，时间一久，脸上的清新、美好都没有了。所以我们一定要化解、虚掉那些执着，洗涤那些尘垢污染。尘垢污染在心灵里面，就像一面镜子被灰尘蒙住，那些灰尘附着在镜子上，我们的心就不能发光，就没有观照的能力；所以一定要把灰尘清除掉，要让"身如菩提树，心如明镜台；时时勤拂拭，莫使惹尘埃"（神秀偈子）。六祖惠能的偈子却更进一层："菩提本无树，明镜亦非台；本来无一物，何处惹尘埃。"前者的体会限于"有"，后者的体悟则在"无"，所以六祖惠能能承传衣钵。本来无一物，哪里会有灰尘呢？不过我们要了解致虚守静就是"时时勤拂拭，莫使惹尘埃"，到那个时候，心就本来无一物了，也就变成清明如镜了。

镜可照叫观照，心虚静以后，就平静得像一面镜子；镜子若不平静，就是凹凸镜了，看到的人不是扁平的就是拉长的。心有时候会扭曲变形，因此看到的世界是扭曲的，看到的人是变形的，可怕的。既然扭曲变形让人受不了，便只好逃开，以酒精、药物逃避于迷幻人间，如此不太可爱的世界也变成可爱的了，不能讲的话也可以讲了，不顺眼的人也可以马马虎虎看一看了。但这些都不是办法，真正的办法要是道家式的：把心里面的扭曲取消，人间就不会变形了。所以虚静心的静就是要像镜子一样，可以观照。

我们真正地看到别人是通过虚静心看的，平时我们看不到，因为我们都是用名利心、权力欲来衡量对方的，把对方当工具，当成自己的啦啦队。所以我们的心虚静了以后，双方就可以互相照，我照你，你照我。观照就是照现，明照显现。像你的先生或太太跟你结婚后，脸上总是有悲苦和忧愁；你如何照现原来美好的他、真实的他、没有烦恼的他？这是人生的重大修养。因为被我们拖累、在牵引中同归沉落的就是我们的家人，首先是我们的先生或太太，其次就是我们的父子家人。越是跟我们亲近的人——如果你没有虚静的修养——他受害越大。

我们经常受到亲近的人的伤害，因为他才可能牵引你——这叫流落天涯，为我们所爱的人流落天涯。只有最爱的人才会把我们困住，让我们受苦。儒家看到感情和亲情的美好，而道家却是感受到亲情和感情对我们的牵累与压迫。所以我们要做一个有道家智慧的儒家，一方面有亲情、友情的美好，另一方面又没有亲情和友情所带来的那种牵引与困苦。

所以观复是在虚静心的观照之下，每一个人都可以回到他自己，叫"吾以观复"。我用我的虚静心来观照他，让他回到他原来的美好状态，还是天真可爱的样子，脸上永远有笑容，生命里面永远存全生机和情趣，这就叫观复。

"并作"是相互牵引而同归沉落

那么中间的"万物并作"是什么意思？因为如果没有"万物并作"，我们就不会想到要去修养，要去虚，要去静，要去观他。所谓"万物"即我们身边的人，世界上的"万物"都在对我们的心发出邀请、呼唤、期许、约定的时候"并作"；"并作"就是流落天涯，大家一起来。有人误解了老子这句话，以为是我"致虚守静"，万物都生动起来了。其实，这个"并作"不是好的意思。"作"不是生长，而是造作，都生动起来，为什么又要观复呢？所以"万物并作"是说：我们每一个人有心、有为的时候，就会带动人家从他本身走出来。所以"万物并作"是大家一起流落天涯，一起人为造作，这个叫相互牵引。

那么怎样才能够不"并作"呢？"致虚守静，吾以观复"；我用虚静心来观照他，让他可以回到他自己。所以每一个人不用离开自己的家，去奔赴天涯的约会；每一个人都可以回到自己的家，就像解甲归田一样。天下太平，大家从战场退下来，每一个人回到自己的乡土，日出而作，日入而息，这叫"吾以观复"。每天就陪着家人，在农村，在田园，伴着山水，看蓝天白云，这是道家比较喜欢的一个生命形态。我花了很多时间讲这几句话，因为它们是关键，你是否懂老子，就看你是否懂这几句话。

人生的问题在哪里？在"万物并作"。"并作"就是牵引中的沉落，就是我们的困苦。"并作"是通过我们心知的执着带出来的，"天下皆知善之为善，皆知美之为美"的"知"，"尚贤，贵难得之货"的"尚"和"贵"，"可欲"的"可"都从心来，心去知善、知美，在"知"的时候就执着于它：执着于我是美、我是善，执着于我的身份、地位、学问；而且去"尚"我的贤德、我的才情，去"贵"我的身份、我的地位。这样一来，渐渐地把人生变成一种竞赛，人我就拉引出来了。因为它转成心知执着所发出的生命讯息，人生就此奔竞权势，争逐名利，所以痛苦就由"万物并作"而来。

那怎么化解呢？因为是心执着来的，所以要在心里面去做功夫。心每天要去"致"、去"守"，"致"自己的"虚"，"守"自己的"静"，而这样的"致"和"守"的功夫要下到"极"和"笃"：要极致，要真切。那时心就虚静如镜，可以明亮照人，照出世界的真,照出人间的美,这叫"吾以观复"。此时满天阴霾的"万物并作"就没有了,这个世界又是阳光普照,那就叫"朗朗乾坤"。所以人间的不好不是无可救药的,不要觉得有无力感,不要觉得世界会一直往前冲,再也回不来了。

看过金庸的《笑傲江湖》吗?有一次几大剑派都困在一条地道里面,大家一边看自家派别留在壁上的武功招式一边学,到了如痴如狂的地步。突然间灯光完全熄灭,造成了极大的恐惧感,每一个人都拿起刀剑挥舞,保护自己;偶尔碰到别人,别人就反击,结果变成六大剑派的互相砍杀。那个时候大家显然都有危机感,没有光线,看不到对方是谁,所以连令狐冲都忧心极了,因为他所爱的人不晓得在哪里。还好那位姑娘很聪明,都不出声。后来有人喊:"大家放下武器,坐在原地不要动!"这个好!因为整个问题就是从怀疑来的,人人唯恐自己被砍伤,所以先舞剑来防卫自己。从现在开始,所有的剑都放下来,大家坐在原来的地方不要动,突然间"致虚极,守静笃"了。整个地道尽管没有光明,但是也没有凶险、没有"并作"了。但这需要大家都有这份修养才行,因为修养尽管靠我自己,还要靠大家一起"无为"才能发挥效果。所以我们要推广老庄,大家一起"致虚""守静","万物并作"就可以停息;吾以观复,整个世界、人生就能回到原来的真实美好。

在芸芸中归根，在归根中复命

底下说："夫物芸芸，各复归其根。"为什么讲"芸芸"？因为经过并作以后才"芸芸"的，"芸芸"就是困扰、争端，人际关系里面产生困扰，而且彼此间有一种不谅解，有紧张，有疑虑，于是"争"就出来了。有时候"争"不是形式的，好朋友之间的"争"最厉害，夫妻的"争"最厉害。依照曾昭旭的说法，张艾嘉演的电影《最爱》就是"争"得最厉害的。有时候我们"争"，但是不落在形式上，而是一生的"争"。所以通过并作以后，万物间就开始产生纷扰，有争端了。现在经过你的"观"，就"各复归其根"了。所以"并作"就是"芸芸"，"观复"就是"归其根"。"归其根"就是回到生命的根本，生命的根本就是童年；就是复归于婴儿，回到婴儿一般的天真。

接着又说"归根曰静"，每一个人回到生命的根本，回到天真的童年，回到成长的乡土，把武器放下来，因为不需要防卫了。回到你的本来，没有什么好隐藏，没有什么好武装；所以我们喜欢回到乡土，回到童年，这叫"各复归其根"。而"归根曰静"，什么叫静？静就是发觉一切都停下来了；战斗停下来了，压抑平息了，困扰都解消了；那样无比的美好、融洽、和谐，就叫静。平静是因为和谐，和谐才是平静；所以"归根曰静"，回到生命的根本，一切就放下来了。

"归根曰静,是谓复命。"从"归根"来说"复命";"归根"就是回到道的根本,"复命"是回到生命的真实。生命的真实在哪里?就在道的根本。"归根"是回归天道的根,就是回归自然。回到道的根本,当下就是"复命",就是回复生命的自我,回到生命的真实;没有隐藏,没有伪装,没有武装,没有战斗,没有自我防卫,没有城堡,没有围墙,"鸡犬之声相闻,民至老死不相往来"。这是开放性的自我独立,让人心生向往的道家理想。现在我们为了避开邻居的困扰,就把自己的围墙加高,不希望别人进来,以此维护自己的独立性。但是维护了独立性,也导致了封闭性。老子的意思是开放式的独立,开放但又独立。开放是"鸡犬之声相闻",独立是"民至老死不相往来"。

所以"归"就是"复",一个是"归"到天道那一边,一个是"复"到生命这一边。"归根"就是"复命"。归根是静,静就是把一切放下来,一切放下来不就是回到生命的真实了吗?一切放下来,就可以把真的给他人看;我们平时不敢给人看,就是因为怕被对方伤害,怕被对方嘲笑,我们的假都是因为要保护自己。所以我们也是在逼迫别人作假,然后我们误以为这是对他的爱;而爱的结果是逼他作假,因为他要保护自己。所以一放下来,大家都真了。你虚静、放下,他就不必回应你的呼唤,不必迎接你的邀请,不必面对你的战书,不会一生都在对抗。所以我们放下来了，大家都"真"，回到天道的根，回到生命的"真"，那么彼此都是"静"的。一切都放下来，你就可以放心地把真给他看，没有隐藏，最内在的隐痛、困苦都可以对人说了。老实说，最好的夫妻、最好的朋友都应该做到这个地步，才不会有寂寞感，不会有遗憾；但是有时候因为太亲密了，就害怕对方瞧不起自己，所以成长过程的难堪、内在压迫的阴影都不大敢讲出来，以致那个阴影越积越大。我们真的需要朋友，所以大家一定要找到一个一生都可以谈心、无须隐藏的朋友。

人人复命就是常道，而常道在明照中开显

底下又说："复命曰常，知常曰明。"第一章讲："道可道，非常道。"什么叫常道？每一个人都是真的，就叫"常道"。什么叫"可道"？就是你定出某一个模式，让很多人在这个模式里失落他的"真"，变成假的，这叫"可道"；也就是定出一个标准来，就逼得很多人流落天涯，逼得很多人没有他自己。我们是在"可道"中迷失，而在"常道"中找到自己。所以每一个人都有生命的"真"，叫"常"；人人活出他自己，叫"常道"。道是道路，这样的人生道路让每一个人都有自己，就叫常道，天地的常道。

那么要怎样开出这个常道呢？明，什么叫明？"知常曰明。"这个"知"不是执着的"知"，而是照现。前面提到，虚静就如镜，镜可以照；因为镜是"明"的。所以讲到"明"又回到先前的"致虚极，守静笃"了。那么"明"从何处来？"明"从致虚守静来。所以"明"可以知常，就是虚静心可以观照，开显世界的真、生命的真、人间的常。

因此，道家式的"生"很特别。儒家是用爱、情意和理想来"生"人，人文教化、道德实践，爱心、情意都给人，这是儒家式的"生"。道家式的"生"是：我不执着于你，也不期许你怎么样，我只是虚静而已。我用虚静心来看你，就好像你站在镜子面前看你自己一样，结果你就可以照现真实的你自己；因为在镜子里面你不用伪装、挤出笑容，你会摆出一个最自然的姿态给自己看，不必装任何表情给别人看，不必应观众的要求，不用去塑造自己的形象，那是最真实的自己。最真实的我就是实现"我"，就是"生我"。太多的人际关系、太多的想望会让我们"生"不了，因为来自各方的期许责求，使你有压力，有亏欠感，不免要全力以赴，去感报知遇之恩，你是为别人冲上街头而失落自我。

镜子看到了谁，就生了谁

渐渐地，你就不再是你自己了，那个时候等于没有"生"。所以当我们虚静以后，就像一面镜子，照别人就"生"别人，照人间就"生"人间，照自然就"生"自然，照我就"生"我；这叫道家式的"生"。这个"生"不是创造；基督教和儒家的道是创造的道，道家和佛家则是观照的道。基督教和儒家比较接近，佛教和道家比较接近。基督教和儒家都是用爱去创造，就像上帝创造人间，天道、天理实现人间；他们的背后都是爱，像父母造小孩、老师造学生，都是通过爱。道家则是通过照，自己要像镜子一样；人在人间迷失以后，回到家照照镜子，突然间就觉得自己又回来了。我自己"在"，我自己"得"，不是别人的掌声让我"在"，也不是名利、权势支持我站在这个地方。我们每一个人都站在镜子的面前，我自己"在"，我靠我自己活着，并不是靠在别人的身上，我自己"得"，不是靠外面虚幻的名利与起落的股票而"得"；因为那些都是会动变的。所以无常感在股票市场、乐透彩最明显，暴起暴落，那是靠不住的。现在我自己"在"也自己"得"了，儒家叫"顶天立地"，道家叫"自在自得"。顶天立地是靠你的爱，靠你的理想，挺在那个地方。道家是说我摆脱了一切，什么我都不要，我的心已经虚静了，我像一面镜子照着我自己，我靠我自己挺立人间，我靠我自己得到一切。

　　生命的内涵不从外面来，是从我自己来的，我自在自得；在讲"宠辱若惊"（第十三章）的时候，就已经讲到这个意思了。从"五色令人目盲"（第十二章）到"宠辱若惊"，都是患得患失，我们在人间的短暂感就是因为得失感，得失感则是因为执着；像期许它涨价，结果它跌了。因此执着才有得失感，有得失感才有不稳定感，才有无常感。现在我们不要那些，就可以自在自得；我自己"在"，我自己"得"，这不是我的"生"吗？我们在"生"自己，在"生"人间，在"生"这个世界。所以这一段又回到原来的"致虚极，守静笃"，关键就在于虚静明照。虚静明照就是前面的"观"，我们要具备观的能力；我们总觉得神可以"观"，神媒可以看，有法力的人屈指一算，就知道你过去怎么样，未来可能怎么样。其实我们只要能够虚静明照，也会有灵感的，你的"明"就可以看到你自己的未来。因为我们有太多的期许：希望有奇迹，有突变；所以给自己很大的压力，然后到最后又痛失所望。我无执着，不患得患失，因为我本来就是这个样子，这叫"常"。我自在自得，所以我的人生就不会暴起暴落，不会有跌停板；我不让自己跌停，也就没有涨停。平凡如昔，但是也美好如昔，真实如昔，人最好走这条路。

照现是"生",妄作则凶

底下说:"不知常,妄作,凶。"人不"知常",就会"妄作";就像我刚说的,你有一个超乎常情的期许,就会妄作,违反自然,背离自然。本来是没有的,是虚妄的,硬要去造作出来就叫妄作。"不知常"就是心不明,心不虚,心不静,那你就没有明照的能力。"不知常"就会人为造作,人为造作就是"妄作"。本来不是我们可以有的,在儒家讲是本分,在本分之外,就不应该去"作"。而道家认为:本来是自然的,但是你硬是"吹皱一池春水",去造出什么权力圈,什么名利场,然后就在那个地方追逐;但名利是空的,是虚妄的,硬要去追逐就叫"妄作"。"妄作,凶",凶就是人生的不幸、人生的困苦,流落天涯,而在相互牵引中同归沉落。

"知常"是明,不知常就妄作,凶。所以底下又讲:"知常容,容乃公,公乃全。"本来原文是"公乃王",但历代有的版本是"王",有的版本是"生"。根据考证是那个"全"字掉了,掉了一边变成"生",又掉了另外一边变成"王",刚好有一个文字逐步脱落的轨迹留下来,这在考据上很有意思;而且"全"跟"天"押韵,"王"跟"天"则无押韵。"知常"的人就明,明就是"虚静",虚就会大;而执着就会狭隘，因为你执着就会用你所执着的去对抗，不符合你所执着的条件的人，你就会不要他。现在你虚了，就无条件，既是无条件，就是谁都可以进来了。所以"知常"是能包容的。"虚静"一方面可以观照人间的美好，去掉人间的烦恼；再来就是它可以有包容的能力。就像我不执着于学生的成绩要有多好，每一个学生就都在我的心里面，都可以进来了。

"知常容，容乃公"，"知常"能够包容，也就可以公平；"公乃全"，"全"就是可以普遍化，可以周全，不会狭隘，不会只是特别喜欢哪一个。又包容，又公平，又周遍，就是天了，所以"全乃天"。天是无不遮覆的，老天从来没有选择只照哪些人、遮覆哪些人；既然天无不遮覆，就是"天乃道"了。"知常"就可以包容，包容就可以公平，公平就可以周遍，周遍就可以像天道一样无不遮覆，没有狭隘。"道乃久"，我们的虚静心就会与天道等同，像天道一样长久。

什么叫长久？人生还不是百年吗？总不能像天道千万年这样活吧！所以道家的长久不是从数量上讲，后来道教误解老庄的意思，以为老庄是要长生不老。其实所谓的长久就是没有人间的短暂；人间很多事是短暂的，譬如股票市场，昨天涨停板，会带来成就的喜悦；不到一天又跌到谷底，这叫无常，叫短暂。人间的短暂来自情意、理想的挫折，且欠缺保证。而道家讲的长久是从天道自然、人生的自在自得来讲的。自在自得就是没有突变，不会涨跌不定，不会暴起暴落，所以我们就觉得人生的每一当下都是恒常又是长久的。

跟天道一样长久

底下又说："没身不殆。""没身不殆"就是终其身不危殆，不会有自己的地位、身份、美好随时会跌落的那个危机。危殆来自于动变感、不安感，涨落不定的就会危殆。自在自得的人不会危殆，他在他得的人才有危机。他在他得叫他然，自在自得叫自然。道家讲自然是这个意思，不是指自然界。自然是在我们心里面的，不在山水田园；山水田园只是象征，因为在那个地方比较能够好好地过活。所以自然是相对他然说的，外在的条件让我如此，外面的社会让我如此，叫他然。我讲"缘与命"的"缘"就有这个意思，佛家叫"缘起性空"，本来是空的，但是我们经常把它当真的；本来是假的，也把它当作是真的。这样做游戏是可以的，抱着艺术的心情、观赏的心情也可以；认真恐怕就不太好了。但是感情可以这样吗？所以我才说缘分，男女本来是缘，但缘分不只是缘，缘里面还得有情分，这就从男女到婚姻了。事实上你要完全靠机会、靠缘，那就是他然，靠不住的。显然光讲缘是定不住的，所以佛家说"缘起性空"，缘是空的。中国人却说缘不会空，因为缘有分；用分来定住缘，分就是儒家的爱心，婚姻的约定。

而道家却说：我们不要落在他然上，我们要落在上面的自然上，我自己如此，我自在，我自得；不是他人让我"在"，他人让我"得"。他然就是投靠，自然则是独立自主；投靠别人就要看别人的脸色，今天是否"在"、是否"得"？人生最艰难的问题就是每天都要海誓山盟，要他做出保证，这叫每天茫茫天涯路。每天茫茫天涯路，望尽天涯路，就是因为你是他然。所以为什么儒家、道家都会往这条路上走，就是希望人生定住，希望它长久，而不要在浮动中，在奔波中，在流浪中，在漂泊中。所以孔子说："颠沛必于是，造次必于是。"颠沛造次就是颠沛流离。颠沛流离也等于没有流离——如果你心里有数的话。你的仁心知道你在做什么，即使面对人生的变局，对你来说也等于没有变局。因为你恒恒如常，你还是你，仁当家做主，颠沛流离就等于没有了。

无心自然，没有弱点

第二十七章说："善行无辙迹，善言无瑕谪，善数不用筹策。"会走路的人是不会留下痕迹的；但这不是说练轻功，能踏雪无痕或水上飘。会讲话的人是不会有毛病让人家指责的，"瑕"是斑点，就是有语病；"谪"则是责难。刚开始，中国人占卜是用蓍草去算的，后来把单数变成阳爻，双数变成阴爻，于是变成《易经》的阳爻、阴爻，卜卦用的蓍草就是筹策。所以会算的人是不用筹策来算、来计数的。这三句话的"善"，在道家是指自然无为。儒家认为有心有为、爱心救人叫善；道家则认为无心无为、自然无为才叫善。所以这里是无心的行，无心的言，无心的数。因为无心就不会在心里面留下一些刻痕，就不会在心里面执着，不执着就不会有错失。我们会有错失，是因为我们想要什么才出错的。我们不抱过多的期许，没有很大的想望，那种自毁的悔恨、懊恼就不会常常出现。无心就不用筹策，事实上它是无心的行，无心的言，无心的计，无心的算；无心，所以不会留下痕迹，不会有过错，也不会形成压力。

　　吴澄的注解说："以不行为行，以不言为言，以不计为计。"所以"善行"就是"不行"，"善言"就是"不言"，"善计"就是"不计"。但这"不行""不言""不计"易生混淆，所以我用无心的行、无心的言、无心的数。因为无心，所以不会在心里面留下来，留下来就变成执着了。执着就会变成压力，有压力就会患得患失。

不可开不可解，无须开也无须解

　　底下又说："善闭无关楗而不可开，善结无绳约而不可解。"善闭是不可开的，为什么呢？因为它根本没有关。譬如每天把大门窗户都打开，唱空城计，小偷就是闯进去了，也等于没有开，因为我根本就没有关嘛。这样的想法不要把它当作是阿Q，因为对我来说，我不必关。"关楗"就是拒门木，老式的房门是两片门板关起来，用一根木头横梗在后面就推不开了，那个叫关楗；没有关楗就是不关了。"善闭"是不关的，不关所以"不可开"，不可开就是不必开。"善结"是"无绳约"，等于没有结，所以当然解不开，因为不必解了嘛。"无绳约"就是说善于做结的人不用绳索，不用约束，所以没有人可以解开他的结。事实上他就是不结，因为不用绳索、约束，岂不是没有结吗？没有结，谁能够解开那个结？所以我说：我们没有防卫，就是防线永远不可能被突破。我天真，就没有人可以用话来刺伤我；因为我天真，就是一面镜子，谁能够伤害镜子呢？他会把一切伤害还给自己，这叫观复，叫反照。所以我说我们的镜子有保护自己的能力，不会让丑陋闯进来。对儿童来说，没有人可以伤害他们，人间一切诡诈、阴险，进不了他的心中；他所看到的如同镜子反照，完全还给成人的世界。

　　前面提过，以正治国才会引起以奇用兵，你一放开就大家无事，无事就天下太平了，这就是"以无事取天下"。所以这里告诉我们，"善行无辙迹，善言无瑕谪，善数不用筹策"是：他不行、不言、不数，他不关，他不结，所以你就不可开、不可解了。但是在我的理解，最好的意思是无心；我无心就没有得，也没有失。失是从得来的，现在没有得也没有失，没有生也就没有死。所以死生问题、是非问题、得失问题，就从人间隐退了。没有死的问题，不就是人生长久了吗？没有得失的问题，人生就不会短暂了。道家从这边说：人家可以把我们打败，是因为知道我们想要的东西，这就形成了我们的弱点，于是他通过这个弱点把我们打败。现在我不想要什么，就没有人可以打败我。这叫不可开，不可解。

以每一个人本有的善救他自己

底下说："圣人常善救人，故无弃人；常善救物，故无弃物。"圣人要救人，要生人，他以常善来救人，所以没有弃人。常善就是本有的善，圣人以他本来的善去救人，这个世界才没有人被抛弃。试想：我们能救多少人？用某一个方法、某一个标准去救人，永远只能救出那个方法、那个标准下适用的人，其他的人就救不了了。而且不只如此，采取了这样的标准，就会造成和此标准相反的人的失落；这叫"知善之为善，斯不善已"。说他是善，就得罪了更多的人。所以道家的方式是一起救。宗教是一个一个救，能救多少？老庄是要通过每一个人自己去救他自己，不是把对方救到我这边来，不是要求对方达到我的标准才叫救他。把标准定在自身，会制造出许多天涯沦落人。所以用他本有的善去救他，才能够没有人被抛弃，没有物被抛弃。

事实上，就是回到他本来的善，叫"常善救人""常善救物"，不是去把他救到我们这个地方来。因为把对方救到自己的地方来，就已经是否定他了，等于说：你那边是不行的，你是不好的，所以我把你救到我这边来。在老子的反省中，这样已经是伤害他在先了；而且这样一个一个去救，能够救多少人呢？老子的智慧是要一起救，而且是大家自救。宗教一定要讲救人的，而我说哲学要解释两个问题：第一个是"生"，第二个是"主"。谁生我们的？所以讲"生而不有"；其次是人生的主宰在哪里？所以讲"长而不宰"。不管是"生"还是"主"，都是"为"，所以讲"为而不恃"。讲哲学一定要讲到我们"生"的力量在哪里？人生是谁来做"主"？不管是去"生"他，或是做他的主宰，都是救他。所以我们都会有救人的行动。救人的行动第一个是让他有"生"的力量，第二个就是不要让他茫茫无主。那么事实上在道家或在儒家来说，我们每一个人与生俱来都有他的真、他的德；在儒家叫性善，道家叫本真。"常善"就是每一个人都有的本来的善。我们就他本来的善来救他，那天下就没有人需要被救了。

鱼在江湖中相忘，人在道术中相忘

每一个人都走他自己的路，那又何必救来救去呢？这是庄子说的："鱼相忘于江湖，人相忘于道术。"鱼在水中，何必救来救去？在水里面，每一条鱼都拥有自己的世界，所以彼此可以相忘；我忘了你，你忘了我；我不必救你，你也不必救我；"穿池而养给"，在水中穿来穿去，养分自然就很充足。所以"常善救人，故无弃人"，就是要我们好像鱼在江湖中，千万不要想翻到岸上，以证明自己了不起，能上岸开创自己的世界；结果翻到岸上就变成两条鱼干，并排躺在那里，互看对方，真是可怜！然后这个吐一点口水给他，另一个分一点水气给他；即"相呴以湿，相濡以沫"（《庄子·大宗师》）。双方口对口，给对方水分，但总是难以逃离变成鱼干的命运。在道家的反省，人救来救去，就好像两条可怜的鱼干互相吹水泡，然后说：我给你水分，你给我润泽。其实只要回到自然就好了，回到江湖里面，就谁也不需要救谁了。在水中穿来穿去，每一个人的养分就可以自给自足，活得很好了；这叫"无弃人，无弃物"。

《庄子·大宗师》说："鱼相造乎水，人相造乎道。相造乎水者，穿池而养给；相造乎道者，无事而生定。故曰：鱼相忘乎江湖，人相忘乎道术。""生定"是生命自定、人生自在的意思。老子的常善救人，常善救物，用今天的话来说就是不用救；甚至在道家的想法——人生的问题可能就出在很多人想救人。本来他活得好好的，你却跟他说，你那里是落后地区，突然间他就觉得自己好可怜，落脚在落后地区。于是每一个人都挤到大都会地区来，只是大都会没有江湖，也没有道术，因为大家都离开自己的家了。所以到大城市来，你救我，我救你，互相吹水泡；但还是寂寞，还是荒凉，因为没有乡土的情感。他只是来这边打天下，来这边工作。所以"常善救人，故无弃人；常善救物，故无弃物"，是以他本来的善救他自己。老子特别加一个"常"，代表他的善是跟儒家不同的，他的善是永不变坏的善。儒家的善，跟别人一比，就会发觉自己好像比别人差一点，所以自己的善就会动摇。本来工作得很好，但是看看别人，好像他比我好，突然间自己的善动摇了，就不能生定，于是开始羡慕别人，总觉得自己不太行，所以那个善是靠不住的。而老子说他的善是永不动摇的，叫常善。常善只有自然的善才可能，人为造作的善都会动摇。所以老子要以他本来的那个善来救他。

虚静观照照现每一个人

底下说"是谓袭明",袭就是因、顺任的意思,我们通过我们的虚静心去照他,去看他,这样镜子就可以照出他本来的"常善";因为在镜子面前,每一个人都会显现他本来的个性和精彩。如果我们通过考试来看,那每一个学生都不一样,每一次考完排名就不一样了。我儿子理化考了五十七分,拿回来摆在我的眼前,我都不敢表现出一点失望的神色,赶紧说:"一定是考试题目太难。"儿子说:"不是,有人考九十七。"那么诚实的孩子,骗骗爸爸也可以,他偏偏说有人考九十七,存心让我黯然神伤。我再说:"是,那个九十七的大概在老师那边补习,考试的题目刚好跟他补习的内容一样。"你看看,想象力这么好,为的就是不让孩子的常善失落,不要觉得考这种分数,就好像变成了天下第三等人。所以我就要"袭明",用镜子来看他。

但会不会我们保持天真,在这个社会上反而容易被人家骗了?实则我们天真,人家想骗我们都没有意义。我把一切都当成真的,你骗我有什么意义呢?你自己知道那个是假的,而我那么当真。就像你逗孩子玩,孩子好快乐,但你一下就累了,因为你是逗人家玩的,并不是真的快乐呀!他是真的享有你逗他的那种喜悦、那种美好,满心真实;而你是逗人家的,你就会累死。我所说的天真不是幼稚，是天生的真实。或许有人会怀疑：我们天真，会不会被人家逗得团团转？其实哪一个人转是很难说的，也许是他转，不是我转。庄子说：只要你的生命真实，你就像圆周里面的圆心一样，别人转，你不转。这叫"道枢"，又叫"得其圜中，以应无穷"。圆心叫"圜中"，圆环的中心，又叫道的枢钮。站在那个地方，大家团团转，你不转；你站在中心来回应流转动变的人间万象。我想天真就是这个意思吧，我们不要把它解释成幼稚；那是很高明的智慧，只是我们用天真来说就是了。所以"袭明"就是顺任我的虚静心来照他，一照就照到他的常善，然后我们就以他的常善来救他，这在孔子叫"因材施教"；孩子喜欢音乐，就给他音乐；喜欢绘画，就带他走绘画的路；这是"因材施教"，也是"常善救人"。

师生相互照看，老师不"高贵"自身，不以学生为资借

底下说："善人者，不善人之师；不善人者，善人之资。"善人是不善人的老师，不善人是善人的资借。善人在那个地方，不善人看到他就像看到一面镜子一样，可以看到自己；而不善人是善人去反照的对象。在这里"善"并不代表优越，自以为可以做别人的老师，而把当老师当作一种优越感。当老

师只是人生过程中的一个关联而已,在那样的处境、那样的场合,是有老师跟学生之分的;但那只是一个特殊的场合跟处境,人跟人之间都是平等的。教书本来就不是一种优越,因为我们也是别人教出来的;然后我们再把自己的体验、心得教给学生。在善人与不善人之间,善人是不善人的老师,意思是不善人会从善人的身上看到自己,也许是比较荒凉的自己、比较落寞的自己,但并不是善人站出来批判他,只是不善人从善人身上看到了自己而已;而不善人又是善人用镜子去反照的对象。所以接着说:"不贵其师,不爱其资。"

最重要的就在这个地方:不要以师为贵,就是没有优越感;不爱其资,因为他是我的资借,万一他不当我的学生,那我教谁呢?所以我们会不自觉地希望孩子不长大,学生永远依靠我们;这样我才能永远当父母,当老师,才能够永不寂寞。所以"不爱其资",就是不想抓住学生;袭明就是你无心,我也无心,我们互相对看;但是师不贵而资不爱,我发现有的神父特别喜欢不大好的学生,像性格比较软弱,有时候会表现出生命阴暗面的学生,好像很容易得到神父的喜爱。我就想神父是否总是要救人,所以他发现那个他可以救的人,就会特别喜爱;而不需要他救就可以活得很好的人,他就只有一点自然的反应,不会特别去关注他们。我觉得连爱人都会陷溺,我们会陷在爱别人的幻梦里;当对方那么好、那么坚强时,我们会突然觉得自己的爱受了挫折。道家这方面真的反省深微,我们不一定如此,但是有时候也要往这个地方去反省。他是你的资借,是你反照的对象,但你不应该爱其资,因为你可能就是喜欢他的软弱、他的阴暗,以致永远需要你的阳光、你的热力和光照,来显现你的价值。这样你会不自觉地喜欢对方永远长不大,永远依赖你。所以老子说:"不贵其师,不爱其资。"这个"贵"和"爱"就是前面说的知善知美的"知","尚贤""贵难得之货"的"尚"和"贵",不见可欲的"可",也就是我们心中的执着。要自然地互动,自然地对看、反照,但是不要执着。不要执着于自己的优越,不要执着于对方的软弱。

底下的"虽智大迷",应该说:否则虽智亦大迷。你迷失在你的高度智慧和能力里,因为有能力才可以当别人的老师,才可以救别人。但尽管你很有能力,很高明,你还是处在大迷惑之中;因为迷惑在你的"贵"和"爱"。最后说"是谓要妙",要妙是至要不烦的妙道——只要回到自然,就不必花很大力气,事少而功多。因为常善救人,常善救物,而无弃人,无弃物。那么我照你,你照我,彼此观照,相忘于江湖,相忘于道术;没有人认为当老师是高贵的,也没有人去执着于自己的学生,否则虽有智亦大迷。尽管你有那个爱人的能力、爱人的心,但是你会执迷自己这样的爱、自己这样的高贵。如果能够不贵不爱,就叫至要不烦的妙道。

老子道，就是自然的道，取消人为造作，以虚静心观照天下，那每一个人就可以回归他自己的真实，也就等于以他自己的常善救他自己了，道是老子的大智慧，这样的救，是无弃人，无弃物，没有人被遗忘，没有物被抛弃，堪称救人有道了。

五　婴儿永不受人为的伤害

人生的困苦，由心知执着加上人为造作而来，
致虚就不执着，守静就不造作，
既不被困住，又不必受苦，
生命就此从天涯流落中回归他自己的真实，
此天真一如婴儿，就可远离人为的伤害了。

天真本德在流失中

《老子》第五十五章说："含德之厚，比于赤子，蜂虿虺蛇不螫，猛兽不据，攫鸟不搏。"他说我们要让自己的生命深厚，像去读宗教、哲学、文学、艺术……这些书会让自己的生命深厚起来。道家是用人生的某一个阶段来作为象征，说我们的生

命要很深厚，深厚到像一个孩童（赤子）一样；赤子就是婴儿，因为婴儿生命的深厚还没有任何的流失、散落。依道家的省思：人的真实都在人生过程中逐步流失和散落。

以好莱坞的一部功夫影集为例，两个少林小和尚下山去买米，结果都只剩一条短裤回来，因为强盗假装病痛抢了他们。他们奉师父之命下山买米，看到有人躺在路旁叫肚子痛，就赶快去救他，这一救就变成两条短裤回少林了。老和尚也不责骂，只问他们感受如何？一个小和尚说："以后再也不相信人了，我救他，他竟然抢劫我。"另外一个小和尚说："以后我要先观察人，可以相信的才相信，不能相信的就存疑观察。"于是老和尚就把那个说永远不相信人的小和尚送回家了，说他实在没有慧根，只因为人生某一次的遭遇就对整个人性失去信念，这样怎么能够活下去，怎么能够普渡众生？这个影集最后抛出来的问题就是：人的天真是否一去不复返？一个强盗就这样伤害了一个小和尚一生对人性的信念，这叫天真一去不复返，就像我们在成长的过程中逐步剥落、流失、散开，本德在渐渐消失。所以在经历了人世间的沧桑之后，性情变得很凉薄，对人生的说法都很负面，常说人生不过如此而已，不过互相利用罢了。我听过太多人讲这些很荒凉的话，好像生命没有什么灵动，人际关系没有什么温暖，人间没有什么价值；这就是"德"在逐步剥落，天真在渐渐消失。

所以我们"含德"的深厚要像童真一般，但这只是个象征，"复归于婴儿"，不是真的像婴儿，只是像婴儿一样天真，一样真实，这叫"含德之厚，比于赤子"。赤子是"蜂虿虺蛇不螫"——昆虫毒蛇不会咬他；"猛兽不据"——猛兽不会伤害他（"据"是两虎相抗的姿态）；"攫鸟不搏"——鹰鸟不会凌空下击来抓取他。如果你的生命像婴儿一般，所有的昆虫、爬虫、野兽、飞禽都不会来伤害你的；这个当然也是象征的话，它的意思是说：婴儿永不受人为的伤害，天真是不受伤害的。所以我有一个感受：最好的防卫是没有防卫，我不设防，别人怎么伤害我呢？这样的进攻是没有意义的。太强才会引来抗争；太聪明才会引来恶作剧。若每一次都上当，那跟你开玩笑有什么意义？不管真假，你都当真，对方就没兴趣玩了，所以最好的防卫是没有防卫！

婴儿无心，不受人为伤害

但是这几句话不能当作一个现象经验来处理，而要把它当成是一个精神的修养、人性的纯真来解释。《老子》这里说的那些蜂虿、虺蛇、猛兽、攫鸟都是指人间的阴谋诡诈，人我之间互相对抗、伤害的手段。一个人的生命如果够深厚，别人都不能打击我们。只要我们很真实，就是不会受到伤害的；不管怎么样,我都很真实。你怎样对我说,套我的话,猜疑我,观察我,我都很诚恳、诚实地回应你。人间最容易讲的话就是真实的话了,因为我们不必隐藏,不必掩盖,不管是谁,我都是这样,因为我是真的。对方老唱独角戏,就唱不下去了。所以,人生没那么复杂,又何必去算命?事实上,相面是从面相、神情算命,要看你的人是否还有柔软度,以及灵动、纯真;因为这样的人生命比较深厚、比较长久。我们把算命的那些道理还归到精神层面来解释,也有道理。所以婴儿"骨弱筋柔而握固",孩童跌倒没事,但一般大人或许就经不起。

不知男不知女不缺另一半

底下说:"未知牝牡之合而全作。"这句话有些注解《老子》和道教的书把它当作男女之间的修炼来讲,那是不对的。这句话是说,婴儿不知道男,也不知道女,他没有分别,所以也不用求合。所谓青春期就是人往男人或女人的路上前进的过程,让自己成为真正的男人或真正的女人了,就会发现另外一边是自己没有的,这就是人生软弱的开始。婴儿是两边都有的,所以"全作"——生命全融地展现。对婴儿、孩童来说,他是没有缺憾的,没有缺少什么的问题,不会觉得自己是否不够温柔或不够阳刚,也不会觉得自己不太像女生或太女性化。他没有这个问题,这叫"未知牝牡之合"。牝牡是男女,他无须证明自己是男人或是女人,根本就没有男女之分,也不必求合。我们讲追求另一半是有道理的,因为我们都缺少了另一半。我们想要求全,但对婴儿来说,他未知牝牡之合,所以生命本身就是全副的展现,此谓"精之至也",精就是生命的精纯。

第二十一章说过:"孔德之容,唯道是从。""孔德"是指大德的人,容当"搯"讲,是指生命的动向;大德之人的生命动向总是遵从道的,也就是人生的方向往天道那边走。而"道之为物,唯恍唯惚",道是无形的,所以用恍惚来解释,因为你看不到它。但"惚兮恍兮,其中有象;恍兮惚兮,其中有物",尽管它是恍惚的,但是有象有物。又说"窈兮冥兮",窈冥是深远而不可知,但"其中有精",精也是看不到的,然而"其精甚真",怎么确定它是真的呢?因为"其中有信"。现在我们把"信"和"物"合在一起,叫信物,信物是精象的表象,精象就是天生的本真,天真之德无法拿出来给人看,但是它是真的。所以信和物位阶等同,精和象也是位阶等同,精象与信物本来是由"道"而来,天道内在而成精象,这叫德,像"孔德之容"的德和"含德之厚"的德,都是指精象说的。所以一个孩子不流落在人间的对抗过程中,就可以保全他生命的精象,也就是天真、常善、常德,所以说"精之至也"。生命最精纯的时候,就跟天道是一体的,这叫天真,你的真就是天,我们最真的时候就是天的表现。当我开始去猜测，去算计，去武装，去装扮，这个时候就不是天真，而是流入人为了。

生命由真实而走向和谐

底下说："终日号而不嗄，和之至也。"精是指生命本身的精纯，像一个赤子一样，不知男女，但是他的生命是完整的；他还没有分别，所以也就没有缺憾。他每天都号哭，声音却不哑，因为他哭就好像太阳的升起、落下一样，是大自然的律动和脉搏，所以哭一整天声音都不哑。大人哭个十分钟就觉得很伤神了，因为我们哭是伤心的，婴儿并不伤心，他自然啊！他越哭越起劲，哭得理直气壮；而我们一哭就是莫大的伤感、悲痛，所以婴儿是"和之至也"，就是他的哭也是跟自然结合在一起的，因此和谐。在人际关系的和谐里，我们不太会累的，有几个相知的朋友，没有距离，说什么对方都了解，非常融洽，一点都不累。但是和谐的前面应该是真实，真实才是和谐的；真实的和谐才是真的和谐，虚伪的和谐是假的。所以先讲"精之至也"，再讲"和之至也"。婴儿本身是真的，他跟别人都有真实的感应，所以是"和之至也"。

《老子》讲"精之至，和之至"，《中庸》则讲"中"跟"和"——"喜怒哀乐之未发谓之中，发而皆中节谓之和。"《中庸》

是儒家的经典，但是它在精神上和《老子》显然有可以相通的地方。人最真实的状态就是"喜怒哀乐之未发"，喜怒哀乐还没有发动的时候就叫"中"；而在《老子》是说"精"就是不知男女，没有分别，所以不必求合，整个生命是精纯、整全的，所以"精之至也"。这个"精之至"相当于《中庸》讲的"中"。尽管未发，但真性情总在身上，真性情一发动，而发出来皆中节，就是合乎人文礼节；喜怒哀乐还是可以显发的，但是要通过礼乐文化的途径来表现，这叫"和"。而《老子》讲的是：一发出来的表现都是自然的，这叫"和之至也"，包括哭都是和谐的。现代医学说婴儿哭是运动，不是真哭，千万不要一听他哭就抱起来安抚，要让他有哭的机会；我想有一点道理，那大概是属于自然的跃动。

常道在整体的和谐

老子又告诉我们"知和曰常"，这句话很重要，因为在第一章中讲"道可道，非常道"，"常"是一个恒常的道，永恒不变的道。永恒不变的道在哪里？这里告诉我们：永恒不变的道是每一个人都是真实的，且由真实而走向和谐，这才是天地的常道。所以常道就是每一个人都有自己，而且人跟人间有一个感应，有一份交感，有一份会通，没有距离，没有猜测，没有武装，没有伤痛，没有亏欠，没有委屈，这才是真正的天地常道。知和曰常，"常"在哪里？在和。但我怎么知常呢？"知常曰明"，知常要通过"明"，明就是虚静明照，就是"致虚极，守静笃"；用虚静心来照，每一个人就都可以回到自己了。每一个人有自己，就会产生整体和谐，这叫"常"。所以"知和曰常，知常曰明"。第三十三章也说"自知者明"，这个"明"一方面可以照出自己的真实，一方面可以照出整体的和谐，这都是道家的核心价值。

底下说"益生曰祥"，增益有为叫"益生"，生命本来是自然的，你希望增加一点什么，好让它丰富，让它多彩多姿，这就是增益；祥是反训，就是不祥。故意要让生命高贵，要让它崇高美好，这个反而不好。所以过去有人会把孩子送给农家去养，是因为担心孩子的命太高贵，恐怕保不住。或是把小孩的名字取得很乡土，譬如取作"牛粪"，既是粪土，鬼神就不会猜忌、不会来抢人了；太美太好，会遭天忌。所以我们就用后天的姓名学来化解天生的高贵，这叫土；天生的高贵，叫金。

就拿缘与命来讲。金水木火土不是相生相克的吗？金生水，水生木，木生火，火生土，土生金。金是高贵的，也很锐利，要是你是金，你怎么办？太高贵，大家都想要。如果是泥土，人家就不来抢了。所以为了要保住"金"，就要让它"土"一点。知道自己的性格太尖锐、太锋利的人，只有一个办法——让自己土一点。我常自觉地要让自己土一点，因为我的性格比较接近金，讲话比较厉害，所以最好不要讲，要沉默，不能讲太多。金容易发光，而且很锐利，锐利是会有杀伤力的，或许讲得对，但是太锐利就伤到人了。这个时候我们只有"土生金"，让我原来的金埋在土里面，这样我原来的金才能保存。所有的金属原都是从矿山开发出来的，我们现在把它藏回去，这叫收敛我们的光芒。为什么名字要取得很乡土，就是这个意思。所以"益生曰祥"就是试图增益它，让它高贵，结果反而是不祥的。

心不介入气，物不求壮大

底下说"心使气曰强"，心介入气，心鼓动气（现在叫雄心壮志），这叫强。道家认为这样不好，因为气本来是自然的，心加进去就不自然了。那个强是逞强、好强，而好强就是我们最大的包袱；所以我常说：放开自己，就不用背负天下了。我们把天下揽在自己的身上，每天都很苦很累的，当你放开自己，就是"及吾无身，吾有何患"。没有我自己，我就不用打天下了。不要自己，放开自己，就叫"专气"——让气只是气，让优越感和英雄气退出我的世界，我只是自然天地中一个平凡的人而已。我们无心自然、专气就能柔和了。我们大人都把自己的心加进气，所以原来的柔和度、软实力在减弱中变成刚强；为了证明自己是强者，结果反而让自己变得很脆弱。我们会脆弱就是因为好强有为，越好强的人越容易受伤，尤其是男生，所以男女平均寿命永远差五年；差五年就是因为不够柔软而付出的代价。专气是让气回归气，让生命回归和谐，所以心使气是不好的。

底下说"物壮则老"，物要求自己壮大就容易老。物就是气，壮是壮大。物专气就柔和，柔和就好；但你偏要气壮，那要鼓动气才会壮，这样一来就容易老化了。"谓之不道"，就是违反了自然，自然从来不要求壮的，悖离天道自然，会加速走向衰老之境，所以说"不道早已"。自然为什么不要求壮？因为自然是和谐的，和谐是最柔软的。诸位看看，台风不都是一两天就过去了！暴风雨很快会消失，而世界终究还归和谐。

第二十三章说"希言自然"，希言是无言，无言就是自然，代表无心无为。底下说："故飘风不终朝，骤雨不终日。"飘风是强风，就是刮大风；骤雨是强烈的雨。飘风刮不了一个早上，骤雨也下不了一整天。底下问："孰为此者？"风雨是谁造出来的？天地呀！尽管是天地做出来的，"天地尚且不能久，而况于人乎"！天地之所为尚且不能长久，何况是人之所为呢？所以不要希望人的力量可以改变世界，天地都不能改变世界，何况是人！风雨是天地造出来的，但是很快就没有了，它还是要回到它原来的风平浪静，因为风平浪静是柔和的，柔和才是常道。狂风暴雨都不会长久，因此我们在人世间不要去追求某一个短暂的精彩，只有平凡才是长久的。所以不一定要说"人定胜天"，那个说法今天的人恐怕都渐渐放弃了。像台北过度开发，失去生态平衡，基隆河就泛滥了，这是台湾快速发展所付出的代价，因为我们违反了自然的道，自然要时间来调整，但是我们只是在索取、开发，结果它来不及调整，来不及再生，这样一来我们就要付出很大的代价了。

第六十章说"治大国若烹小鲜"，治理一个大的国家就好像烹小鱼一样，烹小鱼最重要的一点就是不能炒！小鱼是要蒸的，因为小鱼一炒就没有了。所以老子告诉我们：治理一个大的国家就好像去烹小鱼一样，烹小鱼就是要无为的。这句充满智慧的名言，老子将之作为平治天下的原则，意思是做大事不要表演得轰轰烈烈，最好是让人家不知道。这句话违反了现代政治学的原理，今天政令倡导要事先沟通，让大家都能够有心理准备，觉得可以接受了，然后施政才有效果；这是一种推动改革的技巧。老子讲的不止是沟通的技巧，而是执政、决策的智慧。事先的沟通，建立共识，那是必要的过程；这边讲的是决策的智慧，治理一个大的国度要好像烹小鲜一样自然无为。

天下有道，鬼神失去威力

　　底下说治国的三个历程，这三段很精彩，展现了老子的高明智慧。第一个是"以道莅天下，其鬼不神"；"治大国若烹小鲜"，是国事繁多而自然无为，但是要能自然无为。当然是有智慧的人才做得到，这就是"以道莅天下"——以道来临天下，以道来治天下。如果能顺着自然来治天下，就"其鬼不神"——天下的牛鬼蛇神都没有它的威力了！

　　一个时代，如果大家迷信鬼神，那么我觉得这个时代是有病痛的。一个没有希望的时代，大家才去飙车和玩大家乐。我写过一篇短文，解释飙车、玩大家乐的心态，那是对自己的未来没有信心：飙车就是一切都豁出去了，只要抢先；玩大家乐是大家碰运气。有自信的人知道自己要什么，怎么样才做得到，所以绝对不会做这些事。我分析玩大家乐、飙车背后的文化病痛，为什么有人去玩大家乐，有人去飙车呢？是否能对他们给出一点同情？市井小民玩大家乐，青少年飙车，越需要钱的人越不懂得珍惜，越需要生命的人越不懂得保护自己，这是人生的悲剧。而这样的论调却被误以为我是在支持飙车和玩大家乐，不求甚解至此！我们是在讲人生问题，你以道莅天下、自然无为，天下的牛鬼蛇神就不会有威力了。为什么牛鬼蛇神都没有威力？因为人心中没有鬼，没有弱点，就不用求牛鬼蛇神,牛鬼蛇神就闯不进我们的心,甚或伤害我们了!

所以底下说:"非其鬼不神,其神不伤人。"并不是鬼神没有威力,鬼神就是有威力,也不能伤害人;灵异是在我们生命最弱的时候才出现的。为什么生命会虚弱,会感到缺憾,会有空隙呢?"非其神不伤人,圣人亦不伤人。"这段话真的是很精彩,又回到原来的地方了。也不是它的威力不能伤害人,而是圣人根本上是不伤害人的。这是什么意思?我们都受到圣人的伤害,因此要去求鬼神,去卜卦、问未来,希望得到灵异的支持,希望得到超人的力量;所以关键在"圣人不伤人",圣人不伤人就是"以道莅天下"。于是绕了一圈又回到开头了。

所以不能以自然的道来治天下的圣人,是会伤害人的;前面讲"常善救人"那一段时,说过救人有时候是会伤害人的,就是这个意思。道家为什么讲无心无为,根本的反省是:我们流落天涯,是因为我们是被逼走的;这个社会的价值标准、排行榜让我们找不到立身之地,只好自我放逐。在人间流浪,又无力安顿自己,只好去求鬼神,去通过灵异的力量来支持自己。因为人有弱点,才要依靠鬼神呀!有了弱点,鬼神才能伤害人呀!所以根本在于"圣人不伤人"。

内心真实无憾,没有人可以打败我们

所以如果我们这个人有缺憾,上帝也救不了我们的;如果我这个人没有缺憾,圆满无缺,外面任何牛鬼蛇神的怪异力量就都不能把我打垮,这叫"以道莅天下",这叫"圣人亦不伤人"。孩子本来可以过得很好的,他本来天真、本来美好,那什么时候开始活得不好了呢?因为每份考卷都不及格。他突然间觉得自己是没有前途的小孩,对不起父母,对不起老师,好像是要被社会淘汰的人,这个时候他就开始走向牛鬼蛇神的道路了!所以这是不是我们在爱我们的学生、儿女的过程中,先伤害了他们?"圣人亦不伤人",老师亦不伤人,父母亦不伤人,这样我们叫"以道莅天下",如此外面的黑社会、一切怪异的现象,对他们都没有吸引力了;因为他的家那么好,他的老师那么好,他为什么要去参加那些不好的活动?所以人生最重要的就是:让我们的生命圆满无缺。圆满不是很高的成就,只是问心无愧而已,自然坦荡而已,做真人、讲真话就是了!这也就是我们讲的"婴儿永不受人为的伤害",婴儿是一个象征,一个生命人格精神的象征,事实上就是一个有修养的人,没有缺憾的人,这样的人就永远不受伤害。

所以底下说"夫两不相伤",两不相伤就是鬼神不来伤,圣人也不伤。圣人伤了人以后,鬼神才有机会;圣人跟鬼神都不来伤害，"故德交归焉"，这样每一个人因圣人跟鬼神失落的德，就可以回归自己的身上了。因为我们不需要投靠圣人和祈求鬼神，就可以拥有一切的美好！两边都不伤害我们：正道的圣人不伤害我们，邪道或黑道的人也不伤害我们，每一个人就能活出自己了，这叫"德交归"。我们本来的德会被他们拉走，生命的天真、本来的美好，会因为圣人的责求、鬼神的灵异而扰乱。所以只有一个办法：我们只是表达敬意、表达真诚，我们拜孔子、拜关公，都不要求保佑，只是敬重他是一位圣贤、一条好汉，但愿跟他一样，走他的路；这样才是宗教信仰的真义。所以我说：我们向上帝祈祷或拜菩萨，应该只有一句话：请保佑人间的好人。千万不要把自己说得很多——只要保佑我就好。我想我们总是应该为天下每一个好人求好报，这样才是"德交归焉"，不然，不论你走正道或走邪道，都会伤害别人，更伤害自己。

柔弱是生命力的自我隐藏，而坚强引来抗争

第七十六章说"人之生也柔弱"，人刚出生时是很柔弱的，人在活着的时候也是很柔弱的。"其死也坚强"，但等到我们死的时候就很坚强了，老子是反讽，故意这样说的。所以柔弱才是一个生命的状态，坚强则是走向僵化；僵化就是不能回旋、

不能灵活,这样就是死的状态,所以说"其死也坚强"。接着说"万物草木之生也柔脆,其死也枯槁",草木死的时候是干枯的,但它活着的时候很柔软。通过对人的生命现象和自然现象的考察,老子得到一个结论:"故坚强者,死之徒;柔弱者,生之徒。""生之徒""死之徒"是指生那一类的人、死那一类的人。越柔软的人,他生命的活力越强;因为柔软的人承受力比较强,生命具强度、韧度。就像台风来了,一定是树干或电线杆断掉,小草很少有断掉的,因为小草柔软,它随风摇摆,它还是它;而电线杆要挺立自己、对抗强风,结果就断折了。

底下说:"是以兵强则不胜,木强则兵。""兵强则不胜"是说只靠军事武力强大是很难获得胜利的,所以这个地方有"哀兵必胜"的意思。"木强则兵"是说树木一强就会被砍伐,"兵"是砍伐的意思;因为可以当栋梁、可以当木材,才被砍伐。底下说"强大处下",就像树根、树干比较强大,所以它处于下;而"柔弱处上",树枝很柔弱,但是它永远在上面随风摇摆。老子是说:人生,改变一下态度吧!不要那么自信、那么勇往直前、那么想扮演强者的角色;我们是否应该柔软一些,反而会强韧一些呢?

不光适应，还要提升

今天心理学上讲"适应能力"，其实适应能力不光是技巧的问题，也是生命有没有柔软度的问题。心理学告诉我们要沟通，问题也不在于沟通的技巧，而是有没有开放的心灵。其实天下最无聊的话就是情人之间的对话，你注意听，都是没有意义的话；但是他们两个人都觉得很好，为什么？因为他们用形而上的思维来感受，马上就被提升了，那些最世俗的话，他们听起来都是天籁。为什么？因为恋爱的人都是天上的人，所以他把人间的庸俗完全化为天上的美好。不是他们的对话好，而是天上好。但是结婚以后他们又从天上回到人间了，才觉得那个人怎么言语那么无味？为什么当初听起来那么好？这就是当初和现在的重大转换。所以我们知道，沟通还是要有值得沟通的内涵的，就像要有两个天上的人，才会有人间。心都没有，还有什么人间？本身都立不住，人跟人之间有什么意义？讲适应社会，如果你的生命没有柔软度、没有包容力的话，怎么可能适应？

所以儒家让我们的人生有价值，每一个人都有价值，然后人跟人之间才能显发人际关系的价值。而道家让我们有柔软度、包容力，然后我们才能够承受人间一切的苦难。我们要柔软，只因为我们要承受更多。

六　不为死亡留下余地

生死的关卡，对人生来说是最后的大关。
因为人际关系讲的亲疏利害，
与人间街头的成败得失，都只是一时的，
可以平反，可以败部复活，
而死生却是不可重来的，且无可补救的。

死亡是黑洞，宗教解答生死的奥秘

但是我们现在要讲的问题并不止于利害关系，利之最大是生，害之最大是死，所以一个国家的法律是否废除死刑，是一个很重要的决定。有些地方已经废除死刑了，但是废除了死刑，怎样约束一些亡命之徒呢？所以生死的观念已经不是停留在利害上的了，它变成在或不在、有或没有的问题了。我这个人是否继续存在于世界上？世界上是否还有我这个人？因为人死了就没有了，从拥有一切到没有一切，这是很重大的转变，很强烈的冲击。在中国来说，像儒家、道家这么重要的思想，也只能够化解生与死之间的困苦；而历史永远只是解释人生从生到死的流变和人类文化的累积进程。但是生之前如何？死之后如何？没有人知道，那就像黑洞一样，无限幽远。

　　我从什么地方来？我到什么地方去？这要问到究竟，如果这个答案找不到，我们是不会安心的。从这个地方看，中国的主流思想，像儒家、道家都不能够解答这一方面的问题，因此就比较难以产生宗教的功能了。所以儒家、道家要说是宗教，最多也只是"人文宗教"——通过我们的人文、我们的心灵、我们对生命理想的一种追寻，找到一个情意、生命的安顿；它们也可以像一般宗教一样有宗有教，但就是不能解答生前死后的问题。宗是宗主天上，教是教化人间；假如儒家是宗教的话，我们就要讲祭祀、祖宗牌位等一些问题，但这还是在一个人文的领域；所以我们不愿意停留在道家，要往道教那边讲。因为道教才能够讲长生不老，而能够长生不老，那就把生之前、死之后的问题都取消了。因为我这个人永远在、永远有，所以讲道家就一定会讲到道教，一定会讲炼丹、符箓、打坐、练功夫。这些就是希望能找到长生不老之方，来解决人面对死亡时的不安定感,甚至是一种幻灭感,于是道家就往道教的路上走。

那儒家呢?他们讲祭祀、祭祖、祭天,希望能够通过这些找到生命的安顿。所以生之前、死之后的事,我觉得它是属于宗教的领域。生之前,我从哪里来?死之后,我回到哪里去?佛教讲三世的因果,基督教则是讲天国;人死了到哪里去?到天国呀!人死了还有什么?还有西方的净土呀!当然有些话是象征的语言。我说是象征的语言,自然是站在中国人的人文宗教立场说的;我想对一个宗教信徒来说,他们是真的认为有天国、有净土的。我觉得这真是一个大问题,如果我们的生命强度够的话,就不会觉得是一个问题,但是当我们的生命强度减退的时候,就不一样了!

像我的妈妈,我想她就开始有这问题了。在她的人生行程中没有深层的宗教体验,也没那个机会去接触基督教或佛教的信仰,她只是一个人,不管一生命好或命不好,反正现在已年老力衰了。她眼前看到的是她的孩子跟孙子,当然内心也有一份充实之感,但显然孩子有孩子的世界,孙子有孙子的世界。我家兄弟姐妹共九个,这个家族人丁显然很兴旺;但是生病的时候她还是一个人,在病痛、恐惧的时候,在承受压力的时候,还是没有人可以替代的。亲人再多,也只能够陪伴在她身边,但是没办法分担来自她个人的那种恐慌跟寂寞。所以我现在就有一种压力，我不晓得怎样把我讲的儒家、道家的思想说给我的妈妈听，如果她懂这些，是不是可以化解一点老来的落寞和伤感？但是什么时候我才能够从第一章"道可道"讲到第八十一章"为而不争"？所以现在我才感受到宗教信仰的意义了。

我自己没有宗教信仰，因为儒家、道家本来就有安顿生命、化解苦恼的功能。为什么佛教要讲净土宗？他只让你念六个字，因为事实上要人人都会念佛经也不是那么容易的，所以念"南无阿弥陀佛"，人就可以从信仰里面得到力量。像我们则是要靠人生的理想和自己生命的强度，所以我觉得儒家、道家是属于知识分子的宗教；而广大群众还是要落在民间信仰上，大部分是儒家、道家、佛家加在一起的民间信仰；也有人跨越教派，又皈依，又受洗，因为觉得几个大教都有道理。

这里主要讲的就是生死观，不管儒家、道家，都有他的生死观；生死不光是一个状态，还是有没有生的动力的问题。人活着的时候有没有生的动力？我们能否避开死亡阴影的笼罩，或避开死亡对我们的压力？所以生死观第一要解释我们生的动力在哪里？像宗教就是你信仰了它，就可以有生的动力，不仅如此，你死了以后还有一个可以去的地方！在那个地方，很多朋友等在那里，所以死就没有那么可怕了。人生是一个旅程，换了一个地方，还有家人朋友。所以宗教可以给我们生的动力,也给了我们一个将来可以去的地方。

《老子》第五十章第一句就说"出生入死",告诉我们人生就是出生入死,我们从生中来,回到死中去。那生之前怎么样?死之后怎么样呢?如果是宗教的领域,要往前追,就要讲生前,要往后问,就要讲死后;但是儒家讲修养,道家讲化解,都是在中间那一段,前后是不处理的,只是告诉你人生是出生入死而已。

生儿育女是生生不息

其实在儒家的观点中,要问生之前、死之后,也是可以回答的;生之前是祖宗,死之后是子孙,这是儒家的答案。我的生命从我的父母亲来,而我的生命又流到我的子女身上去。子女是父母生命的再现,子女好像另一个我,让人生的岁月重新来过;再过一个童年,再过一个青少年,又走在另一段成长的轨道上。你看着他成长,就好像另外一个你再重新走一趟人生的行程,你可以避开过去的错误,弥补你的遗憾;这真是人生中很美妙的事情。所以我的父母亲在哪里?在我啊!那我呢?我在我的子女。这叫"承先启后,继往开来",这叫"不孝有三,无后为大"。所以中国人的智慧是不同于西方的,要不是现在有所谓的小家庭,中国人很少有老来寂寞的。我常说老年是"满园丰收的季节",两个老人,一个祖父,一个祖母,看着他们两个人变成几十个,就像孙悟空化身无数,怎么会觉得寂寞呢?他有更多的"我"出现,这叫绵延,家族的绵延——时间拉长,也是繁衍——数量增多。所以我们不大有老年的焦虑,没有失去依靠的焦虑,没有觉得自己走向人生终结的恐慌,为什么?因为一家人一直在一起。所以我们真的要建立一个观念:子女就是另外一个自己,然后让人生岁月重新来过。在儒家的观念中,生前是祖宗,死后是子孙,中间就是我。很自然地一代传一代,从来没有碰到过那个问题,自然形成一个家族的生命,家族的传统,历史文化的传统,香火不绝;这是儒家的解答。

另外,在《论语》中子路曾问过:"敢问死?"他请教老师,死的道理是怎样的?孔子说:"未知生,焉知死。"儒家就是用"生"来处理"死"的问题,只要我不断地"生"下去,人间就不会有死了;譬如我们一般都要求人生有一个保证,但我们也会问:万一我失败了怎么办?儒家说:你只要一直追求成功就不会失败了。我不断地"生"下去,每天都有理想,有情意,有朝气,有生机,有情趣,生命蓬勃地流行,这样哪里还有时间去想幻灭的事情,事情都多到做不完了。那么多的理想,那么多的美好,等待我们去摘取,去分享,所以这个时候我们心中就充满了动力,只有生;满心是生,死就不会闯进来了,也根本没有时间想到那些问题。所以有的人说忙得没有时间生病,那种话是对的。死是生命力停下来,你一直"生",怎么会死?

庄子也说"不死奚益",在《齐物论》里面,他说:如果我们的人生不再有理想,不再有真实,每天就是被时髦、新潮拉着走,那么这样就算不死,又有什么好处呢?我们总说"生活",活着就是要生的,如果人生行程没有生的动力,不能关怀人间,不能给出爱心,那么我们活着有什么意义?所以说"不死奚益"。中国人好像都是用"价值"二字来处理死的问题,怎样面对人生的死亡?就是好好地活这一辈子。我们对死亡最大的恐惧是因为有遗憾,所以我们追求"虽死无憾",那么怎样面对死的问题?就是让此生没有遗憾;在活着的时候对每一个人好,千万不要来不及道歉,来不及跟他说我对他的爱。所以我有一个观念:我们的孝道要在父母生前去做,千万不要在他们死后才行孝道。把所谓"三年之丧"移到前面,好好陪父母亲几年,这样我们就没有遗憾了。我们为什么要活下去?因为我们觉得很多事情没有交代好,很多事情犹未完成,那我们就做好它,完成它,这就是用价值来取代死的问题。

求生太厚反而掉落死地

那么老子怎么处理这个问题？他说："出生入死。"人生是从生到死的行程，所以老子把人生当作出入，而庄子是把生死当作来去；出入是进出那一道门，来去是走一段行程。说"来去"，因为去了还是要来，来了还是要去，这是双向的。这里又分两方面来说，第一个就是："生之徒十有三，死之徒十有三。"

我们说"出生入死"是人生的行程，而"生之徒"是属于"生"的方面的人，就是"生"之类、正在"生"的人，即"生之徒十有三"；另外"死之徒十有三"——老子把出生率和死亡率看成大致相等的，就是在每一个时刻都有人诞生，而在每一个时刻也都有人死亡，就像花开花落一样自然，这是自然现象，是自然的人生行程。老子要反省的是第二个情况："人之生，动之死地，亦十有三。"他说人为了求生，结果适得其反；太想活下去了，结果娇生惯养，被保护得太厉害，反而失去适应社会、在人间存活的能力。

女儿考上高中后，上学校公交车不能直达，我主张让她搭出租车上下学。然而身边的朋友都觉得我这样做不对，说小孩应该让她去磨炼，做爸爸的不要这样保护。我对她的保护是出于儒家思想，但是说真的，我们能永远陪她走过这样的行程吗？不能永远的。

"人之生，动之死地"，是人太过想要活下去，反而得到一个相反的结果——掉落在死地，这才叫人生的悲剧。我们讲"终其天年"，天年就是指前面的"生之徒，死之徒"，自然的叫天年，就是我天生拥有的岁数，拥有的人生岁月。什么叫"中道夭"？"夭"就是应该有的却没有。所以什么叫"寿"？什么叫"夭"？要从那个人的天年来说，不能定一个标准，因为每一个人的体质、生理状况等各方面不一样，所以在道家或儒家都讲"安享天年"，天年就是天生的年岁，遗传基因决定的，这是自然的。而"中道夭"是指"人之生，动之死地"，没有能够安享天年，应该有的岁月你反而没有了。老子主要的反省就在这里，那个"动"是人为造作，因为人为造作，反而让本来自然的人生岁月受了伤损，这才是一个大问题，所以他说这个也是十有三。

有的人生，有的人死，这本来是自然的，像花开花落、冬去春来。问题就是"人之生，动之死地"，这个"人之生"的"生"是指有心的生，有心就动之死地。动是有为，有心有为，刚好适得其反；因为破坏了自然，破坏了生态，妨害了人的免疫力，干扰了生理官能的自然运作，这就叫"人之生，动之死地，亦十有三"。道家的反省就在于此。

底下说："夫何故？以其生生之厚。"这里是反省第三个"十有三"。老子说：那为什么呢？道理在哪里呢？因为太人为造作了。"以"是"因"的意思；"生生太厚"是求生太过，养生太厚，上面的"生"当动词用。儒家讲的"生生"，意思就不一样了，是一代传一代的意思，是不断地让自己的生命动力发出来。"生生"是通过修养来开发：你有修养，你的爱心就在那个地方，你的生命就像太阳会发光、发热。但是阳光可能被乌云遮住，所以我们要不断地拨云见日。有修养，生的力量就会不断生出来，这就是"生生"；"天地之大德曰生"，"生生之谓易"。天地的大德在于"生"，能够不断地让它生出来，就叫"生生"。所以我说：儒家是通过"生生"来处理死的问题；只要不断地生，死就不会散发它的压力了。

"不遇"是不会碰上，"无所"是没有弱点

这里老子说的"生生"是执着于生，是求生太厚，养生太过，干扰太甚，适得其反，这叫"爱之适足以害之"，叫"生生之厚"，所以"生生之厚"是为"动之死地"找到了一个答案。"生生之厚"是指我们的人为造作太甚，爱，反而造成害。下一句说"盖闻善摄生者"，一个真正懂得养生的人，会怎么做呢？要注意这个"善"不是人为造作，它是无心自然的意思。底下说："陆行不遇兕虎，入军不被甲兵。"真正会养生的人，走在陆上不会碰上猛兽；在两军对垒

中，不会被兵器砍伤。再伸进一层说，就算遇上了兕虎跟甲兵，"兕无所投其角，虎无所措其爪，兵无所容其刃"，"无所"是说它们找不到可以攻击的所在——没有地方，没有弱点可以攻进去。

最美好的东西就是伤害我们最深的，因为你最喜欢它，所以它最具杀伤力。兕的角、虎的爪和兵刃都很锐利，也可能碰上，问题是它找不到可以攻击的地方。没有人可以攻击无形的存在。我不会成为攻击的对象，好像装备了自动防卫系统，或是具有人体的免疫力，或戴上防护罩一般。那么有没有兵器？有没有兕虎？都有。它们有没有角？有没有爪？有没有刃？也有。它们会冲过来吗？冲过来了！问题是它找不到我！在现代，客观化的思考是：他怎么进攻，我怎么防卫；这叫对抗。而老子不通过客观说，道家式的化解就是：我要具备不被伤害的能力，就像孩子的天真。不过这些都是象征语言，不是真的有兵刃、兕的角、虎的爪劈过来了，而是名利如兕虎，权势如甲兵，你要名利权势，就等于兕虎冲过来，甲兵砍过来。

真正伤害我们的是外头的名利和权势吗？不！是我自己的心，因为是心把名利权势深藏在自己里面的。名利心，权力欲，你有那个心，人家才能伤你的心；你没有那个心，他怎么能伤你的心？你根本没有被伤害的可能。我无心，谁能伤我的心呢？我不要名，不要利，谁能够用名利来压迫我呢？我不要权势，谁能够用权势来恐吓我呢？而权力欲、名利心在哪里？就在我们的心里呀！是你执着了名利，名利才反过头来伤害你的；你执着了权势，权势才能够来迫害你呀！如果我心里面不要名，不要利，不要权势，那么再锋锐的兵刃，再凶猛的虎爪或兕角，怎么能伤害我呢？所以最厉害的杀伤武器原来是我们心里的执着，然后我们才为敌人留下了可以攻击的余地；我们等于对全世界宣告：欢迎大家来伤害我，因为我什么都要。什么都要，就是什么都可以伤害我；变成不设防的城市，整个人间社会的污染尘垢，就可以如入无人之境地在我的生命中纵横来去，而且来去自如。

没有魔鬼只有天使

所以怎样让自己不被伤害，是很重要的修养。这个社会再怎么凶险，但是在我这个地方没有凶险；在我的生命中，这是天国，这里没有魔鬼，只有天使。什么叫天国？无心呀！我的生命是净土，因为没有尘垢，没有污染，所以外面的那些东西进不来。道家的心灵像一面镜子，把一切人间的丑陋反射回去，让它们进不来。我们拒绝任何丑陋东西的闯入，而且我们拒绝让尘垢停留；另外有一个好处就是：我们不必背负人间的沧桑，因为我们的心不是底片，所以没有那么多的伤感和执着。我们的心只是镜子,把一切照回去,当下过,当下忘,当下完成,没有遗憾。有那种遗憾感,才会产生我们心灵的伤痛——所以这叫"无所","无所"是通过无心来的。为什么"有所"?因为有心,你的心为权势、名利各留了一个角落,人家就可以冲进来。

所以当孟子讲大丈夫的时候,他说:"富贵不能淫,贫贱不能移,威武不能屈。"为什么富贵贫贱不能够动摇你,威武不能够使你屈服呢?因为我心里面什么都不要啊!所以孔子说"无欲则刚",你无欲,生命就显现出跟天地一样的阳刚。没有人可以伤害天地的,你每天对天地吼骂,他一点都不伤感,天地亘古以来就是这样的自然,这样的真实长久。婴儿也一样,你对他骂,他不在乎,不过他稍微懂事后就不是这样了。因为他开始懂得什么叫母爱,他知道他要依靠母爱,那个时候他就感受到妈妈对他可能有的威胁了;人的不安全感,可能从他开始懂事时就渐渐产生了。所以道家的修养就是要人回到像婴儿那样什么都不知道的情况,无心,无知,完全像天地一样自然,老子要我们修养到那种境地,那种境地就变成"无所","无所"就没有人可以伤害我们了。

不为死亡留下余地

"夫何故?"为什么可以做到这个地步呢?不是很神妙吗?"以其无死地。"只因为他从来没有为死亡留下余地。千万不要把这句话理解成"他没有可以去死的地方"。"以其无死地"是因为他的心灵、他的生命从来不为死亡留下余地。我们是否可以不为伤感留下余地?不为挫折留下余地?所以说"婴儿永不受人为的伤害",道理在此。我们从来不为伤感留下余地,人家便没有可以伤害我的地方了。

道家是不讲坚强的,他讲柔弱;儒家就一定要讲刚强,讲大丈夫,无欲则刚。道家刚好相反,他讲柔,像水一样,你拿刀去砍水看看,永远也没有办法把水砍断,所以道家的真传是柔。儒家讲阳刚,道家就讲阴柔。但反正都是长久,都是天地,都是天道;但是他们的体会不同,修养的进路不同。前面说"夫何故?",答案是"以其生生之厚";后面的"夫何故?",则是"以其无死地"。所以我们的弱点是在"生生之厚",我们转弱为强的关键在于"以其无死地"。"生生"是在心里面"生",无死地也是在心里面"无",所以关键在于我们心灵的修养。"无"就是"致虚极,守静笃,万物并作,吾以观复",我们就有那个观照、照现的能力,如果我们去执着很多东西,好像可以把很多东西带回家,但结果那些东西都成为我们的压迫和负担。在百货公司特价期间，我们往往买得太多，让家里面都没有行走的空间了。因为没有为人留下余地，家不像家，变成了货仓。

第五十章的内容分成两边，结构很好，都问"夫何故？"。"以其生生之厚"，"以其无死地"。它主要的反省并不是想改变有生就有死的问题，事实上也不能改变有生有死的生命现象；他要转的、可能转的在于"人之生，动之死地"。为什么"动之死地"？因为你要"生生"，本来自然的"生"就好，人之生是自然的，他却要"生生"，却要益生，结果反而动之死地，反而不祥。那该怎么做呢？"以其无死地"，那样就不会"生生之厚"了。不求生太过就无死地，不执着，不造作，这样就无死地。所以死地在哪里？是我们自己找来的，这叫"天下本无事，庸人自扰之"。人生多少烦恼是我们自己带回家的，是我们自己找来的，我们好好想想：不是我们找来的，它怎么会闯进来伤害我们？

在不执着中成全生命的美好

这里有一个问题：如果心里面没有执着，那人生是否会变得没有理想，没有目标？这样生之动力从哪里来？其实道家这样说，还是有理想、有情意的，我们是不喜欢冷冰冰的世界，但我们也不会为了避开烦恼就把生命取消。人生在世，没有情意，没有理想，怎么叫人生？"生"在哪里？不是都空了吗？"生"就是不断地给出情意和理想，道家不是要你把它取消，只是说不要执着啊！就在不要执着中，成全生命的美好。

譬如说我今天得第一名，但是我不执着于第一名，这可以啊！所以尽管我是第一名，但是没有得第一名的压力。什么叫第一名？就是全班最不快乐的人，全班承受压力最大的人，因为其他人都有可能超过你。什么叫最后一名？全班最快乐的人。因为他也没有什么好损失了，而且赢得了每一个同学的友谊和尊敬——还好有他，不然最后一名就可能落在我的身上了；每个人都对他充满了感激之情。所以我特别强调道家不在实有层讲话，他只是教授化解的作用。他不是要把原来的人生美好取消，我们想要去关心别人，去爱别人，去救别人，这样，生命还是在的，只是心不执着而已。"不贵其师，不爱其资"，我们还是有师、有资，但只是"不贵"跟"不爱"而已。

当孩子独立，长大成人了，不再需要你了，你会有一点迷惘，感到伤感、落寞。如果你不执着，就算他独立成人，你也不会觉得难过了。难过的是你发觉他一天天地坚强，而你却一天天地衰弱了。所以老子只是说"不贵"和"不爱"，不是要取消人间"师"和"资"的生命互动；还是有老师，还是有学生，但老师不要自以为优越，自以为高贵，而把学生当作自己的产品,当作爱的资借,所以舍不得他离开,而且不让他离开。那叫"贵其师"而"爱其资",就会把学生当作我们自己的啦啦队。我们还是当老师,还是有学生,只是老师没有优越感,而且不执着于学生;让那个人际关系在爱里面,在情意、理想里面,但是没有人为的造作,这叫"作用层"的化解。一定要把这两方面分别清楚,然后我们讲老庄的时候才不会有内心的那种不安感。

忘了对人家的好才显现美感

为什么一讲到老庄,很多人一开始会觉得有很难接受的困惑?因为儒家讲的都是人性的常理,你要对人家好,那是很真实的,而突然间变成我们不要对人家好,这个就令人很难接受了。其实不是不要对人家好,而是要忘了对人家的好。对人家好是儒家,这叫实事实理,每一分每一秒都要做的。而道家所说的就是忘了对人家的好,忘了,就是不要执着于对人家的好;只是说不要执着,而不是说不要。所以我们可以又是儒家,又是道家。我每天对人家好,然后每天忘记对人家的好,那个好才是真正的好,这叫尽善又尽美。你对人家好,那是儒家的尽善,再通过道家,放下对人家的好,那才是尽美。忘了对人家好的那种好,才是有美感的好。

很多人对人家的好都让人受不了，因为他永远让对方觉得亏欠，永远觉得承受不起，还报不完。在接受你的好的时候，他就矮了一寸，再对他好，又矮了一寸，到最后变成没有身高的人；对方会觉得你的爱是在一直把他往下压，如果你能够忘了对他的好，他就不会感到惭愧，会觉得跟你是平等的。这样，他能够跟你平等，才会一生感激你，真正地对你好。你总是让他矮一截，他就要想办法来反抗你，因为他要成长。所以不要把"儒"跟"道"放在同一个界域，然后在那边产生冲突。你要知道儒家是要对人家好，而道家所讲的是忘了你对人家的好。所以那边叫"生"，这边叫"不有"，就是"生而不有"。你忘了对天下人的好，然后你才能够放得开。当对方不再属于你的时候，才不会伤感；而且对方接受你的好，也不会感到亏欠。所以我说：爱的美好是没有人觉得委屈，也没有人觉得亏欠。这些都是道家义理，只是我们转换成了生命的语言，不说"老子曰"就是了。

没有人委屈，也没有人亏欠；这要双方都无心才能做得到。双方都把心给出来，以心对心，把情意、理想给出来；这是第一个层次。儒家功夫做完了，再进一步做道家的功夫，双方都忘掉对对方的好。所以这里有两层，一个是实有层，一个叫作用层。就如同镜子，镜子在那边照人，但是你走开，它里边又没有人了。你在它的面前，它马上照出你；你一走，它也回归虚静。而儒家这方面的问题比较大一点，就是他要创造；而道家只要观照，他是虚静观照，不是实事实理，他是虚用的智慧，因为虚静如镜才能照现啊！

儒家说我要有，才能够给，这叫实有；而道家是说我没有，我才能照，这叫虚用。有了就是有心，没有了叫无心。无心是可以观照的，有心是可以创造的；有心可以爱人，无心可以照人。这个"照"很重要，因为我们经常走在人生路上都看不到对方。我们希望把这两层分开，而且儒家、道家我们都要，这样的一个义理，要有贴切的体会跟把握，才不会念了《老子》之后，一方面领受他的好，一方面又承受内在的不安——因为好像跟一路走来的生命自我产生了冲突。我们现在是要多出一个——过去是儒家，已经拥有了情意和理想，现在是来学习如何把它忘记。本来是人家给出他的好，你却看不到别人的好，现在是你要看到他的好，同时又放下自己的好，如此才能尽善又尽美。

自知自胜知足是无为，知人胜人强行是造作

第三十三章可以分作两两相对的三组。"知人者智，自知者明"，显然老子肯定的是"自知者明"；"胜人者有力，自胜者强"，老子肯定的是"自胜者强"。底下的

两句在我的想法中也是如此，我认为"知足者富"是他肯定的，"强行者有志"则是负面的。传统注解说后两句都是老子所肯定的，我则认为不是。

我们应该自知和自胜，因为你知人、胜人，就是被牵引流落了，为什么我们会流落天涯？人生的困苦何在？因为你要"胜人"来证明自己是一个强者，是一个有力人士。既然是要打天下，所以你就把所有的人当成假想敌，还要去建立档案，这叫"知人者智"。人生总是在相互牵引中同归沉落，这就是所谓的"知人者智""胜人者有力""强行者有志"的必然结局，同时，就在这样一个牵引流落的过程中产生了我们的困苦、我们的负累。那么人生的道路要怎么走呢？在于让每一个人回归他自己，这就是"自知者明""自胜者强""知足者富"。不打天下了，不执着于天下了，不要跟人家对抗了，所以可以从天下回归自我。当然，我们希望老子的思想理论能够还归人生来检验，解释我们所有的难题，但有时候也不见得那样恰到好处。

对一个教师来说，我不会执着于对学生的好，我可以忘记对他的好；问题是我老是希望学生好，请问该如何化解？其实这不要化解呀！希望他好不能化解的，你一化解就没有真诚善意了，就动摇到儒家的实有了。所以我觉得这方面我们不要化解，因为我希望他好，不会带来困苦吧？当然你会说：还是苦呀，因为他不好啊！我想你希望他好，希望他考一百分，结果他考差了,这个地方就产生一些伤感、挫折了。于是你开始指责他,说他不堪造就,就算责难的话没讲出来,整个表情神色也会表现出来,孩子是会感受到压力的。我想我们所要化解的就是那种执着,因为那种执着会跟你过不去,它会变成一个关卡,你很难通过,很难忘记;我们可以期望他考好,但不要让他觉得自己考不及格就永远对不起父母亲。我所谓的化解是指这个,不是说化解"我希望他好",而是化解"我希望他好"的强烈执着。另外我们再想一想:每个人都有命,他天生对那一方面没有才情,没有天分,你责难太过,期许太深,他事实上还是做不到。他不是不为也,而是不能也,这叫命。如果他能而不为,那叫缘。所以我们要进一步分析,问题到底出在哪里?不要光从道家所说的执着来化解;这其实也会涉及事实问题,不只是我心里面有没有执着的问题,而是天生的性向、才情高下的问题,那是有个体差异的。对于个体差异,你如果执着,就会忽略掉其他,而不尊重他的性向才情,不尊重他的选择,不谅解他的苦衷。但是老庄没有从这边讲,老庄只让我们做一个真人,他的观照只是破解执着所带来的困苦。

我对他好,我希望他好,这是儒家实有层的真诚善意,这个地方不需要化解。要化解的是我把对人家好当英雄志业,当作打天下,因而变成了自己过不了的关卡。他天生就不喜欢读书,怎么考都是不及格,他能坦然面对,生气的却是你,有挫折感的是你。所以问题不出在他，而是出在我们，是你预期他怎么样，是你预期的想望产生了问题；而事实上就那个人来说，是没有这个问题的。

不投靠才可以走向婚姻

有个听过我演讲的女学生问我：结婚好还是不结婚好？这个我不能给答案，但是我有一句话：要真的喜欢、真的爱，才可以走向婚姻；千万不要因为怕别人紧张，看到别人焦虑的眼神，就想，我结婚算了。那是不是就可以单身，说单身是贵族？或许如此，但是你不要执着于单身的高贵，不要预设一定要单身才会高贵，所以叫单身贵族。我们不排斥单身的可能性，但是也不要立定志愿非单身不可，如果有了预设，就叫执着了。

我不一定非结婚不可，也不一定不结婚，我没有这个执着，这个是道家的无心，这样我们才说随缘。随缘就要看生命是否有感应，是否自然美好。随缘不是说：算了吧！就结吧！这算什么随缘？那叫流落，随缘是不流落的。所以佛家讲"随缘不变""不变随缘"；儒家也讲不变（仁者安仁），但道家只是说不要执着，不要以为那是高贵，不执着于高贵，才是道家思想。

由情爱走向婚姻的时候，你不要执着，不要说非要不可，那叫投靠。所以我说：不要婚姻的人才可以走向婚姻之路，这是道家义理。这句话很奇怪，你既然不要婚姻，还结婚做什么？这是两层的意思，婚姻是实有的，我除了有实有层的情意和理想，另外还有一个作用层的，可以化解对婚姻过度的期许、过多的依赖。过多的期许和依赖，会给对方压力。所以你越表现你的独立，对对方越具有吸引力。越投靠的人越不会发光，因为投靠的人会变成对方的阴影，而人都不太喜欢自己的阴影；很少有人走在路上会看自己的阴影，他会看另外一个走在他身边的人，跟他一样发光的人。所以我才说：不要天下的人，你才可以把天下托付给他；不投靠婚姻的人，才可以走向婚姻之路。这个是从作用层说的，这可是智慧。

不投靠是指作用层，走向婚姻之路是指实有层。当然我们也不必说实有层或作用层，只要说这句话是站在孔孟的儒家立场讲的呢，还是站在老庄的道家立场讲的。儒家是实有说，道家是作用说；儒家那边叫爱心，道家这边叫智慧。智慧是空灵的，空灵才是智慧；执着的人很笨，因为他死守原则，当然没有灵活的智慧。道家是无心的，所以不大死守原则，那叫空灵，灵感灵动。怎么灵起来呢？因为他是无，才能灵起来的。执着的人，就是放不开的人，哪里会有灵感？那叫束手束脚。束手束脚的人就不大有灵感，不大有智慧。智慧不能够创造什么，但可以化解问题。实理可以创造善，给出善，而智慧可以化解烦恼；智慧不能创造善，但是它可以存全善，这样才不会因为善的压力而产生双方的紧张，所以有智慧的人就不会让人际关系紧张。

由此看来，知人、胜人、强行，都是牵引流落，都是困苦，那么我们唯一的可能性是让每一个人回归他自己，走"自知者明""自胜者强""知足者富"的自在自得之路。

自我的照现才是真正的智慧

知人的人，最多只能说他很有见识，有很多的档案资料，有很多的江湖历练，拥有世俗的精明。但真正的智慧是了解自己的人，能够自知的人才有高明的智慧。老子说"知人者智"，这个智不是我所说的智慧，而是权谋算计的精明。所以不要把这两句话当作是平列对分，说这边是知人的人，另外一边是自知的人，这样讲就不对了。这样讲反而变成知人的人更高明一点，因为他"知"很多人，包括天下人，而你只知道自己。用当代数量的标准来看，"知人者智"才是第一流的，"自知者明"则是封闭性的。知人好像是开放式的，把自我的生命投入天下。其实那不叫开放式，那叫迷失。所以千万不要这样分，说这边是多，那边是少。

假定人间的情爱也以数量取胜，那就很麻烦了。在情爱世界是以纯一为贵,而不能杂多的。上帝是纯一,人间是杂多,情爱的世界也一样。所以什么叫"知人者智"?就是在人间牵引流落的心。什么叫"自知者明"?就是回归天生本真的心。用现在最通俗的语言来说,叫天上的心跟人间的心。天上的心很纯一、很清明,一眼就能看到;不一定有很多的江湖阅历,但是很快就能跟对方感通。而那种很会讲话、很有外交手腕的人,老实说,每一个人都会觉得他很遥远;真是相识满天下,是知心有几人?不是有几人,而是一个都没有。我们是"自知者明",因为我们的心没有执着,没有成见,所以对每个人都很亲切、体贴。

我们都觉得乡下人可爱、单纯,任何人到了他们的地方,都亲切以对。城市里,连对面邻居都是陌生的,互相猜测、怀疑。都市很富有,但是没有同情,没有信任,左邻右舍不大敢来往;如此杂多的丰富并不能带来美好,那是"知人者智"的往外追逐,而乡下则是"自知者明"的知足常乐。就像婴儿,婴儿哪里有很多知识?但他却可以跟每一个人都有感应,他跟这个笑一笑,跟那个也笑一个,都那么美好,叽哩咕噜对每一个人讲两句,那种语言特别天真可爱,真是天籁。他没有成心,没有"知人者智",但是一讲起话,每一个人都喜欢。不是因为他让我们回到天真的童年,所以我们才觉得很喜欢,童真是那么直接地让生命立即有感应的。

《论语》跟《老子》都是很单纯的,他们讲的是天上的心,而这边是人间的心。什么叫人间?就是在人间流落呀!在牵引中同归流落!天上的心是什么?是每一个人回归他自己,回到童年的天真,回到乡土的素朴,那样的感觉是不一样的,所以探亲之旅是回到天上之旅。

　　"知人者智"是彼此间对抗,互相看不到对方,互相猜测对方,建造自我防卫的壁垒,不愿意跟对方沟通。"自知者明"是回归自己,回归自己的人才是能够跟天下没有距离的人。让自己在人间流落的人,是跟天下距离最远的人;生活很单纯的人,反而跟人间距离比较近。能跟人家会通,对人亲切、体贴,是真心的人,而不是智多的人。

自我的超越才是真正的强大,自我的完足才是真正的富有

　　第二组也一样,"胜人者有力"是打遍天下无敌手,证明自己足够强而已,只有每一个人垮了,他才站得住;但那是无穷无尽的,因为会有更多的人爬上来,甚至还有新生的一代。所以"自胜者强",真正的修养是能够克制自己的人,能够克服自己弱点的人才是真正的强者。这个超越自己的人就是无知无欲的人,没有弱点的人,无死地的人。前者叫"以其生生之厚",后者就是"以其无死地"。哪一个好?"以其生生之厚",

到处暴露自己的弱点,到处要跟人家对抗,要打倒天下人,才能获得自己的安全感。但"自胜者强"是不让自己成为问题,要在什么地方自胜?在不要名,不要利,这个就是"自胜者强";当我不要名、不要利的时候,我才是真正的强者。而名利在什么地方?在我自己的心中呀!所以我自胜,就在于"致虚极,守静笃",胜人者不过是以力量压迫人,能够克制自己、化解自己执着的人,才是永远的坚强,因为他"以其无死地"。他不会为伤感、挫折、死亡留下余地。

第三组是"强行者有志,知足者富"。强行是不可为,而还是勉强自己去闯荡,去争逐。儒家的观念是要"直道而行",因为是道,所以你可以直道而行。强行只是奋不顾身,那是很危险的。"强行者有志",又第五十五章说"心使气曰强","强行"由"心使气"而来,所以才要"虚其心",要"弱其志"。所以第三章的"虚其心,弱其志"是由这一反省而来。传统注解肯定"强行者有志"是正面的,我认为那是老子所否定的;因为他还是一副对外打天下的心态,而且一意孤行,刚愎自用,以为可以闯荡过去。而"知足者富"是什么意思?是知道自己内在本来完足的人才是真正的富有。知道农村拥有一切的人,才是真正的富有,我们以为农村好像有所欠缺,到了都市才明白原来农村是很富有的;富有什么?人情味呀!亲切感呀!它是对乡土的认同,是一个成长中的童年的归属感。现代人最大的欠缺就是我们变成了一无所有的人，变成了无根的人，没有认同感，没有归属感，没有亲切感，没有生命直接的关怀和体贴；我们拥有的都是一些没有感情的东西，财物、器物，似乎可以用这些来弥补我们在感情上、人际关系中的缺憾，事实上我们知道物质是不能取代人情的。所以知道生命本来就自然完足的人，才是真正的富有，为什么？因为你就不会向天下去求取；凡是向天下求取的人，都是贫穷的人，而且天下是靠不住的，它是会变动的。所以这两句，前者是冲出去打天下，后者则是回归自我。

前面讲过"无所容其刃""无所投其角""无所措其爪"，所以比较容易了解最后这两句话是什么意思。老子说："不失其所者久，死而不亡者寿。""所"是指道根德本之所。《道德经》认为道德就是我们生命的根源，每一个人都有德，而我们这个德是从道来的，所以德是我们的本，道是我们的根，我说它叫"道根德本之所"。如果走离了这个地方，叫流离失所，有时候我们活不好是因为离开了那个地方。本来道家的不执着是让我们可以四海为家的，但是我这个讲老庄讲了十几二十年的人，一想到离开家，就有点流离失所之感。就是因为离开"所"，而有颠沛流离、无家可归之感。所以我说中国人有一个家，就叫道根德本之所，那个家是传统的家，文化的家，乡土的家。今天我们普遍活不好，就是因为我们文化传统的家开始失落。我们变成了无家可归的中国人，在西潮东渐中流离失所。这是所有中国人的命感，在当代漂泊流浪。

童年、乡土总是长久的

所以"不失其所"的人才是长久的，回归童年，回归乡土，我们才有根，才有本，才觉得长久。人在都会地区会有无根的感觉，生命就好像是在浮动中一般。我们一定要了解到，那个"所"是价值的意涵，我们可以安身立命的地方就叫"所"。我们要有"所"，而且这个"所"是指天道自然，你不能够失落那个地方，一失落那个地方，你就落在一个刹那生灭的人间短暂中，就好像你置身于股票市场，你的世界每天都在变动，永远没有安全感，随时会失落。如果我们回归生命的根源之地，就可以"如如常在"——永远都是真的、恒常的世界。第一章的"道可道，非常道"，讲真常，就是只有真实才会恒常，才会长久。

如果你有执着的事，你会发觉世界一直在变动，譬如你预期股票市场会涨到四千点，但是它却一路滑落到二千五百左右，这叫刹那生灭，这个是短暂的，每天都不一样，你所拥有的一切，第二天都可能消失。如果我没有这个预期，没有这个执着，或者我解消执着，可以用道家的心走进股票市场，人家在伤感、焦虑,你不会。你在观照,有美感,你的头脑会比谁都清明。有时候我们都失去判断力了,张皇失措,人际之间要看哪一个人最冷静,最稳得住,或哪一个人先乱了方寸,乱了手脚,这是成败的关键。人执着于"生",才会有"死"的阴影跟压力,我们一说"生",你才会感到另外一种形态是不一样的,不一样的形态就会令你觉得是幻灭。所以道家式的心就是说:不管在哪里,你不要执着,就可以"不失其所者久"。

就好像我们在乡土时不大感受到什么变动,管他纽约、东京、香港、伦敦的股票市场起起落落,就是大地震动,你也一点感觉都没有。在那个地方没有执着,就没有变动,所以"死而不亡"。

从人的自然现象来说,人是有生有死但"死而不亡"的。这是说:你心里面根本没有"亡"这个问题;我不执着,我并没有企求长生不老,为什么要害怕死亡?死亡只是换一个形式存在,换另外一个地方活下去而已,这个世界本来也没有我呀!我来了,然后我又离开了,怎么会有什么恐惧呢?不过理论上是这样说,但是生死还是一个大问题。对道家来说是"死而不亡"本在"不失其所",不管久或寿,都是指长久、恒常不变的意思。

老子要我们回到天道自然之永不变动、永不毁坏的世界,而不要让自己掉落在一个牵引流落、让我们困苦而且处在变动中的世界里。我们应尽可能让自己不要有太大的变动，也许在股票市场可以赚很多钱，但是若失去生命的清静与整个家庭的和谐，那就很不好了。因为人总是会紧张的，所以我总觉得失去的会比我们拥有的多，而且最重要的是：你会掉落在一个短暂的、刹那生灭的、外逐流落的世界中。如果我们不想去得到那种利益，我们就可以回到拿固定薪水的日常生活中，就是"如如常在"。每天总是这样，有一定的收入，过一定的生活，知道自己要做什么，可以拥有什么，人生的前程都看得很清楚。如果突然间发大财，你的整个世界就都变动了。

所以"不失其所者久，死而不亡者寿"，都是指我们的生命自然的永恒世界。人生的悲愁困苦、牵引流落，就是因为我们处在一个通过我们所执着的"知善知美""尚贤贵货""见可欲"的世界，那样的世界就是要争，要盗，那样的世界是对抗决裂的世界，大家紧张，也受到压迫；不如我们从那里跳出来，回到天真的自我。

越过生死大关，不生也就不死

我常用童年、乡土作象征，你们不要以为我真的只喜欢童年，只喜欢乡土，我只是把那个当象征，婴儿、童年、乡土、传统，都是生命的象征。人生在那些地方才有永恒可说，才是长久的；既然长久，就没有死亡的问题了，死是人间的问题，短暂才有死的问题，我们立在一个永不变动的世界，就没有死的问题了。所以道家说：人如何不死？就在于不生！你不执着于生，就不会有死的问题。所以道家的"不失其所"，是超越在死生之上的那个世界，在庄子叫进入"不死不生之境"。有生才有死，你如果没有生，就没有死，就进入"不死不生之境"了。所以生死原来是事实的问题，对一个真人，有道家智慧、道家理境的人来说，是没有这个问题的。就好像一个有修养的人可以超乎成败、得失、是非之上一样。

就像我们每天不听股票市场的起落也可以睡得着一样，我们只是关心整个社会形态，才去听股市的状况——这是关心，但我们本身是不会去碰触的，只是因为我们要给出关怀。你离开那个地方，就会进入到"不死不生之境"，不然你就会在有生有死之境，这是两层的世界。我们一定要有这样的思考，才能进入哲学或宗教的世界；如果我们还是只会说极左派、极右派，党内、党外，只是这样分，我们就变成人间只有数量了。事实上我们要问的是，请问所有的人：你天上的纯真的心还在吗？我们有没有失落天道自然的永恒世界，而掉落在一个世俗人间的变动世界里？我们要有共同的关怀，如果有，上面那个叫"形而上者谓之道"，底下这个叫"形而下者谓之器"。我们要走"道"的路，不要光走"器"的路。

七　水的高贵就在于它承担卑下

人的生命要回归婴儿天真，
人为的伤害不会闯进他的生命中；
人的心要虚静如镜，
这样死亡的阴影也进不去。
我们放开执着，就不会形成负累，
如同"上善若水"，水无心，
水不知自己往下流，不会跟万物计较，
所以才能永远地利万物，永远地生万物。

儒家稳立如山，道家灵动似水

《论语》说："仁者乐山，智者乐水。"仁者喜欢山，智者喜欢水；仁者喜欢山是代表儒家的性格，智者喜欢水是代表道家的性格。中国有儒道两家就好像世界有山有水一样。我们喜欢讲"挺立"，说人格要挺立，生命要可靠，就像山头一样坐镇在那个地方，是不动的。山可以作为一个典范，它是可以依靠的，它总是在那个地方，所以儒家讲道德，讲人格典范，讲文化理想，这些东西就像山一样，山是我们可以投靠的地方，它不会动摇。

但是光有山又好像缺乏一份灵气，所以山的周围总是要有水流的。水是流动的，流动不居，代表人的灵感和生动。山是靠得住的，而水可以应变；所以山水要在一起说，山高水长，山总是要有水的环绕，水的灵动使得山不光是可靠而已。

所以中国人有儒家，就代表我们的生命人格有一个典范，有一个方向，我们希望自己站得很稳。但是我们又希望像水一样，可以有灵动的智慧，不然生命会僵化，就像山老是在那个地方不动一样；还好，周围的水总是周流不滞，不滞就不会滞陷，不会滞落。所以，我们若要为儒家、道家给出一个性格的判定，便要说：儒家是山的性格，道家是水的性格。道家很灵活，很生动，它代表一种智慧，有智慧就不固执，不死守，不呆板。这个世界已经在变动了，而我们还死守在那个地方，那是不能够因应的。人事在变迁，人在成长，所以我们也希望有道家灵动的智慧。通过虚静心，你看到一切都在动变，因此要有一种灵感、一份生动来带动它,引导它,所以在道家来说,最好的生命人格是像水一般的。

为什么最好的人格像水一般?老子说人的生命人格要像山谷,"谷神不死"(第六章),还有第四章说"道冲而用之或不盈",讲道像山谷一样空、虚,山谷是虚的,但是万物都可以在里面长成。他喜欢用山谷来比喻一个理想的人格,也喜欢用婴儿来比喻,所以我们说"婴儿永不受人为的伤害"(不是真的婴儿,是指修养之后,人的心境永远保持像婴儿一般的天真)。水到底有什么好?我们来看道家的解释,老子本身的解释。

水利万物且不跟万物争

"水善利万物而不争",水为什么高贵?水为什么是好的?因为它利万物。水支持万物的成长,万物没有水的滋润会枯萎的。林黛玉的前生是绛珠仙草,因为缺乏水的润泽,快干枯了;而有一块女娲补天剩下的顽石,就是贾宝玉的前生,他是"无材可用",所以变成了天地的弃材。但这块顽石也是块灵石,因为本来要用来补天的,结果他在世界中东飘西荡,看到那株绛珠仙草就要干枯而死了,于是拿甘露来灌溉她。所以林黛玉命里面欠了贾宝玉一份情,人家给她甘露,她一生要以泪水还报。这展开了《红楼梦》贾宝玉和林黛玉一生的情爱世界,而这个情爱世界命里注定是悲剧,所以用泪水还报。甘露就是水呀!是生命的甘泉!

所以水是可以利万物的,但是这样还是没有把水的性格讲出来。重点是它利万物而且不争,道家性格就在"不争"中显现。因为我们谁不利万物呢?诸位想想看,我们多多少少对世界有点贡献,至少我们让别人不寂寞。人生道上,总是有人与你同路走。所以我说:我们要永远感激身边的每一个人,如果没有他们,我们不就一个人踽踽前行了吗?所以不管是谁,我们或多或少总是在利万物的。

但是问题不在我们有没有利万物,问题出在我们有没有争。因为大多数的人是以利万物来跟万物争的,我们在利万物里证明自己的优越。所以我才说:有时候我们的人生会变成爱的竞赛,看谁比谁牺牲更多?两夫妇之间如果这样就很严重了,这叫"自苦为极"——用自己受苦来代表生命价值的极致。因为我把一切都给出来了,我一生都为你活着,我什么都没有了!没有天下,没有天国,没有家,没有我,就像墨家侠客一样。

要说古今中外具有最强烈宗教性格的人,恐怕要数墨家侠客。因为宗教徒有天堂,他们连天堂都没有,但毕竟是侠客生命,热血挥洒,"自苦为极",越悲苦越能到达生命的高峰。他是不是利天下?孟子说他"摩顶放踵,利天下为之",这是墨家的行谊。他从头顶到脚跟都为天下人磨损，只要对天下有好处，他们义不容辞；"直道而行"，义无反顾，慷慨悲歌，从容就义。很多宗教徒爱我们是因为他还有天国；墨家侠客没有天国，没有家室子女，没有天下，没有自我，真的是干干净净，但是他是"利天下"的，一定会全力以赴。

不过这样的"为"是一种"争"，所以《老子》最后一章特别说："天之道，利而不害；圣人之道，为而不争。"我们的"为"是一个争的方式，我们的"利"，对别人来说同时是一种"害"。为什么是害？因为争嘛！"爱之"为什么会变成"害之"呢？因为我是用爱你来跟你争的，这是一个爱的马拉松赛跑。所以为什么爱得越多我们越承受不了？因为他的爱背后是争，我们能感受到他的爱的锋锐。用爱的方式来争，我们都没有抵抗的能力，因为他是真的对我们好。所以那种爱进来如入无人之境，因为我们都没有想到面对爱要有防线；到你发现的时候，你的生命已完全陷落，变成沦陷区，对方就是以爱来掌握你生命的主导权的。

道的智慧在解消"争"而避开"害"

当然我们这样解释并不是很好，很多时候我们的爱并没有害，那就代表我们有道家精神，但是很多时候我们也会不自觉地用爱作为武器，所以我们是以"为"去争。为他做事情当然是"利"，"利天下为之"，"利天下"的事我都做，但是这样的"为"是一个墨家侠客行道人间的英雄式行径，他完全豁出去了，没有自己，一切为别人；但是这个让我们承受不起，所以我们很怕别人为我们牺牲，去当烈士。我们希望每一个人都有自己，都有家室子女，都有天下，同时也拥有天国（或者叫净土、世外桃源、人间的理想国等），而不要什么都没有，一生的使命就是"我为你牺牲"。

所以老子说：他的道是"为"，但是"不争"；他是"利"，但是"不害"；他保全他的好，而避开他的不好。不然很多的好都是两面刃，一边对你好，一边砍伤你。所以他在每一个爱的当下，又伤害我们一下。我们既要承受他的恩情，又背负他的人情；既承受爱的美好，又承受爱的压力；有了爱的支持，但是同时又承受了爱的负担。所以水的好是因为它"利万物"，但是它的"利"要去"为"。"摩顶放踵，利天下为之。"你要去"为"，你要去"利"，但是如果这样的"利"背后隐藏着一个"争"的念头，它就是害。因为你事实上是用"为"去争的，用"利万物"去争的，而这样的争，让对方没有可能的抵抗空间。

水的高贵是因为它"利万物"，它不只"利万物"，它还是"不争"的。所以我们再问：为什么它可以"不争"呢？因为它善。这里是理解道家思想、道家生命人格的关键。我想老子对水一定有很多观察、体会和感受，在那样的感受、体会里面，让他发现了天道的无限性。

我们希望每一个人都能够"利万物"，彼此间有爱的温暖、爱的光照、爱的热力、爱的支持，有这样"利万物"的情怀。但是老子马上追问：你有没有把"利万物"当作是一个"争"的方式？如果是一个"争"的方式，它不是"利"，也可能变成"害"，"爱之适足以害之"，这叫爱的扭曲变质。原来爱会变质，爱本来是"利"，但是会变成"害"，所以你一定要"不争"，"利万物而不争"，"不争"才会无害。接着再问：那怎么可能"不争"呢？水怎么会"不争"呢？因为水是自然的，是无心的。水从来没有立志要"利万物"，它甚至不知道自己在"利万物"，所以它没有优越感，没有英雄气。水天生"利万物"，它这么自然地"利万物"，所以它没有牺牲，也没有奉献，而承受它润泽的万物，也不必有亏欠感。

因此在我们每一次对别人好的时候，永远要感激接受我们好意的人，因为他让我们有自我实现的机会。人生总是有爱的，爱要在人间展开，别人有一份真诚善意，他才会接受我们的爱，接受我们的好意，所以我们就觉得对他充满了感激之情，这个叫情分。不能够说我扮演一个牺牲者的角色，摆出优越者的姿态，还有一份英雄气的豪情，这就不好了。

所以水之所以能够不争，是因为它是完全无心、完全自然的，它在自然中"利万物"，是无心地"利万物"，它自己甚至不知道在"利万物"，万物接受它的润泽，不会有任何负担。因为它无心，无心就不会给对方压力。所以我们做一个好人，给出关怀与爱，像山一样的可靠，不过，还要有水一般的灵动，不执着，不陷落，"利万物"而不与万物争。"不争"是因为水无心自然，而且最重要的就是如此才会长久。我们有时候也会"利万物"，也做得到"不争"，但是总不能长久。这是因为你有心，感受到你在牺牲，你在奉献。事实上，我们一定要体悟到：所谓去爱是自我的完成，而且自我的完成一定要在人间完成，所以儒家叫"成己成物"。我在"成己"中"成物"，也在"成物"中"成己"，所以我没有牺牲，对方也没有亏欠我。这两个加起来才是爱的美好——爱的美好就是没有人委屈，也没有人亏欠。给出爱的人不觉得委屈，接受爱的人不觉得亏欠，这样叫同时完成。我跟他同时完成，大家一起好，这叫完善。

儒家出乎人性，道家本于自然

这里要讲一段孟子和告子辩论"义"是内在还是外在的问题。"义"就是仁义，它到底是内在的还是外在的呢？孟子说是内在的，告子说是外在的。此如同庄子与好朋友惠施，没有惠施，庄子就没有骂人的对象；同样，如果没有告子，孟子的哲学不会讲得那么精彩。因为孟子的哲学都是在批判告子的时候表现出来的,而庄子都是跟惠施辩论的时候才能显发他的灵感。告子说"义外",就是义是在外面的。这样有一个问题,我们一生是要去做仁义的事情的,如果仁义的标准是由外在决定的,就变成我们讲的道德美善,是外在的标准压迫我们,而所谓的"善"是伤害人性的,所以孟子一定要说:"非由外铄我也,我固有之也。"仁义礼智,那些道德,那些善,并不是从外面加进来的,是我本来就有的。所以当我做好人的时候,是自然地做好人,不是接受外面的教条,所以才做好人,那太苦了。且做好人的结果就是我的人性受到了压迫和伤害。"外铄"是外面加进来熔铸我的,它不是"我固有之也";这是很有名的仁义内在说。告子是持仁义外在说,所以孟子骂他,认为告子这样的理论会导致一个结果——讲道德是伤害人性。那天下人为什么要讲道德?

现代人反抗道德,就是因为他认为道德是从外面加进来的。青少年反抗父母的权威,因为他不知道这不是权威,而是人性本来就有的。人都应该完善自己,每一个人都一样,这不是老师或父母加在儿女、学生身上的权威,这是在呼唤每个人达成人性最高贵的质量,希望那种最高贵的质量在老师、父母的引导之下,能够在你一生的行程中实现,这样又是善,又是自然。但现在的人把道德当作外在的东西,好像做好人是为别人做的；因为是外面加进来的，所以他会说是帮你读书。那不是帮我，是帮你自己呀！儒家认为人性就是仁义礼智，人性就是善的，做一个好人不是压抑你的人性去做好人，而是实现我的人性去做好人，这样道德跟自由是合一的。如果道德要付出不自由的代价，那"不自由，毋宁死"了。所以告子的义外说不对，孟子的义内说才对，我们就在这个地方找到了答案。

儒家给你，道家看你

儒家说做好人是因为人性本身就是如此，道家则是说因为我无心，我忘掉了我的好。儒家说我的本性就是仁义礼智，我就从我的内在发出来去做一个好人。道家再进一步，他不是说我天生是善，人性是善，而是说：我忘了我的善。所以我们要有儒家的人性修养论，还要有道家那种来自于我们心灵的化解功夫，这样，你的"利万物"，你的"不争"，才会长久。有时候我们也不争，只是想对他好，但是不能长久，这是因为你没有忘了你的善，所以会觉得：为什么一直都是我在付出，而他没有呢？

这不是天下的夫妻最喜欢问的问题吗？为什么都是我？为什么不是他呢？这是公平性的问题。但不管做多做少，家庭结构或家事的分配怎么样，有一点很重要，就是你不能计较，你要忘掉，那样才会长久，这是道家的思想。如果说要公平，就要从法家的角度讲，把制度、规则定好。做的时候则是按儒家的道德理想出来，尽心做，情意都给你，这个家庭才能有光又有热。然后还要有道家的思想：我们同时忘掉自己的好，不要一边做，一边诉说自己的辛劳。

所以第一，公平性问题，请用法家思路，立制度，定结构。第二，把爱和真情意带出来，不然那个结构是死的，制度是死的，是空的形式，你要把实质给出来，要有真的感情、真的理想进来。第三，再把它化为空灵，忘掉我的好，这样你才能够像水一样。所以水的善在此。儒家可以做到第二层，墨家做到第一层，道家做到第三层。道家像镜子一样，镜子没办法给出爱，镜子只会忘掉而已，它照了人，但是它忘了。我这样讲不是说道家的境界比儒家高，而是说：第一步，要像墨家一样，我们可以利万物。第二步，像儒家一样，我们是自然、人性的自我完成，很自然地把我的爱带到人间，不是跟他争——我只是爱，无代价、无功利、无条件地爱。第三步，像道家一样，我甚至把这样无条件的爱都忘了。第一层是墨家。第二层进到儒家，人性的自然，我不是跟你争，只是在实现我自己，完成我自己，我们同时完成，谁也没有委屈和亏欠。第三层，我再把我的美好忘掉。这样一说已经讲了中国三家——墨家、儒家、道家，还要多说一个，建立制度的法家。

水自然地往下流，越卑微越显现高贵

底下说："处众人之所恶，故几于道。"前面说水的"善"是"利万物而不争"，那种善是自然的、无心的，水永远自然无心地往下流，它流到最低下、最卑微的地方，站在生命的根部、底层，才能同时去"利"天下的万物。很多人利天下是高姿态的，他是站在最高的地方救济，唯恐天下不知，那是不好的。应该"为善不欲人知"，若是成就你的善，而让那些接受救济的人暴露在被人怜悯的、天地之间无所逃匿的窘境，你到底是"利"他，还是"害"他？这是很有问题的，因为那种"为"是一种"争"。

水是采取低姿态的，它流到这个世界最低下、最卑陋的地方，而在那个地方去做人间最高贵的事业，就是"利万物"。水的高贵就在于它承担卑下，这是老子的体会。老子看到水是往下流的，流到众人所厌弃的地方，支持在它上面的万物，这是很动人的。

武训是中国的一个乞丐，他忘却自己，没有家室子女，跟墨家的风格很接近。他对每一个人下跪，但他不是为自己才向别人下跪，而是为对方而下跪，当代中国哲学大师唐君毅先生说：这就是代表上帝向人间下跪。武训的心灵世界很简单，他只是晓得自己受了没上学的苦，所以不希望对方跟他一样苦；

他对学生家长下跪，恳求他们让子女来读书，只因为要为学生好。上帝已经够伟大了，对人下跪的"上帝"更伟大。我觉得了解武训就可以更了解水的高贵。武训不晓得他在做好事，他完全无心、自然，也不觉得自己有什么了不起，他站在最卑下的地方，做人间最高贵的事业。所以我很喜欢那一句话：代表上帝向人间下跪。上帝是最崇高的，为什么要下跪？因为最高贵的爱就在最卑下的地方，在《庄子》中叫"每下愈况"。人家问庄子道在哪里？他开始说道在昆虫，在飞禽走兽，一路讲下来，越讲越不像话。庄子说：是啊，道在瓦砾中，道在屎尿中。洗尿布是在最卑下的地方，却是母爱最高贵的表现。

什么叫"每下愈况"？就是在越卑下的地方越显出道的高贵。道不会为了证明自己高贵，永远站在最高的地方让你看，它会到最低的地方跟你在一起。天道的可贵就在于，它永远站在最卑下的地方，跟所有受苦受难的人走在一起；你看耶稣、孔子跟释迦，永远跟受苦难的人一起，所以他们才是圣人。站在最高的地方来看人间，那不是最了不起的人，那是英雄豪杰，大家崇拜的人。伟大的人是不要人歌颂的，他就在你的身边。不过现在许多人对于"每下愈况"都说错了，讲成"每况愈下"，意思也变成是情况越来越不好。庄子原来的意思是越卑下越高贵，现在人是用错了庄子的意思，但反正已约定俗成。

在儒家来说，孔子认为"君子恶居下流"，为什么君子不要立身下流之地，因为"众恶皆归焉"(《论语》)，我们骂人说你这个人很下流，下流就是很多丑陋、污秽聚集的地方，所有的垃圾不是都往下流去吗？所以"君子恶居下流，众恶皆归焉"。他说商纣王其实没有像历史记载得那么恶劣，但是我们把天下所有的不好都记在他的身上，让他成了最坏之人的代表，所以孔子这样警告他的学生：不要居于下流。但是老子说"处众人之所恶"，他认为这样是高贵的，所以这是两家不同的体会。儒家讲阳刚，道家讲阴柔，阴柔是以柔为道，所以越卑下越高贵。在《论语》里，孔子讲水是"逝者如斯夫，不舍昼夜"。他看到水的健动不已，生生不息。"一江春水向东流"，永远是滔滔不绝的，这代表天理流行，宇宙的生机不断。但老子看到的水不一样，我们引用《论语》来对照一下，为什么叫"众人之所恶"？因为"恶居下流"。而道家认为：那个卑下的地方，刚好是最高贵的地方。所以底下说"故几于道"——所以它最接近道。老子通过水来诠释天道，天道无所不在，它跟万物在一起，才能够支持万物生长。山谷也是，山谷是空的，万物才能在它里面成长。所以像这样的人是接近道的。通过它的"近于道"，才能说它"上善"。

天高皇帝远给出宽广的自在空间

底下说:"居善地,心善渊,与善仁,言善信,正善治,事善能,动善时。"这几个善字都是自然、无为的意思。"居善地"意即居处于自然无为之地。儒家讲"里仁为美,择不处仁,焉得智?",你不知选择仁人的乡里来住,那算什么智者?一个有智慧的人就是要选择仁人的乡里来作为自己的乡里,所以"里仁为美"。但是在老子来说,"居善地"是居处于自然无为之地,什么地都可以,这是讲人生修养。而老子这边讲的自然无为之地,是"无入而不自得",居处于任何地方都可以,你可以"结庐在人境,而无车马喧;问君何能尔,心远地自偏"。"心远地自偏",这叫"居善地"。

"心善渊",心守于自然无为之渊。为什么说"渊"呢?因为心是空的,像山谷、深渊一样,心像山谷,像深渊,就能无所不包。我们的心是虚的,所以草木在里面生长,所有的人都可以进来。

"与善仁",这句话很多人觉得不对,老子明明讲"不仁",怎么"与善仁"?这个善就是"自然无为",就是"不仁",即第五章讲的"天地不仁""圣人不仁"。所以"与善仁"是讲与人相处于自然无为之仁。什么叫自然无为之仁?你还是仁,还是爱,但是你是无心地爱。老子并不反对爱,只是他多加了一个：请你无心自然地爱。

"言善信",言语于自然无为之信。什么叫自然无为之信?老子说:"信者吾信之,不信者吾亦信之,德信。"(第四十九章)一般我们的"信"就是人为的,人言为信,要去责求对方做到,希望能写下契约,还要找人担保。老子的意思是那个"信"是自然无为的"信",是不责求人的;第七十九章说:"圣人执左契,而不责于人。"讲不责求的相契,而不是要求履约,要求去实行盟约。

"正善治",政治于自然无为之治。这个"正"是"政治"的"政",就是说一切的政事要治理于自然无为之治。这个老子讲了很多,像"太上下知有之,其次亲而誉之,其次畏之,其次侮之"(第十七章)。太上是指最好的政治,底下的百姓仅仅知道有政府而已。"有暇各勤尔业,无事休登此门。"以前的衙门都有这个对联,意思是有空暇你不要打官司,大家去士农工商各行各自勤奋做你们的事业。而让人民觉得可亲而且受到赞美的政府,在老子的评价中是第二等。第三等的就是令百姓害怕的政府,第四等就是令百姓害怕而最后起来反抗的政府。"侮之"是侮慢、看不起。下面又说:"信不足焉,有不信焉。"政府的"信"不足,百姓才有"不信"。今天我们就出现了这个问题,公权力衰退,公信力消失,这个要快速重建才行。底下说"悠兮其贵言","悠兮"就是很悠闲,"贵言"就是不随便发布命令。政府不要随便说话，要少说多做。"悠兮其贵言"就是"处无为之事，行不言之教"。然后说"功成事遂"，做好了一切叫"功成事遂"，事情都做好了，但百姓不知道，还以为是事情自己这么好的，这就叫"百姓皆谓我自然"。他不晓得自己过得这么好是因为有政府在推动，这才是最好的政府，这样的政府就叫"正善治"。你的"政"要治于自然无为之治，自然无为之治就是"太上下知有之"的政治，是"百姓皆谓我自然"的政治，而不是"亲而誉之"的政治，"畏之""侮之"的政治。

"事善能"，事尽于自然无为之能。我们希望事情能够展开它的功能，但这个功能，不要太大的预期，不要太大的执着，只是自然无为之能，是人无为而自然无不为的妙用。

"动善时"，动宜于自然无为之时。所谓的善，事实上就是居不求其地，心不守其渊，与不定其仁，言不责其信，政不为其治，事不尽其能，动不择其时。"不择"可以"无入而不自得"，庄子说："是接而生时乎心者也。"（《庄子·德充符》）与物接而心生春意，这叫"才全"，存全人天生的本真。

最后，"夫唯不争，故无尤"。因为它本来就没有抱着跟万物争的念头，它是这样的无心自然，"为而不争"，"利而不害"，所以无怨亦无悔。人间的怨都是从恩来的，人间的恨都是从爱来的；如果我无心去爱，不自觉自己有恩于人，"为而不恃"，相对的也就没有怨、没有悔了。

知其雄之道在守其雌

第二十八章说:"知其雄,守其雌,为天下溪;为天下溪,常德不离,复归于婴儿。"我们都要"知其雄",就好像我们有一个方向、一个标的。雄代表刚健,代表有为;我们希望拥有,希望实现,希望把握,希望抓住。但老子告诉你要"守其雌",你要守住这个雌。雄代表阳刚,雌代表阴柔,我们要有正面的、阳刚的理想,"知"就是隐然指向这一个方向,但是怎样达到这样的理想、这样的目标呢?你的进路在哪里呢?就是要守着你的自然无为。老子也说"无为而无不为","知其雄"就是"无不为",但怎么做到"无不为"呢?要通过"无为"去做。"雄"是"有",怎样去拥有?怎样去实现"有",去把握那个"有"?他说:你要通过"无"。所以"守其雌"的无为就是一种作用。

我一直说,道家是一种化解的作用,不是实有;通过这样的作用,就可以保存那个实有。那个实有也许是我们的事业、感情、婚姻……而我们总是要"知其雄",要实现它,要保住它。但要通过什么方法?它不是通过制度来做的。法家说通过制度来,儒家说通过修养、通过爱来,道家则说通过化解来。你要"无为"才能够"无不为",老子不是讲"生而不有"吗?你要"不有"才能"生";"为而不恃",要不认为有恩惠,你的"为"才是真正的"为";"长而不宰",要不以为自己是主宰,你才是真正地带他长大。所以老子说,道家的功夫是每一个人都"知其雄",但是你要"守其雌"。

"知其雄",一般人都以为是以阳刚去奋斗,以智慧、才学、能力去对抗;老子说不是,是以无为对抗。所以"知其雄,守其雌",守住雌,就好像你作为天下的溪谷一样——溪谷平静地守在那个地方,但是天下的水都流过来,所以能守住其雌的人,就是"为天下溪"。"天下溪"是天下的水都流来了,这不是"知其雄"了吗?万川之水汇归到溪谷中、大海里,它们不是很卑下吗?不是很安静吗?"雌"是很安静、柔弱的,但是所有的东西都汇归到它那里,这叫"常德不离"。常德就是每一个人天生而有的本德。

我们的德为什么没有了?因为我们想去开创,去人为造作,去跟人家对抗,所以我们的天真、天生的德,就在人生过程中散落了;因此我们对人的同情越来越少,我们的感觉越来越迟钝,因为天真渐渐地流散、失落了。所以能够守住"雌"的人,就不会在人间的对抗破裂中,让本来的德、本来的天真因散开而失落。"常德不离",就是"含德之厚,比于赤子"(第五十五章),那个"德"就是常德,"厚"就是你天生的德本是那么深厚,为什么后来没有了?因为散开了,失落了。但是如果一开始你就没有冲出去,那么你就可以守住你自己,这叫"守其雌"。

"守其雌"就是无为；无为，我们天生的真，即常德，就不会离开我们。

以化解的作用来保存人间的美好

《老子》第十章说："载营魄抱一，能无离乎？"营魄就是魂魄，我们每一个人身上都承载有精魂和气魄；"一"就是我们从天道而来的德，老子说的"道生一"（第四十二章）的那个"一"，就是指我们的德，这叫"道生之，德畜之"（第五十一章），从天道来说叫道，天道落在每一个人身上的叫"德"，有时叫"常德"。我们都有这个"一"，要"抱一"。我们的身体都承载有魂魄，而要回抱自己的一、自己的德、自己的天真，像婴儿一般，所以底下讲"复归于婴儿"。"能无离乎？"你能够不离开你的"一"吗？能够不离开你的"德"吗？可见我们最大的问题就是：我们本来是含德很深厚的，像婴儿赤子一般，但是在成长的过程中逐步地流失、散落。所以他才会说："载营魄抱一，能无离乎？"

底下又说："专气致柔，能婴儿乎？"这两句我们在讲"虚其心，实其腹；弱其志，强其骨"（第三章）的时候引用过了。所以"无离"不就是"常德不离"吗？"复归于婴儿"不就是"能婴儿乎"？你拿这两章来对照着看，接着再看第五十五章的"含德之厚,比于赤子"。把各章读熟了,就会觉得老子很容易理解,这叫以经解经;任何一章都可以看到另外一章怎么说,把它们会合起来,就很清楚了。所以第十章说"能无离乎?""能婴儿乎?",这边说"常德不离""复归于婴儿"。

"常德"为什么会"离"呢?因为我们没有守,我们冲出去、飙出去了,勇往直前,打天下去了,结果天真一去不复返。童年遥遥远去,乡土的根也没有了,生命越来越浮动了。所以这个时候老子告诉我们,我们都要"知其雄",我们要实现,要拥有,但是问题是怎么可能?这就是道家的智慧了。我不反对你要实现,不反对你要拥有,但我要提醒你注意的就是:你要想怎么可能?怎么可能不是方法的问题,老子不从方法上讲,从方法上讲就是现在各个大学讲的那些技术、知识、制度、能力的问题,他不从这边讲,他从智慧讲:你要守住你的自然无为。所以你无为,"雄"的志业就可以实现,那个叫"无不为"。

无心自然,何来权谋?

不过也有人不是这样说的。这里引用严复和梁任公的说法,他们两位讲现代化,但是也念《老子》。严几道说:"今之用《老》者,只知有后一句(指"守其雌"),不知命脉在前一句也。"这是严几道的感慨。梁任公则说:"老子喜欢讲'无为',是人人知道的,可惜往往把'无不为'这句话忘去,便弄成一种跛脚的学说,失掉老子的精神。"他们两家的意思一样,都认为一般人讲老子,光强调无为,强调"守其雌",而忘掉了它的命脉在"知其雄",忘掉了另外一半的"无不为"。

但是依我的理解,命脉是在后一句;人是要"无不为"的,但是老子认为关键在"无为"。"无为"本身就是"无不为"。譬如说我不想升官,不想发财,这是"无为";但是我突然间觉得轻松起来了,千斤重担没有了,好像天色不那么灰暗了,人生也不那么坎坷了,世界似乎宽阔起来,人生道路也平坦起来。所以我不要名、不要利的行为本身就是"无不为",而不是说现在我不要名,不要利,几天以后就会变成天下最有名的人,不是这个意思的。在魏晋时代,天下第一流的人物都是道家的。本来道家是讲无名的,要隐藏,要隐居,在《论语》中叫隐者,《老子》则说"道隐无名"(第四十一章),道就隐藏在"无名"中;结果到了魏晋,道家人物是全天下最有名的——老实说,那是反道家的。所以我不是说,我现在"无名"是为了将来更有名,我现在不要利是为了将来得到更大的利;而是说,在不要名、不要利的当下,我就突然间觉得世界开阔了许多,人生丰富了许多,因为不用担惊受怕,不会觉得有一道道枷锁和重担压在身上了。当我什么都不要的时候,我的不要就是"无为",在那个时候我已经"无不为"了,"无不为"就是我自由了,没有压力了,一切都美妙起来;所以"无为"本身就是"无不为"。

千万不要说"无为"是为了"无不为",前面"无为",后面"无不为",等待丰收。这样,"无为"就变成了投资!孔明的高卧隆中不是为了有朝一日三分天下,他哪里能算得那么准,他真的是高卧隆中,只是被刘备找到罢了。他也不大执着,在三顾茅庐的真诚敦请之下,也就出来了。如果我们为了维护老子,硬说他的退是为了进,这样反而是伤害了老子;所以我不赞同严几道和梁任公说道家的命脉在"知其雄",在"无不为",事实上《老子》的命脉在"守其雌"、在"无为"。

水之所以能够长久地不争,长久地爱万物,就是因为它是无心、"无为"的;水从来没有立志"利万物",它如果立志"利万物",就会有英雄气,就会有优越感,但这些水都不知道,就像武训向人家下跪,他也不知道自己很伟大、很了不起,他没有那个观念,这样会是权谋吗?很多前辈先生一直都把老子思想解释成权谋,其实老子的每一句话都是真的,也没有隐藏,所以我们大可不必把他的思想解释成权谋,变成兵家、法家。兵家、法家应用老子的智慧,来做一种欺敌的功夫,一种伪装,好发挥更大的应变谋略、更大的作战力量;但是老子没有这个意图,他只是要大家后退,大家虚静,大家美好。你的"无为"在哪里获致成果？就在你"无为"的当下。

这个观念一定要解说清楚，不然很容易把《老子》说成权谋。老子没有什么以退为进，"退"的本身就是"进"。跟人道歉了以后，取得他的谅解，你就觉得心头的重担没有了，这样你不是"进"了吗？这叫"退一步海阔天空"。所以"无为"而"无不为"是同时的，就在"无为"的本身"无不为"，不是说前面"无为"，后面"无不为"，那样会变成这边投资，另一边是在收获，是获利的有效手段，这样就变成权谋了。

底下说"知其白"，《庄子·天下篇》讲"知其白，守其辱"，而在《老子》另外一处讲"大白若辱"（第四十一章），可见"白"跟"辱"是相对的，"白"是光明，"辱"是黑暗。

"知其白"是我们要追寻光明，但是你要守住幽暗，要光而不耀，不要老是发光，锋芒毕露；阳刚要守住阴柔，"雄"要守住"雌"。"知其白，守其辱"像什么？像天下的山谷，"为天下谷，常德乃足"，你能够守住你的山谷，你的常德就自然完足。我们本来是自然完足的，"知足之足常足"，每一个人知道他内在本来完足，那样的"足"才是永恒的"足"。如果你把"足"定在外面，那么你的生命就会开始浮动，因为外面是你不能掌握的，它是在变动中的，你的人生也就跟着摇摆不定了。所以你要成为天下的溪谷，守住这个幽暗（山谷是幽暗的），你本来的德就是完足的；"复归于朴"，"朴"是没有雕琢的原木，没有人为造作，所以老子喜欢讲朴。

体制有道，永不会割裂

底下说："朴散则为器。"朴散落了以后，经过琢磨、雕刻才成为器皿。"圣人用之，则为官长。"圣人要用这朴，这里的"之"是指朴；"则为官长"就是可以作为百官之长，百官的领导人物。百官都是器，因为百官都有器用；朴散落而成为器，每一个器都有它的器用，百官有他的专职专司，但统领百官的圣人要"朴"才好。所以圣人用这个朴，守住这个朴，"守其辱""守其雌"，就是圣人要"无为"，而让百官"无不为"。

老子的"无为而治"是：人不要做，让自然做，人不要为，让自然为；太阳会上来、会下去，春夏秋冬四季运行，昼夜交替，自然就有了一种秩序。人间出问题是人出了问题，不是自然出了问题，一样的黎明，一样的黄昏，一样的日正当中，但是为什么人间社会出了问题？是人出了问题呀！所以老子说：人，请你无为，让自然无不为。这叫"无为而治"，叫"回归自然"，回归自然让自然"治"，人不要做了，因为人为越做越乱。法家继承了老子这样的想法，要君王不做，让百姓做，让百官做。

百官一定要有专司，要有器用，因为百官是器，像"经济部"负责经济,"交通部"负责交通,这个不能光讲"朴"的。"圣人用之,则为官长。"圣人还是要用"朴"来作为百官之长。底下说:"故大制不割。"尽管分各部会,但是还是要有一个整体;"不割"就是不割裂,"大制"是在以"朴"象征"道"的统领之下,这样的制度是不会割裂的。为什么?因为器的上面有朴,有道。

其实人生无不散落,人生的各项活动:读书,做人,交朋友,旅行,到处散落,那怎么可能"朴"?我都是无心的,我每一个"知其雄",都能"守其雌";每一个"知其白",都能"守其辱";我又是"天下溪",又是"天下谷",是"常德不离""常德乃足";在人生成长过程中,我都像没有雕琢过的木头一样,所以尽管经历人间的动变,我仍永远天真,这叫"大制不割"。我们还是会经历人间的艰苦、悲愁的,但是我们仍拥有对人间的乐观的想望,因为我们没有受到伤害,我们总是守在阴暗的地方,所以不会觉得光明不够;我们总是守住"雌"的地方,所以不会觉得阳刚不够;我们总是把自己放在最低的地方,所以永远不会觉得有缺憾;我们总是把自己放平,说自己什么都不是——当我什么都不是的时候,就没有什么好失落的,也没有什么好担心的。我现在什么都没有,我现在是"无",从"无"开始,我能够拥有一切的"有"。你站在"有"的最高峰,任何动变你都少一分;我站在最低点,一分就是一分。人生换一下嘛，不要觉得自己老是在减一分，我们要让自己感受到我在得到一分。

人生不是很现实吗？对！是现实的，但是你可以让它实现。"现实"转"实现"，如此而已，把两个字反过来，这叫扭转乾坤。人生无不现实，但是你让现实有美感，让现实有情意。柴米油盐很现实，但孩子在其中长大。你说柴米油盐是现实吗？我看起来是实现。做其他的事情也是现实的，但是我们可以让它实现，这叫"大制不割"。

在老子的思想里，"大"字都有道的精神，或是和道合一。一般的制度一定会造成割裂，它是正面的，有一个轨道，一个标准，一个结构，大家要按照规矩、制度来，所以制度一定要分得很清楚。制度的割裂就是法，但是事情一正就有一反，所以麻烦来了，因为正的一定会走向自己的反面；因此任何正面要克服自己的反面，才会变成更上一层的正面。更上一层的正面会是什么？是道；那怎么克服呢？加上"不"！我"不割"所以才叫道，才是"大制"。

克服自己的反面走向更高的正面

我们换一句说，"大爱不害"，爱的对面就是给人负担，给人家压迫。爱有时候是给人很大的压迫的，你越爱，对方越感到紧张，因为你的期许会越来越强，执着会越来越深；所以独生子承受的压力最大，因为父母亲，甚至整个家族的希望都在他的身上。如果兄弟姐妹很多，压力就散开了。所以爱可能变成害，我们要让爱避开害，就是我的爱是"不害"的，这叫"大爱不害"。因为我"不害"，所以我的爱才会变成大爱，伟大的爱是不伤害人的。但是爱经常会产生"害"，任何正面都可能会走向反面，人生很多事情都是这样，好的变成坏的，老子所说的"为而不争"与"利而不害"，就是要让我的好通过那个"不"的放下消解，克服我的反面，不去"争"，也不带出"害"，也就是我预先看到我的后遗症而避开了。

人生的很多正面，在你的坚持、执着之下，会走向它的反面；人生成败的关键就是：让我们的正面永远是正面的，不要变成反面。怎么能保证我们的正面不会变成反面呢？就是要以主体修养预先防范，预见可能的后遗症，然后避开那个后遗症，本来的正面就会走向更高层次的正面。就像"见山是山，见水是水"，你要通过"不"，"见山不是山，见水不是水"，然后才会有更高一层的"见山只是山，见水只是水"。

你的正一定会带出反，因为你有心，有心就会产生有心的择善、固执，有心的执着，会把自己逼到反面；所以我们要克服它的反面，才是更高的正面，这叫正反合的辩证法。我们的辩证法是唯心辩证法，只有"心"才会走向自己的反面。今天的我可以变成非我,我可以站在我的对面来说我自己不好;只有人可以跳出自己来看自己,只有人可以自己站出来反对自己。我们经常做出很多违背自己想法的事情,明明喜欢小孩,但是又把他骂哭了,虽然不忍心,却还是做了,这岂不是既是你又不是你了吗?我们是会走离自己来反对自己的,道家就让我们不会成为自己的反对者,不会把自己逼到自己的反面,这叫"不割"。

能够做到这样的人,才是真正的"大"。"大"就像天道一样,天道永远不会成为自己的反面,只有人才会,因为人是有限的。人往往会讲一些不应该讲的话,伤害自己所爱的人,所以人永远要讲修养。而这样的修养,通过正反合——就是黑格尔的辩证法,他讲了一个精神辩证的历程:我们都从正出发,会走向反,克服反以后,你就是更高的合;然后再从"合"作为"正"出发,又会走向反,克服这个反,又走到合。人生、世界就是不断向上升的历程,像一个螺旋,逐步地往上升,爬到世界的高峰,那就叫"绝对精神"。黑格尔是讲历史的进化,历史就是不断地从底下往上升。中国哲学也有辩证法,正会走向反,现在我克服了反,所以转成了更高的正,叫合。正为什么会走向反?因为你太执着,太爱他,所以忍不住讲一些伤他的话,这样才能够抚平自己为爱受的伤。

譬如"朴散则为器",木头本来是朴,雕琢以后就变成了器皿，当它成为一个器皿，就有了它的器用，但原来的朴就失落了。就像我们要让孩子懂事，跟他讲了很多人间的风险，但这样一来就伤害了他的朴，他的朴就开始散落。他会想：原来别人的话是不可信的。孩子开始懂得避开人间的灾害，变成了有器用的人，能够去对付一些社会的骗术、伤害了。所以木头本来是"朴"，散开之后才变成有用的器皿。问题是，人间已不可信了，如何让孩童既天真又灵巧呢？此外，圣人不是要治天下吗？那就要有百官，百官要有他们自己专职的工作，就是器。但是这样不就没有"朴"了吗？所以能够治理天下的圣人要有那个智慧，要守住辱、守住雌，要"常德不离""常德乃足"，要"为天下溪""为天下谷"，这叫"圣人用之"，他就是用这个"朴"。百官制度会割裂，圣人的"朴"不会割裂，他用"朴"让那些割裂的木头保住它的本色，这样它就不会因割裂而失散了，这叫"大制不割"。

以天道素朴统合人间的百官器用

"朴"或者"婴儿"都是形容天道，天道像婴儿一样的纯真叫天真。百官就是各有专职、各有器用，你可以把天下的事情交给百官，他们各自管他的专职并发挥他的器用，但是统领其事的圣人要永远保住天道的"朴"。他永远有"朴"，但是百官是

"器",所以他才会成为百官之长——"长"就是以朴来领导、统合百官。圣人是百官的"长",他凭什么来"长"百官呢?凭他的总体观念,凭他没有割裂的心态;那么怎样才能不割裂呢?制度一定会造成割裂,因为它有规划、结构,它一定分得很清楚,有分别性,但是总要有一个无分别的人来统领它,这就是"长"。这样在制度本来的割裂中才会保有"不割"的完好,"不割"才是"大制";可以割裂的制度不是好的制度,不会割裂的制度才是好的制度。道的精神统贯的"大制",永不会割裂。所以我们活在人间世,不要忘掉我们天生的本真;在人生成长的过程中,不要失落婴儿天真的心境。老子就是这个意思。

八　虚无的妙用无穷

老子对"道"的体会,

就在于道体冲虚,

而虚无的妙用无穷,

妙用在于一切"有"的美好,

都从"无"的形上智慧而来。

"有"的根本在于"无"

第十一章跟生活直接关联,也比较容易有贴切的了解。"三十辐共一毂,当其无,有车之用。埏埴以为器,当其无,有器之用。凿户牖以为室,当其无,有室之用。"老子举了车子、器皿、房子来作为例子。车子、器皿和房子之所以会有用处,都是因为它们中间是空的。"三十辐共一毂",毂就是安放车轴的圆木,车轮能够转动是因为毂中空,可以插上车轴,车轴转动,车子才能前进;如果车轮的中间没有一个空的地方,就不能够让车轴插身其间,让车子往前推进了。车毂周围和车轮之间的木条就叫辐。就因它中间的空无,才会有车子的功能、车子的妙用。

"埏埴以为器",埏是以水和土,去捏泥土;埴是黏土。埏埴就是陶艺,用黏土来做器皿,这个器皿是"当其无,有器之用"。茶壶的中间是空的,所以它才能够泡茶,就在中间的空无处,才能够显出它的妙用。而现在我们就在一间房子里面,"凿户牖",开有门窗;作为房子,总是有它空无的地方,才会"有室之用"。一个房间的"用",是因为它是空的;不然房子被填满了,人就进不来了。器皿被填满了,茶就进不去了。车毂被封死,车轴就插不进去了,那怎么转动?

通过这三个日常生活中可以接触到的例子,老子得到一个结论:"故有之以为利,无之以为用。""有"之所以能够成就它的有用,它的利用,是因为"无",它才能够有这样的妙用的。就因为"当其无",因为它中间是空的,才能够产生车子、器皿、屋子的用处;它之所以成为有用的东西,是因为它是"无"。所以一切"有"的基础在"无"。不管是车子、器皿、屋子,都是人造成的,老子由此来反省、思考物被生成的原理在哪里：物被生成是"有"，原理却在中空的"无"。

中国人把父母当天地，天、地、君、亲、师并列，是说作为父母，作为老师，还有作为政治家的人，要有天地一般的心胸、气度；所以宰相肚里能撑船，为什么能撑船？因为他是天地。

天地是最辽阔的，天无不遮覆，地无不承载，任何东西都可以立足于大地，而任何存在都在天的遮覆之下。因为天地是最广大的包容，所以既然要用父母来保证子女，用老师来保证学生，用圣人来保证百姓，这些人就不能光是人，要做到如同天地一般。准备做父母的，一定要让自己有天地一般的心胸，不然孩子就没有成长的天地，没有存在的天地了。所以我们一定要把天、地、君、亲、师并列，就是这个道理。

我们看到这一点，只有天地可以作为所有的人及物存在的理由，人是很难的，因为人是有限的物。我们不是天，天是天理，天理就是纯理；天不会生气，因为天没有气，气会限制人的物质性，"心使气曰强"，只有人才有气。我们讲天气，那是指自然界；我们人叫气质，天叫气象，社会叫风气，经济叫景气，那些都是靠不住的，凡是气都靠不住。如果爸爸像气象怎么办？晴时多云偶阵雨，孩子在同样的时间里怎么去面对这样重大的变化？那么怎样才能够让孩子好呢？就要永远一致，永远日正当中，永远晴空万里，这样孩子才能活下去呀！老师也是一样，季节转换不要那么快，本来是春天，突然变成冬天，学生来不及适应的！所以孩子的一生，跟家里的气氛、学校老师对待他们的态度有绝对的关联，他是否能够信任人，是否觉得人际关系可以是美好的，和成长的家庭、学校是息息相关的。

万物的"生"来自天地的"无"

所以生命要恒定，恒定是因为只有理。气是会变动的，人的气质、自然的气象、社会的风气、经济的景气都一直在变动，天地之所以可以保持它的永恒，是因为天地只是一个理。道家讲天道，那个道就是天理，只是道家的天理跟儒家的天理有点不同，儒家的天理是道德的，道家的天理则是自然的。这里是通过我们的经验讲天地为什么能够实现万物，天地万物都存在，这是"有之以为利"，但它是怎么来的呢？来自于天地的"无"。天地的"无"才能够保证万物的"有"，父母的"无"才能够保证子女的"有"，老师的"无"才能够保证学生的"有"；如果你也是"有"，你就会跟他争。所以你要"无"，他们才"有"，这是道家体会出来的实现原理。你要"无"，他才能进来；要这个屋子"无"，人才能进来。人间多少美妙的事情在屋子里面展开，就因为"当其无"，才有它的妙用呀！

所以一切"有"的利都是来自于"无"的用,利是实利,所有的实利都是通过虚用来的(有实在的好处叫实利)。但是实利背后要有一个虚用,虚用就是你会忘记,会放开,会达观,会从容,你有一份悠闲,有人生的智慧,像镜子,像水,这样就是虚用。老子用了很多例子来告诉我们:你一定要做到这种地步,做到这种地步就是达到了天道,天道可以实现万物,你也可以实现万物。人生的问题就是:我们缺乏像天道那样无条件地对人间的支持和关爱,人间出问题就是因为我们的爱背后都有条件,而且要计较,甚至用爱去跟人家对抗。老子讲的水没有计较,水利万物但不争;我们也利万物,却老去争,以利万物来争,实在不自然;水是善,上善是自然,自然地利万物,所以那个不争是会长久的——我们有时候也会不争,但很难长久。所以"有"是一个实利,是来自于"无"的虚用;有了"无"的虚用,"有"的实利才会产生,才会实现。

对道家来说,一切的实有来自于虚无,人间一切美好的、你喜欢的东西都叫实有,感情、婚姻、事业、学问、友谊、道义、美感、情意都是实有的,所以你能真实地感受到它。这些都是很实在的东西,在父子之间展开,在师生之间存在,但是老子不问这个问题,他问它是怎么来的?这些实有怎么能够保存?怎么能够拥有呢?因为我们每一个人都没有自己,我们真的是"无",都放开了,我对他好,又忘记我对他的好,这样,那种好就永远在那个地方。什么叫实有？好啊！什么叫虚无？忘记！所以这种好之所以能够被实现，是因为我们每个人都展现了放下的智慧，都有开放的心胸，这叫放得开。

我们要放得开，放得开就海阔天空了，人间的坎坷、人间的难关就可以一一化解。人生过程中的每一个地方，我们忘不了，就是我们过不去；而任何过不去，都会使你的现在有障碍。当前，我们的人生都是从前过不去的那些关卡的累积，关卡累积太多会变成城堡，让我们很难走出自己，去跟别人有亲切的沟通。所以能够放得开的人才是过得去的人，能够过得去，你原来的"有"才在。不然都被挡住了，因为你过不去，通不过。

所以一切的实有都是来自于道的"无"，"当其无，有器之用"，像茶杯的"器之用"就是可以盛水，可以泡茶；人生也是，当你的心"无"了，就拥有了人生一切的好。人生一切的好，都因为你有放得开的达观，有观照的智慧，才会保存在那个地方。这个就是道家要讲的"实现原理"。天地万物可以实现存在的价值，问题是它是怎么来的？是什么理由让它存在的？这叫原理，哲学上就叫"形上原理"。

做老师的人，倘若心里面一点"无"都没有，讲课就比较累一点。本来要好好上课，就应该休养生息，有休养生息才有一份悠闲跟从容，然后再来发挥"有之以为利"的教学效果。

因为把自己最悠闲的心境、最清新的姿态和神采留给我们所喜欢的人，才是人生最大的礼貌，代表对对方的尊重；所以我要求学生在下午上课前一定要睡午觉，因为你用最轻松、最不累的姿态到教室来，做老师的会很感激学生，师生不就是互相实现了吗？

"实有"通过"虚用"来实现

形上原理就是要实现有形万物，而有形万物是依靠形上原理来实现的。有形万物不能互相实现，因为大家都有限，怎么互相实现？形上原理本来只有天道才有；但事实上，天道的形上原理是每一个人都有的，因为形而上的天道已把它最好的"心"给了我们，在老子来说是把最好的"德"给了我们。它把"德"都给我们了，形上原理我们都有了，但是为什么没有实现呢？因为我们还有另外一个"气"把那个原理障蔽了。

本来人都有形上原理，心中都有一个小太阳、小月亮，道家叫天真；自然是真的，天道是真的，我也是真的；但有时候我们为什么会假？因为我们有人的"物"，有一股气，这个气要跟人家争，不服气，气再牵动心，叫不甘心，这样的不服气、不甘心就变成乌云，遮住了我们天生的真、天生的月亮和太阳。所以尽管人天生有形上原理，但是还有形而下的气，我们不够精纯，不是纯金，而是K金；K金要炼，把杂质去掉，把气解消，就变成纯金，这叫修养。修养让我们变得精纯，让阳光、月亮永远照耀这个世界，照着人生。修养之后我们就懂了形上原理——其实天生就有，但是透不出来，被我们天生的有限性遮住了；所以我们就把作为一个人物的有限性化掉，这样跟天道一样的理就出来了，这叫形上原理。

不管是孔孟老庄、佛教、基督教等宗教还是一些大的哲学，都在探索或开发形上的原理，然后把形上的原理引向人间，让每一个人都有形上原理，然后我们才能够互相实现；我可以实现你，你可以实现我，我可靠，你也可靠，互相都是可靠的。如果没有这个修养，我们只有气，你生气，我生气，你对抗，我对抗，大家一起破裂，这样就不能实现价值，不能保证个体的存在；所以我们一定要有形上原理，那就要靠修养了，修养之后，我们就跟天道一样了。一切的实有都通过虚无来实现，因此实有之所以能够保存，能够实现，是因为虚无的妙用。

老师没有自己才有学生

没有读过哲学的人，会觉得这样的说法很抽象，所以我用父母、老师、圣人来做例子，他们都如同天地，没有个人的身份,没有考虑到自己的前途。像爸爸的荣耀、妈妈的美貌,我们似乎都把青春耗在养育子女上,子女长成了,但是青春也过去了,而我们从来不把它放在心上。从这个地方说,我们是"无",孩子长大成人了,这叫"有",孩子之所以能够长大,是因为父母的没有自己。学生也是,如果老师有图利的心态,为什么要改作业,尤其是改作文?我们改作文的结果就是自己的文章越来越像他们,本来发现学生的文章不通,改了一年以后发现学生的文章也挺通的。我打桌球本来是男子队的,是社会组的,在台北市第一女子高级中学当校队教练当了四年,后来只能够打教师组,就是因为我的球技越来越接近我的学生了。因为要打那种刚好可以让她们打的球——我平时打的球她们打不到,那怎么当教练?所以当教练的人就不能再当选手,因为你突然间变得没有个性,你的才气、才华完全化入代表队的学生身上,化整为零,什么都不是,这叫"无",而学生的球技在进步,这是"有"。不过我不是很好的教练,因为我从来不懂得斯巴达的教法,我都是老庄式的,所以学生也都有一份从容悠闲,但是从来没有得过冠军。我教学生的结果就是我的球技越来越接近她们,这样是成功的教练,但自己却成了一个落后的选手了。你一定不能计较,一计较就不能当教练了。

　　去爱一个人有没有可能做到无条件?就我们的心来说,我们本来是无条件的,我所谓的无条件就是从我这个人抽出来,从人间抽出来。纯就心来说，全人类只有一个心；纯就理来说，整个宇宙只有一个理，叫天理。问题是我们的"心"总是落在我们的"物"里面，这是我们有限性的开始，所以庄子说："吾生也有涯。"没有办法，这是每一个人最大的命运，命定的，我们最可爱的心，最高贵、无限的"心"总是落在一个有限的"物"、有限的形躯里面。就爱本身来说，它是无条件的，但是当你考虑到对方的身高，希望两个人可以并行走在路上，这个条件就出来了。爱毕竟是要落在我这个"物"和对方那个"物"之间，都希望找到气质上相应的人，这样就立刻有条件了。话能够投机，彼此间有一份感应，如果我说的话对方都听不懂，那最好不要，因为爱是需要沟通的，这个是有条件的。再者，我们的爱也不光限于我们这两个人，还要在很多人里面，第一个关卡就是彼此的家庭和父母，你看是不是有条件？爱还是无条件的，但天下没有在时空之外的爱，我们的爱注定在时空之中展开，在人间社会展开，所以必须顾及社会的处境，这叫有条件。上帝的爱无条件，而人的爱有条件，是因为你这个人活在很多人之间。很多人中有更多的条件，你这个人的条件叫命，很多人的条件叫缘。

人性本真，天道冲虚

这边又有一个问题好说：道家以自然为实现原理，认为自然就是美好的，是不是道家已经先肯定了孟子的性善说呢？不然，自然无为怎么会好？我曾经讲过：如果说孟子是性善说，那么老庄是绝对的性善论。道家讲本真，儒家讲本善。我们说"人之初，性本善"，但如果是道家的三字经，就会讲"人之初，性本真"。道家是要我们做一个真人。老子觉得在人间做假人最累，讲假话，做假事，虚应故事，这个最累了，所以他要我们做一个真人；但是做真人最难的一点就是：你要忘记儒家讲的善。"正复为奇，善复为妖"（第五十八章），"正"可以变成"奇"，"善"可以变成"恶"，为什么？因为你树立了一个"正"的标准，有一个"善"的责求，又要很多人达到你的标准，接受你的责求，他做不到，只好作假给你看；他会说：既然你喜欢我那个样子，我只好作假给你看。所以道家是讲德本真，儒家是讲性本善，但道家认为"真"是要忘掉善以后才"真"，因此我没办法把它们画上等号，说，老子讲的自然是美好的，等于孟子的性善说；那他讲的"绝圣弃智""绝仁弃义"又怎么说？老子认为我们要忘掉儒家的道德美善，才能做一个人间的真实的人。就人天生的品性来说，儒家、道家都给予肯定，只是所肯定的不同，一个是肯定他的善，一个是肯定他的真，所以说"大人不失其赤子之心"（孟子语），"含德之厚，比于赤子"（老子语），这是一样的，赤子就是天生的精纯，没有受到人间污染的本德，还没有在人间流落，保持了天真的真性；双方都认为天生本有是好，儒家是天生的善，道家是天生的真。

第四章说："道冲，而用之或不盈；渊兮似万物之宗。"把前后接起来，就是：道是万物之宗。宗是宗主，我们讲祖宗，祖先就是我们的主，所以什么事情都要跟祖先禀告，因为我们的生命是从他来的，任何大事都要跟祖先诉说。所以我们讲祖宗，祖宗就是祖先，可以做我们的主，我们不能自己做主，要让祖先做主，向他祭拜，征求他的同意，然后我们才能做。

天道是万物的宗主，这大概是儒道各家共同认定的：万物从它来，它决定万物。不过现在由谁来决定谁很难，没有哪一个人可以决定其他的人。现在是大家从家庭出来，你从你的家出来，我从我的家出来，双方都能够做自己的"主"，两个"主"在一起共组一个家庭。这样才能有平等的地位。

电影《悲怜上帝的女儿》中，女主角是聋哑人，男主角是聋哑学校的老师。女主角从聋哑学校毕业后留在学校当工友，她很聪明，只是故意不展现她的才华。后来男主角发现了她，麻烦就来了：一个是有声的世界，一个是无声的世界，男主角要把她拉到自己这边来，逼她讲话，于是她感受到压力了——刚开始是感受到爱的美好,后来却感受到爱的压力。为什么爱就要让我不是我,而是变成你呢?所以女主角说:为什么你不到我这边来?结果就产生了双方的分离,到最后他们才发现:原来要双方走出自己的世界,共同开发属于他们两个人的世界,那就是在有声跟无声之间的世界,就是回归自然,谁都不要求谁,"绝圣弃智""绝仁弃义",就像老子说的。那部影片的编剧不见得学过道家思想,但里边的智慧是道家式的,把道家的精神讲出来了。所以双方走出自己的家,组织一个小家庭——从这个地方来说这样是对的,这才是新家庭。

我认为组织小家庭是有道理的,不然一开始就不平等,所有的太太都处在不平等的地位,因为你一个人要面对他们家十几个人,光讲话就受不了。他们会互相附和,而且有神秘的感应,你会觉得很隔阂,好像自己是孤零零一个,他们全家有说有笑,心里面就会难过。因为这样会使人失去被平等对待的地位,失去为"主"的地位。现在我们说,我们把祖宗当"主",但毕竟是子孙在走祖先的路,所以子孙才是"主"。

"虚"的修养在于内敛涵藏

就天下万物来说,天道是我们的主,除了它,谁都不能做主,春天来了,万物就一起欣欣向荣,一起有生机,这就是天道。所以天道是万物的宗主，那么它是以怎样的姿态做万物的宗主？它怎么可能成为万物的宗主？因为天道没有自己，它是虚的。天道是虚的，所以妙用无穷，这叫"虚无的妙用无穷"。"不盈"就是它不求满，事实上它不会满，像盛水的器皿，已经有了九成的水量，再倒水进去一定会满溢。假设有一个虚的茶杯，怎么倒都不会满，因为它是虚的怎么会满？茶杯是实的，我一抛一定会碎掉，如果是虚的就不会碎。它一方面不会满溢，一方面又不会用尽，这叫"妙用无穷"。

　　人间都是实的，是实的就会用光，而且会满溢，稍微有一点东西就志得意满，像有一点知名度，有一点荣耀，有一点地位，有一点成就，就觉得自己满意了。因为人家称赞你怎么样，你就赶快把它用尽，在青春年少的岁月，就把一生的才情用光，都不懂得含蓄包容。所以老子说"啬"（第五十九章"治人事天莫若啬"），"啬"就是把麦子收到谷仓里面，秋收冬藏。所以不要锋芒太露，不要把生命力、才情、才气到处挥洒，因为它会被用光的。修养就是不让它用光，道家式的修养，就是要内敛涵藏，而儒家式的修养，就是要去修德进业，讲学论道。

　　要把你的才情通过学问、修养变成一生的才情，让年轻的敏锐、飞扬的才情，变成一生的才学，还要让血气变成一生的志气。志气跟血气不一样，才情跟才学不一样，志气和才学才是一生的，血气和才情只有青春年少时才有，中年之后我们就飞扬不起来了，那时候便要依靠学问、修养。在年轻的时候就要开始修养，因为在道家的反省中，你是会把它耗损光的。

所以老子要求我们要"啬"，要内敛涵藏，因为你要么会把它用尽，要么会满溢，就像第九章说的："金玉满堂，莫之能守；富贵而骄，自遗其咎。"所以不能满的。那怎样才能够不满？虚心呀，虚心就不会志得意满，就不会睥睨天下，像《庄子·养生主》说的："为之四顾，为之踌躇满志。"我们要了解不会满溢，才不会引起反感，富有人家要求他的子弟勤俭，是有大道理的。王永庆的生活，绝对不像我们所想象的那样奢侈，他的生活跟我们一样，而且还更精打细算，他可算是"啬"的经营之神了。因为这样才不会满溢，不会用尽，不会在年轻时候就把一生所有用光了。那怎么样才不会用尽？那就是要虚用。虚了就可以有无穷的妙用，妙用无穷就是怎么倒进来都倒不满，怎么倒出去也倒不光，进进出出，无穷无尽。老子发现虚无才是妙用无穷，便说："渊兮似万物之宗。"这样的虚无就像山谷和深渊一样，深不见底，不会下一场大雨就满出来，但是深渊里面永远有水，也看不到它干涸，因为它是虚的。要注意老子是借这个来说，事实上我们讲虚，是就我们的心境说的，他是用山渊这样一个具体的形象来形容道的形上原理。道不是我们看得到的，因为道是无形的，老子以有形的山渊、深谷来让我们了解到，原来道就是像深渊那样无穷无尽的。

在尘土中修出道来

底下说:"挫其锐,解其纷,和其光,同其尘。"这四句话很重要,挫损自己的锋锐,解开自己的纷扰,消融(或化掉)自己的光芒,混同自己于尘土。老子用这四句话来解释,为什么道的虚妙用无穷。我们刚刚说,讲天道一定要讲万物,就好像我们讲父母一定要讲子女,提到老师马上想到学生。所以当我们说道的时候,一定要讲万物之宗,道一定要关涉万物。

万物是不是尘土?这四句话我们从底下说起。万物就是尘土,我们的日常生活起居、柴米油盐,都是尘土。人物人间,就是尘土,所以人生一定要"同其尘",不然你会遁入真空,说尘土污染,那么多尘垢,那干脆不要做人吧!你不是要当天道吗?天道不是要支持万物吗?你要支持万物,要带它们成长,你不站在它的身边,你站在哪里?站在高山上吗?站在天顶上吗?那太遥远了。所以父母一定要跟子女站在一起,老师一定要跟学生站在一起。

人的存在本身就是尘土,而人跟人的关系又是尘土。有时候会感慨,怎么朋友之间老是有那么多的误解,那么多的闲言,那么多的气话,那么多的冲突?但是我们还是要跟他做朋友。本来在人跟人之间做人就是做尘土,你要作为他们的宗,要带他们长大,就要跟他们站在一起,这叫"同其尘",要混同自己于尘土,不然我们会受不了这个人间世界的俗染尘垢。

　　一个人要让自己活得快乐,必须承受得起人间所有的不好,包括孩子、学生的不好,先生的不好,太太的不好;不然,一切的婚姻关系、亲子关系、师生关系一概会垮掉,因为人间没有那么纯净的。只要是人都不纯净,天理才纯净;天是纯理才纯净,气一定是杂的。杂也不一定不好,杂是丰富,因为大家不一样才丰富啊,如果人人都一样,我们何必跟人家相处!所以我们可以碰到很多不同的朋友,各有才气的朋友,各有志趣的朋友,各有性向的朋友,都有值得欣赏的地方,在一起谈话,那更是趣味无穷。这是杂啊。这个杂就是尘土,总是混杂的,不能那么单纯。所以活在世界上,要是不想让自己觉得活不好,就要有一点认命跟知命,怀着天使一般的心情,在这个世界上是很难活下去的。所以父母、老师会发脾气——他们也是人嘛,我们比较容易在父母之下、老师之下活下去,因为我们知道他也会忍不住发脾气;你就不会觉得他怎么还是我的爸爸?他怎么可以是我的老师?怎么不可以?他也要做人,而他不过是一个人物。这一来我们就开始对人有谅解跟同情,我觉得谅解跟同情是让我们活下去的一个很重大的处世智慧。

　　那么这样的谅解和同情从什么地方来呢?是从知道自己"有限"来的。人都知道自己是有限的,但是你要懂得去道歉。我们一方面知道要修养,一方面知道要道歉;修养是让自己尽量不要变成"有限",而道歉是因为自己终究不免于"有限",但是并没有放弃修养,没有放弃让自己更好。

所以大家要来修道,夫妻一起修,在家庭中修,修好了以后,再让孩子出来;修好了以后,才有天地,才有道。父母修出道来,孩子就在道里长大;父母不修就有气,那么孩子就受气,双方的气都压迫在他的身上,他得承受两个人的气,在父母的挤压中挣扎。所以一定要"同其尘",不然你就不是道,凡是道一定是"同其尘"的,释迦、耶稣、孔子都跟所有受苦受难的人走在一起,不然他就不是释迦,也不是耶稣,也不是孔子;所以圣人就是天道,天道一定要"同其尘"。不过,"同其尘"一定会带出纠纷困扰来,因为人会比较,所有的好意在冷言冷语、闲言闲语之下,都会变成恶意,引起误会跟纷扰。

你自己受得了,人家也愿意吗?

所以"解其纷"就是说:你要"同其尘",就得解开你的纷扰,因为这样你才会受得了。对那种"同其尘"的纷扰,你本身要有化解的能力,不然那尘土就会尘封你的心,把你的心变成垃圾山,到最后,不是麻木就是没有感觉。所以很多人父母做久了以后,对孩子的状况都比较没有感觉。其实做父母的不这样子,怎么能够再继续带小孩?这就是"解其纷",所以没有感觉。但是我希望不是没有感觉的"解其纷",而是心灵化解的"解其纷",没有纷扰,又很敏锐。敏锐的"解其纷"是保持我的清新、我的敏感度、我的易感动的心灵,但是我仍然没有纷扰,这叫道家式的修养。

我们要化解自己的纷扰、困扰,纷扰、困扰就是乱,就是尘土,但是你要解开它,才能受得了,才不会让自己累坏、累垮,才不会让自己厌倦、逃离。很多人到最后都会变成无言的抗议,什么都不管了,这样就真的是放弃道了。我们又要道,又要没有纷扰,这才是修养;一有纷扰就不管,那算什么修养?这叫没有修养。所以一定要扣紧我是道,我是老师,我是父母。那么我该怎么办?要跟孩子在一起,跟学生在一起。但是这样一定会有纷扰,所以你一定要培养解开纷扰的能力,才不会感到累,不会厌倦,不会放弃。人间多少好事情,我们都是因为累了而放弃的。为什么会累?因为纷扰啊!那为什么老是被纷扰困住呢?因为你没有解开的智慧。

所以"尘"是从纷扰来的,反过来说,有"尘"就是因为人间有纷扰,人在人间做人就是"尘"。另外光从什么地方来?光从锐来,锋锐才会发光。所以锋锐的人容易发光,在人群中容易显现他自己,就像漂亮的人一下子就会凸显出来一样。因为他有"锐",所以他总是发光的。不过如果你跟很多人在一起,今天你发光,明天你发光,后天还是你,那以后所有朋友都没有了，因为你是唯一的主角，他们只是跑龙套的。所以跟人家站在一起要"同其尘"。换一个角度来反省，为什么我没有朋友？为什么我到处得罪人？我什么地方错了呢？都没有错，错就错在你会发光，你总是情不自禁要凸显自己。所以"同其尘"要能够"和其光"，一个能够"和其光"的人，人家才愿意站在你的旁边；不然，每一个站在你旁边的人都黯然失色，变成你的陪衬，众星拱月，而月亮就是你，谁会高兴呢？

所以我们跟人家在一起，不要忘记"和其光"——消融自己的光芒。"匹夫无罪，怀璧其罪"，很多有才气的人恃才傲物，但是他这个人总是寂寞的。这样的才就是没有修养的才，是危险的才，是伤害人的才；经过道家修养的才就不会伤害人，他的才还是才，但是不会伤人，这叫"和其光"。修养的好处便在此，经过修养，原来的好才能够永远好。所以"同其尘"有两个大问题，第一个是：你自己受得了吗？这叫"解其纷"。第二个是：人家愿意跟你在一起吗？这叫"和其光"。

没有自己，谁来烦我

我怎样能够解开自己的纷扰，又消融自己的光芒呢？这就要指向最后的"挫其锐"，挫损你的锋锐，也就是忘掉你自己。"同其尘"是指天下万物的存在是尘土，因为"道冲"嘛！

有"万物之宗",一定有天下万物。天下万物要能够"生",就是生于"解其纷"跟"和其光";"解其纷"跟"和其光"就是实有,就是说你可以平易近人,又可以让自己清新。永远让自己清新,叫"涤除玄鉴",把尘垢化解,这样你的心才会保持清新的心境。"和其光",你才可以收敛你的光芒。天下万物是生于这两个条件中的,而这两个条件都是"有";"有"来自于什么?来自于"无"。挫损自己的锋锐,忘了自己的美好,放开自己的才气纵横,都忘记、放开了,我没有我自己,就不会受到纷扰了。人为什么会受到纷扰?因为你把自己摆在这个地方才会有纷扰,现在你已经没有了,谁能烦你?你已经没有了,谁会来攻击你呢?所以"兕无所投其角,虎无所措其爪,兵无所容其刃"(第五十章),对方要攻击,总是要有一个对象的,你的功夫练到没有自己,他攻击谁呀?这叫无招。最好的武功就是无招,没有招式才灵活。

因此要"以其无死地",我没有可以被攻击的可能空间,我没有弱点,我已经是"无"了,谁能伤害我呢?我已经是天道了,谁能伤害天道呢?这叫"挫其锐"。我"挫其锐",就可以"解其纷",而且可以"和其光",可以"解其纷,和其光",我才能够"同其尘"。前面说过:"圣人用之,则为官长,故大制不割。"(第二十八章)"圣人用之"的"之"是指"朴","朴"就是"无",你不要看它只是素朴而已,素朴可是代表"无"可以生"有"的实现原理。

底下说:"湛兮似或存。""湛"是深厚、深远的意思,"存"是存在。为什么讲"似或存"呢?因为他不敢肯定,我可以说杯子存在,但是我不敢说天道存在,因为天道又不能指证出来。天道是无形的,所以老子用了很多不定词,像前面"或不盈"的"或","似万物之宗"的"似",这些"似"和"或"就是要冲淡道好像摆在我们眼前的感觉,它是无形的,所以"湛兮似或存",又"似"又"或"的"存"。

"吾不知谁之子",我不晓得它从什么地方来的,是谁生的我不知道。因为大家会问天地万物怎么来?从天道来。那请问天道从什么地方来?答是上帝创造的。那上帝又是谁创造的?上帝就是最高的存在,他是天道,所以你不能再问下去。这叫形而上。

又譬如说爱情,怎么把爱情拿来鉴定看看?它又不是大脑,又不是心脏。我们讲的仁心、爱心,都是无形的,无形的就不能量化,那个是价值。就像太阳会发光发热,我们在价值上说它有发光发热的爱,这是人用感情去解释它,事实上阳光只是自然的光热。

造物主不能悖离大道的虚无性格

底下说"象帝之先","象"是"好像"的"像",跟前面的"似"或"是一样的意思。如果人间有上帝,那么老子会告诉你:我所说的道,在上帝存在之先就有了。不管你是哪一个宗教,你这个宗教的"帝",一定要具备老子说的"道冲而用之或不盈"这样的性格。

老子认为所有作为万物存在根据的"帝",都应该具备这样的性格:它要没有自己,才可以永远没有纷扰,不会烦,不会累。它绝对不能烦,一定要不让人家反感,要让很多人愿意跟它在一起。因为它是慈悲的,博爱的,仁德的,我们才愿意跟它在一起,这就叫"和其光"。所以不管是哪一教的"帝",都应该有这种性格,一定要"和其光",要"解其纷",然后你才能跟所有的人在一起——"同其尘"。那怎么做到"解其纷""和其光"呢?你一定要"挫其锐",一定要没有你自己,而这个就是"象帝之先"。如果人间有帝,有一个造物主,那么老子告诉你:我所讲的天道比造物主更先在,更根本。

我们讲天下万物,讲有,讲无,就是要回应第四十章最后的两句话。我们先解释"天下万物生于有,有生于无",天下万物怎么生的?怎么来的?"生于有","有"是什么?"有"是"和其光"跟"解其纷"。那么"有"从什么地方来?"有生于无","无"是什么？就是"挫其锐"。

我现在把这句话演绎一下：天下子女生于"有"父母，天下学生生于"有"老师；关键是下面：天下万物有老师生于没有老师。什么意思？老师的爱，老师的关怀，老师的尽心尽力，这叫"有"老师；但"有"老师是生于没有老师。什么叫生于没有老师？没有老师就是老师没有自己，老师忘掉自己，青春尽去，岁月尽去，孩子的成长就是他的成长，这叫无。所以，第一句是"天下学生生于有老师"，第二句是"有老师生于没有老师"。老师没有自己，才能够有老师的爱、老师的包容；有了老师的爱、老师的包容，才有学生的前途。这里的学生就代表天下万物，天下万物都生于有什么？有爸爸，有妈妈，有老师，有朋友，有兄弟，都可以，但这一切的"有"之所以能够"有"，是因为他们都没有自己，他们都是"无"。

天下万物生于道的"有"，道的"有"生于道的"无"

我无自己，我就不会抱怨。没有自己，你就不会跟学生比赛；不会跟孩子比赛，不会显发自己的光芒，才能"和其光"。你没有"和其光"，孩子就会渐渐离开你的身边，也不愿意跟老师亲近，所以你一定要"和其光"。"和其光"跟"解其纷"就是有老师，有父母，而"同其尘"就是带天下学生、天下子女长大。父母、老师忘了自己,然后才能够有父母的"有"、老师的"有";有父母的"有"、老师的"有",才有天下万物,才有天下学生、天下子女的前程。这叫"天下万物生于有,有生于无"。

"天下万物生于有",我生于"有",那么我的"有"生于哪里?生于"无",生于我的没有我自己。怎么说呢?我可以放开一点,可以看淡一点。看开一点,我就不会那么苦啊!看淡一点,我就不会那么累啊!所以有时候我们不大在意、放得开,事情反而比较顺利,比较行得通。

就像我不大想赢球,但是我总是赢球,这叫"有生于无"。我们中国台北队就是缺了后面这个"有生于无",只有"天下万物生于有"。"天下万物生于有"就像是球赛,是一场战斗,那是有斗志、有气势的,但是这个气势、斗志是要靠"无"、靠平常心的保存的;平常心不是随便说的,是靠修养才有的。道在平常心,但平常心不一定是道。所以我们的道就是:我爱中国台北队,我要为中国台北队尽力。这是道,但在这个道里面我可以有平常心,我可以放松一点;放松是在应战的时候放松的,你是为中国台北队这点不能放松。所以道不离平常心,但我们不能够说平常心等于道。很多人的平常心不是道,只等于拆烂污。我们的平常心是要负责任的,但是我通过我的化解——化解是"无",负责任是"有",中华台北队生于有使命感，有责任感，这叫"天下万物生于有"。所以我们的荣耀生于中国台北队的责任感，而中国台北队的责任感生于中国台北队每一成员的"无"，中国台北队的放开，中国台北队的平常心。

道带着万物回归它自己的和谐

第四十章开头说："反者，道之动；弱者，道之用。"道一定是动的，因为道要推动宇宙万物的行程，就好像老师跟父母要推动学生、推动孩子的成长，要推动校务，推动家业，所以道是动的。但"道之动"是用什么来动的呢？用"反"，"反"是复归，回归它的和谐，这个说法加进了我的理解。因为在《老子》第五十五章提到"知和曰常"，老子讲的"常"是指和谐，风平浪静是和谐，那个才是常道，刮大风、下大雨不是常道。所以大风大雨很快就没有了，因为宇宙都会回到它的常，回到风平浪静；海啸台风，那都是偶然的，只是暂时失去平衡而起来的一种现象，这种现象很快就会消失，又回到气流的平衡。所以"反者道之动"，是说道的活动、道的动向总是会回到它自己的和谐中，回归它自己的自然、自己的轨道，这句话事实上就是"天下万物生于有"。天下万物的存在，生于天候、地理的自然平衡与和谐中，而天候、地理的均衡是道的作用；道回归它自己的作用，要推动万物，就会有一个动向，它的动向总是带着万物回到自己的和谐中。道是和谐的，就像整个地球的气候都在维持一个和谐的水平，而核试爆却可能会改变整个平衡，这就是一个危机。所以现在大风、大雪、大雨经常出现，如果南极的臭氧层被完全破坏，恐怕就是人类的大灾难了！道是带着万物动的，"生"就是带着万物动，所以说生动，道带动着万物到哪里去呢？到它本身的和谐去，和谐才是真正的"生"。一家人和谐才是家和万事兴，真正的生动是来自于双方的融洽跟和谐，不要把和谐当作平淡、没有情趣。事实上，整个道就是因为它的和谐才真正生动，在第二十五章也讲到了。

接着说"弱者道之用"，道怎么能够带着万物回归它本身的和谐呢？因为道是没有自己的。弱是虚弱，道之所以能够发生、带动万物回到它自己和谐的作用，是因为它是虚的。这里的用是指道的妙用、道的作用。道的作用在哪里？在"天下万物生于有"，"有"就是道的作用。道之所以有这个作用是因为它弱，"弱者道之用"就是"有生于无"；它弱就是它没有自己，这一章的"弱"和"无"就是第四章讲的"道冲"的"冲"，"用之或不盈"就是这里讲的"天下万物生于有"的"有"。

天下万物的存在，是生于道的"有"，道的"有"是生于道的"无"。道没有自己，道是虚弱的；道没有万物的弱点，不被万物拉住,才能作为万物存在的超越根据;另一方面,道不能离开万物,总是与万物同行,才能生成万物;就因为道是"无",永不变质,道也可以是"有",永不止息。只有永不变质的爱,才会是永不止息的爱。

九　在家常日常中活出天大地大

人人走在人生的路上，
人人也都要活出生命的内涵，
前者是"道"，后者是"名"。
问题是，你走的是自己的路，还是别人要你走的路；
你活出的内涵，是自己要的，还是别人给的。

求学与求道的生命两路

四十八章说："为学日益，为道日损。"老子告诉我们人生有两条路，一条是"为学"的路，另外一条是"为道"的路。"为学"的路是求学的路，"为道"的路是求道的路。

《易经·系辞传》云："形而上者谓之道，形而下者谓之器。""形而上"是求道的路,"形而下"是成器的路。要成器就要"为学","为学"了,我们天生的才气才会变成才学。才气变成才学,那就会成为学问,学问是一生的,这样天生的才气就不会散掉。我们天生都有才气,但是要经过"为学"的功夫,让那才气成为一生的学问,所以我们要讲"为学"。《论语》里面就讲了很多"为学"的功夫,例如孔子说:"德之不修,学之不讲,闻义不能徙,不善不能改,是吾忧也。"修德和讲学便是老子说的"为道"和"为学"的路,或者是《易经·系辞传》所讲的"形而上"之道与"形而下"之器的上下两路。

我们可以这样说:人生的道路不在东西南北,而在上下。东西南北都是平面的路,事实上人生的路都是平面的,但是我们在每一个平面都可以是立体的。这是什么意思呢?人生处世,最平常的就是民生日常、柴米油盐之类的,还有人际关系,人总是难免要跟朋友在一起,跟家人在一起,还有上班、工作,这些都是平面的,就是所谓的东西南北。但是不管你在哪里,不管你在做什么,你都要向上,你都要形而上,你跟家人在一起形而上,你跟工作的伙伴一起形而上。什么叫形而上?就是无论你到哪个地方,跟哪个人相处,总是在凸显自己的生命价值。我们是在人间做人,是一个世俗的人,每天总是在十字街头奔走,但是我到了哪里,哪一个地方便有道。为什么?因为我把我的心带过去了,我的心灵,我的价值内涵,我的真诚、善意，都带到那个地方去了，所以庸俗突然间转化成价值，这就是"君子所过者化，所存者神"（孟子语），君子不管到哪里，所走过的地方就可以"化"，"化"就是他把价值带过去，是价值的点化，是人文的化成。所以只要有你在，这个地方就有了人文的意义。本来人只是自然人，但是因为我把心带过去了，他就不光是一个只有生理官能的自然人，而是一个有价值的人文人；也不是复杂的人际关系，而是有伦常的人际关系。所以那个时候，复杂、艰苦都有意义且庄严了，因为价值在那个地方，再艰苦也值得。

所以我的想法是：人生事实上是有两条路的，不管他是成圣、成佛，或成基督徒，这样的路都是向上的路，都叫"形而上者谓之道"。所以道可以泛指所有的天道，所有的宗教理想。我们讲自己是修道人、行道者，而不是天涯行路者；所谓的行道者、修道人，就是我们总是不忘要形而上。人天生就有"形"，这个"形"就是我的形躯，但是不管我到哪里，跟谁在一起，我都是形而上的。（我解释"而"为"往"，形物往上走叫"形而上"，形物往下走就叫"形而下"。）

"为学日益"是执迷狂乱

由此看来，人生就有"道"和"器"的两条路（为学在求器用），不过儒家的讲学是为了修德，所以事实上并不是两条路的。譬如说你要"据于德"，那么讲学就是"游于艺"，艺是六艺，是诗书礼乐，学诗书礼乐就是为了"进德"，"进德"的路上同时"修业"。所以这里我们只是借用儒家的词语来说老子的意思而已。不过《易传》也讲道：形而上是求道，形而下是成器，要成器就要有才学。人本来只有才气，才气就是我们的聪明才智，聪明人只是反应快，但如果你不为学，反应再快也没有意义，因为你没有一个有价值的东西可以反应出来，反应再快也是白费，结果都散开了。很有才气，反应灵敏，但是不读书，又不修养，那不是变成天地的弃才了吗？才气散落在天地间，那是很可惜的，很多青年朋友的才气就是这样流失的，所以一定要让他去上学、做学问，这样才气转化成才学，就不会散开了，因为它跟学问结合在一起了。学成知识，学成技术，如果再进一步，他去"为道日损"，这些就可以变成智慧了。所以从才气上升而为才学，要讲学，这叫"为学日益"。

为学是求其日益，我们做学问，求知识，增广见闻，都是要每天求其增加的，所以说"行万里路，读万卷书"，要增长见闻，扩大我们的视野，让我们的眼睛看到更开阔的世界，这样就是"为学日益"。但是在老子来说可不见得，在第四十七章，他说："不出户，知天下。"你足不出户就可以知天下事，所以他不会鼓励你去行万里路，读万卷书，因为他觉得那一条路是"为学日益"的路,而道家肯定的并不是往外求知的路,他不要每天求其增加——他的功夫是相反的。像第十六章讲的"致虚极,守静笃,万物并作","并作"就是"日益",每天都有变化,有丰富的节目,有紧凑的活动,但是在老子说来那些只是牵引、流落,是"驰骋畋猎,令人心发狂",那个叫"可欲",好多东西吸引你去追逐,这不是牵引流落吗?所以要"不见可欲,使民心不乱"。人看到新奇的东西流行,就会在心里面认可,而成"可欲",认为那个可以拥有,高楼大厦、进口汽车、所有的名利权势,你都想哪一天可以拥有它,还会预期自己可以兼而有之。这样的预期,这样的执着,就会使民心大乱。所以道家认为"为学日益"那一条路是错的,"行万里路,读万卷书",道家不在此用心。

不过儒家也不认为光学就好了,还需要思,孔子说"学而不思则罔",光是学而不思考是没有用的,会迷惘的。越读越多,你所读的知识会互相打架,心就会变成战场,你读遍各家思想,还包括西方的思想,到最后自己的思想中产生很大的冲突。因为今天读了道家,就跟自己的儒家思想对抗,结果变成儒道之间的战场。不过我常说的儒道之间是指消化的意思,就是同时拥有儒道两家的心灵,儒道两家在我的生命中得到消化而一体和谐,化成一个完整的生命,圆熟的智慧,这是我所说的儒道之间。但是很多人不是,他的儒道会互相对抗,所以

"为学日益"可能是会产生负作用的。

"为道日损"是放开观照

道家的修养是日损，老子说"为学"的路是每天求其增加，但是"为道"的路是每天求其减损。我们在第二章讲过"知善知美"的那个"知"，第三章讲"尚贤""贵难得之货"，"贤"是善，"难得之货"（如钻石、黄金）是美；"尚""贵"是构成美善的价值标准；它们和"知"都是代表我们心的执着。本来我们的心知执着的时候是正的，但是正会变成奇，就是"正复为奇"（第五十八章），本来我们也自以为是善，但"善复为妖"，妖是恶。本来是心的执着，为什么会变成恶呢？不是本来以为是正，是善的吗？但是正会变成奇变，善会变成妖恶，为什么呢？因为你有执着，你就会去"驰骋"，"驰骋"就是你被牵引出去，被牵引流落，"驰骋畋猎"就是跟人家争逐、对抗，因为你知道什么是善，什么是美，你是崇尚贤名，尊贵货利。而名利之最大者是权势，权势之最大者是天子，因为天子拥有天下，天下既是名又是利，都是他的，所以人间会产生争逐对抗的情势，这叫"驰骋畋猎"。

因为人要求其增益，求其增益就是打天下的过程，打天下的过程本来是正会变成奇，因为你会不择手段——目的使手段合理。为了远大的理想和前程，牺牲一些人生的操守，或者是做出对不起朋友和家人的事，可以说是亲情、道义两不顾了。这样就是"驰骋畋猎，令人心发狂"。"贤"和"货"是可欲，"不见可欲，使民心不乱"，所以本来是执着，到最后会变成狂乱，这个时候就不只是执着了，那是陷溺。在前面我们可以讲知识，知道什么是善，什么是美，知道去尚贤贵货，那是一种心知，只是分别；到了底下这个叫"情识"，情识是陷溺的。我们本来只是分别心，到最后掉下去，便成为陷溺了。

所以"为学日益"这条路，隐含从分别心沉堕而成情识心的一个过程，道家并不以为然，因为你一定停不下来的，时髦、新潮的魅力无穷，等同于进入了打天下的行列，心会陷溺进去变成狂乱。所以在第二章讲："处无为之事，行不言之教。"第三章讲："虚其心，实其腹；弱其志，强其骨。"老子一方面分析你的问题，一方面又告诉你应该怎么办，而"处无为之事，行不言之教"，跟"虚其心""弱其志"总归到第十六章讲的"致虚极，守静笃"。"致虚极"就是把你对美善的执着虚掉，把我们对"贤"跟"货"的崇尚尊贵虚掉——虚掉就是不要它，把它空掉了。因为虚掉，你才不会掉落在"驰骋畋猎"中，你一有执着，"驰骋畋猎"就不可避免，因为你要去跟人家争名争利，还要去打天下。尽管美善与贤名都是好的，货利也没有什么不好,但是它们会带出"驰骋畋猎",所以会使我们的心发狂。因此从执着那边说,你要致虚,把执着虚掉;而从心的狂乱说,便要守静。当你不执着、把自己虚掉的时候,你的生命便归于平静,而这条路就叫损,损是减损。为学为道,是以我们"心"的主体去"为"的,所以增益或减损,都是从心来说,增益是心的执迷,减损是心的放开。

心归于虚才有无限可能

这一条减损的路就是第四章所讲的"道冲",道是虚的,再看"挫其锐,解其纷,和其光,同其尘"的挫损与解消,都是"损"的功夫。心在减损中归于虚,却妙用无穷,"用之或不盈",它永远不会有用尽的时候,实的东西会用光,虚的东西就用不尽。实的茶水可以喝光,如果它是虚的就喝不完,就像铁拐李的酒葫芦,永远喝不完,因为神仙的酒葫芦是虚的。"虚"才有无限的可能性,而"日益"是每天增加,是增长自我的有限性。老子要我们不知善,不知美,要我们不尚贤,不贵难得之货,这样不是什么价值都没有了吗?我们不是肯定美善的价值吗?不是要肯定贤名、开发货利吗?怎么老子都否定了,那我们要什么呢?为什么他要否定这些?因为他认为你的"知善""知美"中那个"善"跟"美"都是主观的执着,就像白色人种说自己是美的善的,然后他看到黑色人种,便说那是不善不美的,当然会引起反抗。你"驰骋畋猎",那我怎么可以不反抗呢?所以那个美善并不是儒家所讲的生命本身的善——真诚善意,老子反对的美善只是我们主观的执着。

地域意识、省籍意识、种族意识,还有阶级意识,都是一种执着,这样的美善标准靠得住吗?所以老子不喜欢的美善是这个样子的,并不是说他不喜欢我们做好人。而且不光是主观的执着而已,最重要的是它还会陷溺。刚开始只是分别,问题在于底下的陷溺,你会狂乱,会变成彼此对抗,这样就天下大乱了。所以知善知美、尚贤贵货这条路是"益"的路,从执着到陷溺是"益"的路,"为学日益",他的为学是一个"驰骋畋猎"的过程,从争逐到对抗。所以你要使心从执着转为不执着,这叫虚,还要使我们的狂乱变成静。所以相对于"日益"的,便是"日损",那减损什么呢?减损心的执着,化解心灵的狂乱,让它归于虚,让它归于静,所以叫虚静心。虚静了,我们的心就可以"观",像一面镜子一样观照。此"损之又损,以至于无为","损"就是从无心到无为;但老子又说"无为而无不为",为什么呢?因为无为之后不是可以镜照吗?镜照就是观照,经过我们的观照之后,每一个人就回到了他自己。就像面对镜子一样,每一个人都很真实,因为我们面对镜子不会紧张,不必伪装,我们就把真实的面容、表情、神采给镜子看(事实上是给自己看)。所以通过镜子，每一个人就都"观复"了，回复到原来的真实，原来的真实不是好的吗？这就叫"无不为"。你"无为"就"无不为"了，你"无为"以后就没有人去争、去对抗了，没有人有挫折感，没有人绝望，没有人陷溺，没有人狂乱，这个世界不是很和谐了吗？这叫"无不为"。所以只要我们"无为"，就"无不为"了，这便是"损之又损，以至于无为"，"无为"而"无不为"的意涵。

所以底下说"取天下常以无事"，治天下是要"无事""无为"的，"无为"就是"为道日损"；"及其有事，不足以取天下"。"有事"是"有为"，就是"为学日益"，这样是治不了天下的。治天下要通过"道"那一条路，而不能通过"学"这一条路。治天下不能够变成打天下，而是要带着天下回归自然，这才是真正的治天下。

我们要了解，道家常把他们的一些观念加在一起讲，所以第二章讲"处无为之事，行不言之教"，第三章讲"虚其心，弱其志"，第四章讲"挫其锐，解其纷，和其光，同其尘"，这些功夫就是十六章的"致虚极，守静笃"，我们把它通贯起来，再回过头来看第一章就比较容易一点。第一章是老子思想的总纲，我不敢一开始就讲第一章，怕大家会觉得太艰深了。

"为学"是"可道","为道"是"常道"

第一章说:"道可道,非常道。"我们先说什么是"道"?我说"道"有三个意义:第一个意义是事实的"道",事实的"道"就是事实的道路,交通往来的道路。有时候我们说路是人走出来的,或说走在人生路上,所以"道"的基本意义就是事实的路。

但是我要走哪一条路,它是有一个道理、一个理由的,而且你一定要先肯定它有价值,不然为什么不到另外一个地方去呢?行程我们是可以安排、选择的,人生的道路不就是东西南北吗?但是我们总是走到这条路来,这叫形而上。世俗讲"为学日益",我们却想"为道日损",不是说研读过了就好了,讲学讲学,就是要每天去做才叫讲学的,讲学是要跟修德连在一起的。所以"道"的第二个意义是一条有价值的路,不然人生千万条路,为什么独独走这一条?一定是因为我们认为它有价值。而人生的问题常出在这个意义上,我们很少因为事实而活不下去,却经常为价值活不下去;我们感到活着没有意义,感到虚欠,这都是从一个价值感来的。所以我们从事实义进阶到价值义,有价值我们才会去走去修。

而道还有第三个意义,我说它叫实现,为什么叫实现?这是说它是一条有价值的路,而你走到这条路上来,会实现每一个人的生命价值。实现的道就是天道呀！本来道只是事实的路，我们开出一条路，选择走这条路，并使它成为一条有价值的路；每一个人都在这条路上追寻并找到了他的价值，这条路便是可以实现每一个人生命价值的路了。这样，我们就由人道进入天道了。诸位想想看：天不是生万物的吗？所以说"天生万物"，然后我们能够开出一个儒家的道、道家的道、佛家的道、基督教的道，而这样的道可以实现天地间每一个人，让每一个人都变成一个有价值的、没有遗憾的、很充实、很圆满的生命，如果能够开出这样的道，我们就是进入天道的领域了。所以第三个我们叫"实现的道"，或者也可以叫"价值根源的道"，也就是天道。

　　第二个意义只是说价值在那里，而第三个意义则是价值的源头，叫"活水源头"，美好从这个地方流出来，价值才有源头。一个圣人可以到达人生的高峰，体现了天道，所以说"唯天为大，唯尧则之"（《论语》），尧最崇高伟大之处，是他的生命已经跟天道一样高了，怎么说呢？因为尧生万民。伟大的政治家是像天道一样的，所以中国人把圣人跟天道并列，"天地君亲师"的那个"君"是指圣人，因为天生万物，但是圣人生百姓呀！父母亲也有"道"的，老师也是"道"，这两个"道"都是天道的意思，父母亲是天道，老师也是天道，为什么？因为他们可以生子女，可以生学生。所以这本来是一般事实上的路,但是这里的"路"不光是指事实的路,它又是一个价值的"路",我们总是在追寻人生的价值跟意义,所以我们走到这条路上来。而它又可以让所有的人在这条路上实现他的生命,他的价值,他的意义,这样,这条路就是天道了。为什么我们会把儒家、道家、佛家、基督教都说成伟大的教派,叫它宗教(宗主在天上,教化在人间),就是因为在这条路上可以实现很多人的存在价值。譬如说你念了《老子》以后,是否对自己人生的看法有一点改观呢?如果有,那就是你已经体证老子的天道了,因为他让你的第二个层次的价值成为可能——不是光让你事实上活着,他也让你有价值地活着。让人有价值地活着,不就是天道吗?所以我们说"道"有这三个意义。

道,让价值成为可能,得以实现

儒家本来也讲"道",孔子不是讲"士志于道"吗?后来"道"渐渐地跟天连在一起,为什么?因为那个"道"可以实现每一个人,成为价值的根源。孩子的出生本来是一个事实,但是他是家人的宝贝,这就是一个价值,而这样的价值怎样才能够实现呢?靠父母的爱心,靠家族的传统;这里父母的爱心、家族的传统就是天道,因为它会让价值成为可能,这叫价值的根源。没有父母的爱心,孩子的价值不可能实现;没有老师的爱心，学生的价值也不可能实现。如此每一个人就掉落在事实的存在上，变成自然物，跟禽兽一样活着了。人跟禽兽的不同在于我们有尊严地活着，这尊严的价值从哪里来的呢？从一个价值的源头来，这叫实现。所以为什么我们要讲儒家、道家、佛家、基督教、伊斯兰教等各大宗教，就是因为我们在讲天道；讲天道，我们才能够给出一个有价值的人生、有价值的社会，这样，每一个人活在事实的人生、活在现实社会的人生中，才不会觉得荒凉，觉得无奈。

　　这样，我们从事实进阶到价值，从价值进阶到价值的根源；回过头来，再用价值的根源来给出价值。从事实转到价值根源便是"内圣"的路，从价值源头再给出价值便是"外王"的路。我们每天修道，就是要从事实进阶到价值，从价值进阶到价值的根源；然后回头从价值根源下来（因为你已经去修了，就有余力了），再把那个最高贵的价值给我们的家人跟朋友，成就家庭的价值，实现学校的价值，让人际关系的互动有价值；有了价值以后，就可以提升每一个活在事实中的人的人生，令他们都可以享有这份价值。内圣的路和外王的路很难断然划开，我们时常一边修道，一边给出价值，把我们修的道分享给我们的朋友。人在修道时脾气就会好一点，比较能包容，比较能够谅解。我的修养就是"内圣"，我对别人的谅解跟包容就叫"外王"，这是同时进行的。

人文心灵带动社会跟自然

所以道是有三方面的。第一方面是自然科学讲的，自然科学永远是研究事实的，它研究生理学、生物学、物理学，它研究的就是一个事实的人或事实的世界。第二个方面是社会科学，它研究到价值，社会学、经济学、政治学、法律学，都在研究群体社会的构成与理序，研究人的价值。第三个是人文学科，人文学科是在开发（我们不说研究，而是开发）中实现的道、价值根源的道。要开发出价值根源，我们才有活水源头，才有爱心；有了爱心，社会才有希望，我们也才能够给出价值。譬如说我们要生态平衡，不要跟环境宣战，不要跟大自然搏斗；要跟自然相处，就要守自然的规律，违背自然规律，就会招来自然的灾害。

这样，人生有三个"道"：事实的道，价值的道，实现的道。事实是讲自然的，现在的自然科学研究的便是事实；价值是社会科学讲的社会规范，我们要有社会规范，要有礼俗，要有礼教，要有法律，这些是有价值的。事实是一个自然现象，价值则是社会规范，再上去呢？叫人文的心灵，人文的涵养，人文的教养。今天第三个力量太弱了，所以社会规范维系不住。几十年现代化都在研究自然现象，在加强社会规范，但是缺乏人文心灵的开发。人文心灵的开发在哪里？哲学、宗教、文学、音乐、艺术，它们背后都是人文心灵。我们几千年来靠尊师重道，因为那个师道代表我们人文心灵的源头；现在我们只靠法律，这个法律是靠不住的，再往下就是街头运动了，狂飙跟抓狂，大家拼拼看，这叫"驰骋畋猎"，这就形成了台北的街头世界。

另外如果我们通过道家跟儒家来说，道是怎么说的？儒家是人文的道，道家是自然的道，但是这两家的道都是在第三个层次、最高的层次那个实现的。世界各大宗教都是从最高的心灵层面讲的，所以从这个地方我们说：凡是宗教信仰都是好的，至少它肯定第三个层次，而不是光靠社会规范，光靠法律的力量，当然更不会是光靠气力（光讲事实的话，就会靠气力、靠武力）。我们要靠法律、靠礼教，还要靠人文心灵的开发。所以老子讲的"道可道，非常道"，那个道是从最高往下讲的，最高的一定包括底下两个，但是一定要讲到最高。

什么叫"道可道，非常道"呢？我们以前已经讲过"可欲"了，这个"可"就是认可的意思，去认可，去规定。人生的道路包括前面所说的那三层，一定要进到第三个层次才是大宗派、大教派，如果只是拜树根、拜石头、等待明牌，那是不算的。凡是宗教都是好的，但是也要看看它有没有进到第三个层次，我们分判那个宗教是否正大，是否崇高，就看它有没有从事实的"道"进到价值的"道"，再进到价值根源的道、实现的道，或叫天道；如果没有，我就不认为那是正大的宗教。所以人生的道路（因为道路本来是针对人讲的，不是对万物讲的）可以到天道那个层次，老子这句话大概是说：道若可道，已非常道了。那个"可道"一定要加一个"假如"，意思是：人生的道路假如可以通过人为去认可、去规定的话，就不再是属于每一个人、对每一个人开放的"大道"了。我强调的是：属于每一个人的、对每一个人开放的"大道"。"大道"就是大家都有才叫"大道"，只有少数人可以有的，那都是"小道"。排除异己，歧视跟我不同的人且加以迫害的，都不是"大道"。所以道若可道，已非常道。我们先这样了解：道如果可以通过人为去认可、规定的话，就不再是自然的大道了。

"可道"是人文，"常道"是自然

自然的大道是道家的，人文去规定的"道"是儒家的；儒家在为每一个人开路，而道家认为儒家所开的路不一定是自然的"道"，它是一个人为的、人文的"道"，是通过人心去规定的，而这就不一定适合每一个人了。譬如说通过我来规定应该读哪些书，我认为每一个人都一定要读那些书，但是其他的人跟你不同，时代不同了，人的性向、才情不同，理想不同，而我以自己的成长过程要求众多青年学生跟着我走，念同样的书，这是不对的。所以我只能够说：你要去阅读那些能支持你成长的书，而不能说你一定要念哪几本书，因为我一这么说就是"可道"，而对那些孩子来说便非"常道"了。

其实我大可以对读哪些书有一个说法的，但是我只能够讲：去读适合自己、可以支持自己成长的那些书，而不能够说一定要读哪些书。所以写标准本是很难的，写到最后标准本就会没有个性，不具备强大的教育功能，就像教科书可以支持我们有知识，让我们通过考试，但是未必能够使我们通透人生的大道理。因为那只是一般常识性的书，大家都认为可以接受，其实就是没有性格。因此道家的反省是说：人生的道路假如可以通过人文的反省去说的话，就不再是自然的大道了。显然他认为他是自然的，相对于儒家人文传统，是大；儒家是人文的，是小，人文小道很难跟自然大道相比，这个是代表道家立场的批判。"可道"的"可"，是人心去认可，依自我的主观去说什么是好的，是可以做的，再深一层说，认可等同于规定。事实上这个"道"有两个意思。在《论语》里面，"道"有两个解释，一个是"夫子自道也"，"道"当言说讲，就是孔子讲的即他自己。孔子说："仁者不忧，智者不惑，勇者不惧。"他说自己做不到，"我无能焉"；但是万一底下那些学生相信了怎么办？所以有时候老师讲谦虚要看学生，如果学生不大高明，那千万不要太谦虚。而第二个意思是"道之以德，齐之以礼"，那个"道"是当引导来说。实则我们要引导一个人,是不是要用言说呢?

所以事实上"道"是言说和引导,可以言说,可以引导,而我们是通过言说来引导的。而道家似乎不认为"可道"的过程是必要的;我们要给出一条人生的道路,是不是要引导他?是不是要带动他?而且用言说来引导,来指点,来启发,是不是要提携他?要带着他走路?这叫"可道"。所以在儒家说来"可道"是必要的,那么道家为什么反对呢?光讲人生的道路对每一个人开放是很容易的,但是要怎样才能走出一条人生的大道?因此怎么可以不要"可道"呢?我们现在来了解一下老子为什么反对"可道",而要归向"常道"。

桥梁是通路也是障隔

"可道"就是可以走过去的意思,我们是否要在人我之间建立一个渠道、一座桥梁,开出一条道路,让我可以走到他那边去?让我的心可以走到他的心那边去,这叫伦常,叫礼教。儒家是通过伦常、礼教来建立人我沟通的桥梁,这叫心桥。我的心要到达你的心那儿,是要有规划、有安排的,而礼教、伦理、伦常就让人我之间可以走得通,我可以走到你那边去,你可以走到我这边来,这叫"可道"。这是我们从正面讲儒家,

"可道"是我可以通过去，你可以走过来。而且我们的话也要讲得恰如其分，让对方能够接受，能够感动，他也用同样真切的话回应我，让我也得到感动。这样，两个人都活起来，都生出来，人生人生，要生嘛，有心才会生，这样就叫"可道"。但老子为什么反对呢？他说："道可道，非常道。"为什么？因为你可以走过去，他可以走过来，这叫桥梁，叫中介，中介一方面是沟通、开通，开出一条路让人我可以相通，但是你要了解：沟通的另外一面叫障隔，把两个人阻隔在两地。

譬如说我们居中介绍两个原本陌生的人成为男女朋友，他们两个人因为你而亲近起来，也会因为你而比较能够建立起码的信心。由于对好朋友的信心，让我化掉了对那个人的陌生感和隔阂感。所以他们就会觉得：经过中介这个人，我们两个人是可以见面的。但是万一以后每一次约会，这个居中引介的人都参加呢？你们两个没有我不行，我一定要永远在中间，而且是一生的，这可怎么办？本来是"可道"，因为经过他，双方才认识的，但是那个人不退出，那个人不愿"生而不有"，他要"生而有"，他要"为而恃，长而宰"，他永远在中间。想想看那个时候叫什么？叫障隔。本来是一个沟通的渠道，但是现在变成卡在中间的障隔，这麻烦可大了吧？

另外举一个例子，譬如说先生每天都送鲜花给太太，但是哪一天因为某一原因而没能买到花，太太就会很不高兴，怎么没有花呢？那个时候人不重要，花才重要。这很可怕！她忘掉了那花的意义是送花人的情意，所以你这个人在她的面前，她不要，她看到你两手空空如也，表情就不一样了。所以这个叫可怕。人间的礼物又何尝不如是？我们经常通过礼物来表达感情，但是到最后礼物取代了感情，人变成不重要的，被中间的"物"取代了。本来礼教很好，但到最后变成礼教吃人。礼教吃人是什么意思？就是礼教吃掉两个人的心灵，它变成一个独霸，就像科技一样，科技怪物就让人的心灵萎缩，今天的社会不是靠科技才富足起来的吗？但是人的心灵变成微不足道的，科技对人生的伤害等同于传统的礼教。礼教怎么会吃人？礼教是让我们走过去的啊，礼教是渠道，是沟通，是桥梁，问题是：渐渐地，它独大，它膨胀，它取代了两个人的心，而它的权威最重要，就是：谁都不能违反礼教。为了维护礼教的权威，甚至不惜牺牲我们的理想跟情意。所以这时候我们才发觉礼教是罪恶的，通过这个我们才了解：老子为什么认为"可道"非"常道"。

言语在开显的同时也带来遮蔽

所以老子的想法只有一点：这叫"观"。"观"就是直接看到，不经过中间的媒介和曲折迂回，两个人直接面对，没有中介,没有桥梁。在佛家叫"言语道断,心行路绝",我们人讲的言语不是代表我们的心行吗?我们的心有一个动念,有一个想法,都通过我们的言语表达;因为我们的心在动念,在跃动,然后我们就用言语来传达。但是佛家认为"言语道断,心行路绝",连起来便是"道路断绝"。你一讲刚好道断,心一动刚好路绝,那怎么办呢?取消啊!取消不是无道吗?对!无道才是道。什么都不要说,"无声胜有声",什么都没说,等同于什么都说了,这叫"无为而无不为"。有时候什么话都不要说,光用眼睛看就好了。所以把那个桥梁取消,没有中介,他们两个直接面对,不要经过第三者;经过第三者就会有一个转折。

道家认为:你把"可道"取消以后就是"常道",你加进了"可道",就没有"常道"了,为什么?"可道"一方面可以通过去,一方面也让你们分别在两地,因为你们永远要经过我。这样我永远在中间,而且我最重要。所以一方面他可以沟通,一方面也把你们挡在两边。现在道家把中间那个人取消,好像没有可以走过去的桥,但事实上也没有可以挡着两个人的障碍,这叫直接面对,叫观复、观照。所以什么叫直观?直接看到。我们会发觉人生有许多很内在、很微妙的情意理想,是很难言宣的,你一讲就错,你发觉不能写,不能讲,本来我们的言语叫"可道",可以言说,"可道"是表达,这叫开显,但任何开显都是遮蔽的。我常说赞美别人很难,你看她穿新衣服，称赞她今天衣服好漂亮，她就觉得你没有说她人很漂亮，心里面想难道我人不漂亮吗？所以你任何的"可道"都不是"常道"，因为你一说就受到言语的限制了。因此"可道"就是：任何言语，它是一种表达，同时也是一个限制。禅宗认为一说就错，要当头棒喝。孔子说颜回最聪明，因为孔子说什么，颜回都没有回答；子路就比较差一点，老是说个没完，所以老是挨骂。颜回心里都了解，却都不说，此之谓"不违如愚"。而孔子经过观察，看到他都能够实践，所以知道颜回是真的了解，此之谓"回也不愚"。

所以道假如可以通过言说、言语去表达，它就不再属于道的本身了。为什么？因为它受到言语的限制了。这又是另外的一个意思了，前面是讲人生的道路，这边我是说天道，因为天道是无形的，你看不到它；所以任何言语的传达都对天道构成一个语言文字的障隔。"上帝像好人"，你已经是在形容上帝了，一方面说他是好人，但同时那个好人是一个限制，那他就不是聪明人，只是好人。所以这边告诉我们，人间的任何语言、文字、概念都是有限的，对于所有真实的存在，隐微的、美妙的、高贵的、动人的，你会发觉你的语言、文字、概念都没有办法充分地传达出来。所以我们一定要了解自己的有限性，一方面说的时候不要忘记还有不可说的东西在——读人家的书要读出言外之意，不是光读他的言而已——所以要"得意而忘言",为什么要忘言?因为唯恐被那个"可道"所限制,而一旦得到"意"——他最真实的、最感动人的、最生动的、最美妙的意——就赶快把言语忘记,因为言语会限制你对他的无限深的情意的了悟、感受,这叫"得意而忘言",又叫弦外之音、言外之意,因为言都是"可道",而它就不再是道的本身了。假定我们试图用语言文字去传达那个无限的道,然而传达出来就不再是道的本身了。道本来无限,只是因为你的言语文字有限而变成有限的;所以传教士一方面传教以开显上帝,但是我们同时了解他也在遮蔽上帝,去听道的人便要突破传教士的语言文字,直接面对上帝。你要直接通到上帝那边去,不然你会被传道者的语言文字遮蔽了很多他没有讲出来的真理。

道不可言说而可直观

我们每一个人都在开显我们自己,都在开显人生,人生也是通过我这个人来开显的,因为我表现了人生某一个形态的精彩,所以每一个人都有个性,每一个人都在显现他作为一个人的精彩,但同时也遮蔽了其他的精彩。所以孔子开课讲道,学生听到的却不相同,彼此间总觉得怎么老师教给我们的都不一样,是否有所保留、有所隐藏?孔子说:"吾无隐乎尔!"他从来也没有隐藏什么。那么为什么学生会觉得老师隐藏了呢?

老师所隐藏的就是我们讲的遮蔽，老师所隐藏的就是那个学生的才气个性，学生永远依照自己的气质去听老师讲的话，所以子路、宰我、颜回、子贡，他们听到的都不一样。去看一场电影，去读一本小说，每一个人的感想都不一样，每一个人都看到他所能看到的，每一个人都通过自己的心境来解释那个影片，每一个人都通过他的体验来理解那本小说。

我们去理解的心境体验是我们解读人生的桥梁，就是自我的开显、人我沟通的渠道；但是同时也形成我们的障隔跟遮蔽。所以我们从这里才体悟：人我之间互相看到是很不容易的，难怪我们的朋友看不到我们，难怪我们的先生、太太不了解我们，因为我们是不同的人。两个不同的人在一起，就会显现出两个不同的性格，而这样的性格就会成为相互了解的障碍。所以越有个性的人越难相处，越会显现道家的洞见。"致虚极，守静笃"，就是要把你的个性、你的精彩化掉，你才能看到跟你不同类型的那个人也有可欣赏的地方；通过自己看朋友，你就觉得他不对，因为你看不到他的个性，他跟你不一样。我们说人家不好，实则只是跟我不一样的意思。善跟美哪里有客观性，只是我通过自己的形象来看人，跟我一样的行为叫善，跟我不一样的就是不善；跟我一样的长相叫美，不一样的就是不美。所以在道家的反省中，很多的价值判断都是你自己形象的拓展；而你的形象是开显你自己，同时遮蔽了别人，所以你看不到别人。这叫"可道，非常道"。

什么叫"非常道"？很多人不见了。一个政治家只顾凸显他自己，很多百姓就不见了；一个老师只坚持他的个性，学生便不见了。老师的凸显、政治家的凸显叫"可道"，学生跟百姓不见了叫"非常道"。所以"道可道，非常道"啊！有没有可能，我们通过我自己来诠释、规定人生的道路，让它变得很狭隘，成为只适合我的人生的道路，而不再是别人可以活下去的道路？这样的政治家叫独夫，独夫就是这条路只有他一个人可以走，又叫专制，他一个人决定一切；我们要求民主，这叫"常道"，这是最现代化的解释。民主是"常道"，专制是"可道"，我们现在的人对政治的敏感度——尤其是专制——很强，但是对家庭的专制敏感度很弱。很多先生跟爸爸还是很专制的，他都不晓得自己是独夫。所以我们通过道家，才能够讲观复，才能够讲观照，才能够讲"可道"已非"常道"。

走在什么路上就活出什么内涵

很多人认为"名可名，非常名"跟上面那一句一样，是这么翻译的："道的'名'假定可以用人的语言文字去'名'它的话，就不再是道的'常名'了。"在"名"之上加上一个"道"字，就完全解决了。但是这个"名"，我们要讲出独立的意义。

我们知道"名"要跟什么连在一起说，跟"实"；名号、名称都是指称一个实物的，杯子是一个名号，但它是指称这个杯子的，所以"名"是要指涉"实"的，不然就变成了空名，空名有什么意义？"名"一定要指涉它的"实"，那么这个"实"怎么讲呢？我的诠释是：生命的内涵，人生的价值，假定可以通过人文去规定，就不再是属于每一个人、对每一个人开放的无限的内涵了。譬如说儒家不是"可名"吗？儒家的"可名"就把我们定在道德上了，但是我们知道人生不是光由道德组成的，还有情意、美感，还有知识、学问，这些就叫无限的内涵。但是儒家规定，人生在世一定要做一个有道德的人，这就会让人生很多丰富的内涵在儒家的规定中消失不见，这就叫"名可名，非常名"。

所以我认为这个"名"要就生命的内涵说，人生就要在这条道路上去实现你的内涵。《论语》说："必也正名乎！"儒家不是讲礼教的吗？"礼教"又叫"名教"，"礼教"那个"礼"就是规定"名"，这个"名"就是给你内容：是爸爸就要像个爸爸，有爸爸的内涵；是儿子就要做个孝顺的儿子。"君君，臣臣；父父，子子"，君、臣、父、子本是一个"名"，正名就是要做到君、臣、父、子应该做到的实质内涵。问题是，"正名"是规定生命存在的本质，儒家已经把它限定在道德上了，它就不再是其他，所以，"可名"就已不是本来的"常名"了。现代人把它定在技术了，变成机械化的人了，就不再是其他，于是灵活没有了，情意美感没有了。所以"名可名，非常名"，和前头那句意思一样，但是前面是指人生的道路，这里是指生命的内涵。我们希望人生的道路是一条真常的大道，生命有无限丰富的内涵。只是人一被规定限制就不再是无限的了，而且不再丰富——因为你一规定就只有一个了。生命在哪里？在道德，那情意、美感就没有了，知识也得不到尊重，你的悠闲变成罪恶，叫游手好闲，甚至把艺术、文学当作奢侈品，认为它没有价值和意义，只要"文以载道"——那么文学的独立性就没有了。所以"名可名，非常名"。

老子这两句话告诉我们人生有这样的分别，就是人生有两个道，一个叫"常道"，一个叫"可道"。人生的道路，一个是"常道"的路，一个是"可道"的路；生命的内涵，一个是"常名"，一个是"可名"。"常名"是自然的本有，"可名"是人文的规定。一个天真的小朋友，在自然中长大，他整个生命的内涵，是无限丰富、无限可能的"常名"；但是在水泥丛林中长大的呢？从小穿梭在补习班之间的呢？那样的内涵就是"可名"。"可名"现在可以说是可怜的，他的道路被人家规定得死死的，练钢琴，练小提琴，学计算机，什么都学，"可道"到"可名"，好像在把他当作一个模型去制造。相反的，"常道""常名"就是在大自然中成长的少年。当然，这背后有很多要反省，这里只是姑且这样诠释，好让大家有清晰的认知。

我有一个朋友在山上种茶，他本来以为这样的人生一定很愉悦，后来发现不是。他的感受是：当陶渊明很难。他有一座茶山，他说弯着腰在山坡锄草累死了，所以他不敢向前望一眼那无尽的茶园。我们这才知道农村的美感，只有身在都市文明中的人才能够欣赏，农村的朴质是因都市文明的观照而透显出来的，在农村里面的人恐怕不是这样想的。所以我站在现在的立场来回想，最向往的是在乡下小学教书的那两年，只因为我现在没有在小学教书，它才那么有美感。这叫距离的美感，是在观照中朗现的"常道""常名"。

道心照现常道常名，成心执着可道可名

所以"常道""常名"是因"为道日损"而有，"可道""可名"是因"为学日益"而成，"可道"那个"可"就是"为学"，"学"就是去"可"，去认知，去规定，去分别。学问就是懂得很多的分别，懂得很多新奇的东西，懂得去追求，懂得去得到那些东西。所以"可道""可名"是"并作"，"万物并作"就是大家纷扰变化。"常道""常名"是观复，好像每一个人都回到自然，在观照中回到自然，这叫常道。所以事实上老子认为：人生有两个世界，上面的世界叫自然的，底下的世界叫人

为的。人为的是变化多端、会带来惊恐和对抗的世界；另外一个世界就是自然的世界，不执着，不狂乱，不驰骋，不畋猎，不打天下，人人回归自己。这个佛家叫"转识成智"，儒家叫"求其放心"，"放心"就是心放失了，心被拉引出去了，在外面流浪。另外一个心叫"本心"，孟子认为我们应该先立本心，这样就能活在一个有道德的世界中；如果你的心立不住，被外面的名利牵引出去，就流放出去了，那个"心"就会变成情识的心、名利的心。这样的心就是佛家讲的"识"。佛家认为这个世界定不住，生灭无常，是因为我们的识心流转，我们有八识在流转。转识成智的修行就叫"还灭"，你不要跟着它滚下去，滚下去叫流转，一路滚下去就叫流行，叫追逐时髦。你现在不是，你退转回来，这叫"还灭"。

所以世界是我们的心开出来的，什么样的心开出什么样的世界，"放心"开出的是一个流落的世界；"本心"开出的是一个道德贞定的世界。佛家的识心就会开出生灭的世界，智心开出的境界则是涅槃，没有生灭，不生亦不灭，不常亦不断。识心底下是刹那生灭，生死海的轮回；智心叫超脱生死，世界上没有生死，没有断灭，没有烦恼。道家就把他上面的心叫道心，底下的心叫成心。我们的心可能是成心，也可能是道心；可能是放心，也可能是本心；可能是识心，也可能是智心。在道家、佛家、儒家来说，你的心要是上面的那一个，整个世界便都是一个美好世界；如果我们的心是底下这一个，我们就要面对一个世界的无常、困苦、流转、动变。会是哪一种心，由自身的修养决定；儒家讲修养，道家讲修养，佛家也讲修养。怎么修养呢？道家是"为道日损"，再说得更清楚一点，"致虚极，守静笃"，在并作的万物之间，我们通过观照让它们回到真实的自我。那儒家呢？"克己复礼为仁"，"求其放心而已"，把放失的心找回来，而立本心，这样就心中有主，不会茫茫无主了，因为心才是主。

从缘起性空到自然常道

佛家修养首重对"缘起性空"的解悟，"缘起"解释了人跟世界是怎么来的。这个"起"就是起现，意思是怎么起来的，怎么现出的。"缘起"是依外缘而起现，人跟世界，我跟法，都是依照很多的外缘才起现、拥有的，所以是很多外在的条件聚在一起，才有一个我，才有这个世界。所以不管是我或世界都没有自己的"性"，这叫"性空"。"性空"就是没有自己的"性"，没有可以让自己存在的"性"，也就是没有"我靠我自己就存在"的特性。儒家跟道家都认为我们有自在自得的德性，两家只是生命进路的不同；而佛家认为没有，所以你不要执着。你不要执着于"我是真的""世界是真的"，不执着于"真"就不会有无常感。我们会觉得无常,是因为先执着于"有常",才会感到无常;如果你不执着于九十分,那么考六十分有什么关系?你执着于九十分,考六十分就会觉得人世无常,你的烦恼就是因为少考了三十分。如果我不执着于考试一定要考九十分,考六十分也很好啊!尽心尽力就好,因为你没有执着,所以没有烦恼。

佛家认为考试是靠不住的,影响成绩的外在因素太多,考试不一定可以考出你学习的程度,这叫"性空"。"性空"也叫"无自性",也就是没有自己的"性",没有自己可以独立自主而决定自己的那个"性"。就好像你去买股票或彩券,那是没有保证的,这叫"性空"。为什么性空?因为"缘起"。缘起是很多很多条件凑合在一起才有的,所以我们每一个人并没有独立的自我,并没有什么可以作为我活出一生的保证。佛家这样说的主要理论就是要告诉我们:我跟世界,你都不要执着,这叫破"我执"跟"法执"。

在佛教的观念中,缘起就是"缘起缘生,缘尽缘灭",那个地方佛家是不保证的。而儒家要求在人际关系里面找出一个"分"来,用"分"来定住"缘",这叫情分,叫本分。"缘分"就是把佛家跟儒家结合起来的说法,那为什么我们讲"缘分"呢?"分"是什么意思呢?"缘"是解释人际关系的,人际关系是飘来了又飘去的,见了面又走了,这叫"缘"。问题是，见面有时候很好，很好却很短暂，不是人生的遗憾吗？所以让那个美好的因缘生根，就是儒家讲的"分"。我们讲缘分，不是光讲"缘起性空"。"缘分"那个"分"就不是空，而是实有；那个"分"让我们"有"，不是"空"。所以儒家的基本立场跟佛教是不同的，我们是刚好要让它"有"，而佛家是让我们"空"，但它们都是大智慧。因为很多的"有"是很烦恼的，而空了以后就不会有烦恼了。

　　道家也看到"可道""可名"的变化无常，所以老子要我们从"可道""可名"的短暂不定中超拔出来，而回归"常道""常名"的长久恒定中。人为造作是短暂无常的，天生自然却是长久恒常的，老子的道家是一大家，他给我们"常道"，而不是"性空"。

十　超离俗染的素朴天真

> "道"是人生的道路,
> "德"是人生的美德,
> 人活在"道"里面,会实现"德"的价值,
> 让每一个人"生"出自己的天真来,
> 不仅是事实的"生",且是价值的"生"。
> 所以"人生""人生",人活着,就要不断地生,
> 要"生"出你的价值美德来,这才叫人生。

走出自己的路,活出自家的内涵

"道"是人生的道路,而"名"就是生命的内涵。生命本来是空的,一个人本来是没有内容的,但在人生的过程中你给

了它内涵，所以走在人生的道上就是赋予生命内涵，我们当然希望这个内涵丰富，而且希望它深刻，这叫名。所以我们一方面寻求人生的道路，而这样的道路就给予生命丰富、高贵的内涵——我们希望人性是高贵的，人生是多彩多姿的，可以在人生的过程里赋予人性尊严；就好像人生是一张白纸，我们让这个人生过程展现它丰富、高贵的内涵，所以我们又讲道，又讲名。只是道家认为"常道""常名"是自然的，而不要经过"可道""可名"，因为"可道""可名"是：当你说它是什么的时候，其他的可能就被取消，被抹煞了。"可道""可名"，可以通过去，可以给它内容，可以加以规定，可以去引导它，这是从正面说，但是就在你彰显的时候它也是遮蔽。正因为生命有无限的内涵，一说它是什么，便会发觉它背后还有更丰富的内涵没有被说到；所以任何语言都有遗憾，任何表达都是有限的。我们发觉当我们要对长辈或亲人讲一些心里面的话时，实在很难讲，好像都不足以表达我们内心对他的感受、敬意或喜欢。这就是非言语所能表达的，所以"可道""可名"是有限的。老子希望我们不要把生命定在"可道""可名"上，要从这边解放出来，回到"常道""常名"。"常道""常名"就是我们不做任何的规定，不做任何的限制，它是开放的，无限的。老子主张"常道""常名"，而他也在反省"可道""可名"。

人生路上谁没有遗憾呢？我们都在做选择，所以任何的彰显都是遮蔽，沟通同时也是障隔。你认为他可以做中介人物来让我们两个人沟通，但是以后没有他就不行了，因为你永远要通过他来沟通。我们两个人什么时候才能够直接对话呢？为什么总是要经过第三者呢？第三者本来是我们的中介，帮我们沟通，但是他也永远把我们阻隔在两地，结果我们的生命就没有办法直接地面对面交流。所以对情意跟理想而言，有时候要感应会通也要面对重重的障隔，就是这个意思。

先说什么是道，什么是名，然后再说为什么"可道""可名"。"可"本来是可以的意思——可以通过去，可以给内容，为什么老子还认为不好呢？因为他站在一个更开阔的天空来反省，当你说它可以让人走过去、可以给人内容的时候，这样的说法事实上只是彰显了某一部分，而更大部分的无限可能就被取消了。所以他希望我们不要急于用人去规定，去造作，让它还归自然吧；可否不要规定那么多的功课和作业，让孩子顺着他喜欢的方向去发展他的"常道""常名"呢？我们不要那么多的规范，不要那么多的权威，就可以让孩子能够顺着他的性情、他的家庭背景、他的成长过程，去找到属于他自己的路。属于他的路叫"常道"，属于他自己的内容叫"常名"。如果是老师给的、制度规定的，那个叫"可道""可名"。

人生一定要有道，一定要有名。问题是你要通过人为去规定，还是把它开放出来，交给每一个人独特的性向才情，每一个人独特的成长历程,让每一个人活出他自己的风格,走出他自己的路来,这叫"常道""常名"。不然我们会把天下的青年学子都塑造成同一个模型,都是"标准的"学生,这样叫"可道""可名"。如果我们不那么急着规定,把它开放出来,这叫"常道""常名"。老子肯定"常道""常名",他认为"可道""可名"是一个限制,不一定能够涵盖全体,甚至不一定能够发挥每一个人独特的质量和风格。

"无"是根源之始,"有"是生成之母

"道"应该有天道的意思,因为生万物的一定是天道。那么我们要问:为什么要讲天道呢?因为人有限,天道无限。那么我们再问:天道怎么可能生万物?答案出来了,我们就可以跟天道学,走天道的路,我们才能够"生"别人,那个"生"是价值的实现。因为我们经常没有"生",反而相互抹杀,彼此抵消,互相牵制。现在我们不要走那条路,不相互牵引而同归沉落,不互相看不到对方,互相把对方的好抹煞掉;我们的遗憾就是为什么对方看不到我们的好?我们希望别人看到我们的好,可是他们不给我们机会。他们忙着走自己的路,开展自己的前程,而没有给出容纳我们的空间。天道没有自己,只看万物,随时随地都能够"生"。天道能"生万物",那我们呢?所

以要讲天道是什么，事实上就是要学习天道所以能生万物的原理；如果我们也有天道的性格，就同样可以生万物了。而且天道长久，人生短暂，那么我们与天道同行，就可以跟天道一样长久了。所以这个时候要去体会天道。如果说天道凭什么生万物？老子用这两个字来说：天道是"无"，天道也是"有"。

上面讲"无"跟"有"，底下说"名天地之始""名万物之母"。我的意思是"道"是天地万物的根源之始，也是天地万物的生成之母。一般说来，我们会把那个"始"当爸爸（如果比较人间式的思考），把"母"当妈妈，所谓"乾作父，坤作母"，《易经》讲乾坤，就把乾当作父，把坤当作母。但是我这里不这样讲，因为这样会落在人间的有限性上，所以我尽可能不要那么直接地通过人来解释道。天地要有一个根源的"始"，万物也要有一个生成的"母"。父母给出生命的根源，但不是光给他生命的根源就好了，问题是你有没有陪他成长。你光把他生下来有什么用？那个叫"始"，重要的是要引导他，陪伴他，怀抱他，提携他，他才会成长。所以一方面你要给他一个"始"，给他一个根源，另外你还要带他长大，做他的"母"。

所以我们去思考天地生万物的原理，一定会有两方面的问题：第一，你给他生命的根源；第二，你要引导他的生命的成长历程。不大不小的青少年，看起来就有一点反叛性，事实上他的内心是很虚欠的，因为他的身体在快速成长中，但是他的心灵还是那么幼小。他发觉自己的不成熟，所以有一种内在的恐慌，只能用反抗的言辞跟态度来表现；这个时候他最需要父母跟老师支持他，谅解他，做他的朋友。但是我们却经常认为他不可爱，所以很多孩子在青少年那个阶段垮掉了；他来不及成长就已经垮了，没有办法越过童年、少年、青年那些阶段而长大成人——他越不过去，因为那些阶段是最讨人嫌的阶段。这个时候，我们是不是应该做他的朋友，陪着他呢？

所以我们要了解到：天地生万物，一方面是给它生命的根源，一方面是带它走出人生的旅程——那寂寞、孤单、困惑，可能还是艰苦的旅程。生的力量是两方面的，不是光创造一个生命而已，另外还要陪他去走他人生的行程，这才叫生成之母。所以生的原理在老子的反省里有两方面：一个是根源，一个是生成；一个是创造，一个是陪伴。我们陪伴了他们多少？我现在的反省就是我们陪父母亲的时间有多少？这是我中年之后的反省，青年人不大思考，他以为爸爸永远那么有活力；你到了中年以后，才发觉爸爸渐渐老了。当爸爸七十岁了，儿子五十岁，这个时候儿子要扮演一个跟过去相反的角色：现在是你来照顾他了，陪他看病，哄他吃药，带他过马路，跟他去散步；因为他已经变回童年状态，不能照顾自己了。所以我说这是人生最美妙的轮回。但是这个意思还是"生"，所以我说我们可以"生"父母。现在是我们来创造他，陪伴他，来和他谈心,排遣他的寂寞,解开他生命的困惑,所以"生"的力量是两方面的。

那为什么说"无"?为什么说"有"呢?这是老子对生命的洞见,如孔子讲"仁"。我们很难解释它是怎么来的,但是想要对"道"有所描述,用任何语言都会出问题。说"道"是签字笔,不行;说"道"可以发光,那么"道"就是电灯泡,也不行。无论说它是什么都不行,因为"道"是无限的。所以老子用了两个最没有实质的概念来说,一个是"有",一个是"无",这样才不会把"道"说成一个实物。所以你如何去说"道"——只能用老子找到的两个最普泛的词,不然你说它是什么,就被这个"什么"限制住。你说它,来比喻它,一方面是彰显,一方面就是遮蔽。所以老子不愿意用一些实指的名称、具体的实物来说"道"。

"有"陪他一段而"无"他的弱点

首先,道要生万物,所以是"有"。什么叫"有"?"有"就是你一定要跟他在一起,不能离开他;不管任何时候,你都在他的旁边,这叫"有"。第二个是"无","无"则是你不是他。什么叫你不是他?也就是你又要跟他在一起,但是又要不被他拉住。比如学生激动的时候,老师也跟着一起激动,那就麻烦了；所以你要跟学生在一起，同情他的激动，但是你不能激动——你不是他。天道是不能离开万物的，但是天道也不能是万物。天道不离开万物，才能够支持他们；天道不能是万物，不然就跟万物一样有限了；他们垮了，你跟着垮，那你就不能够成为他们的实现原理了。

所以生成原理第一位的是"有"，你是"有"，你总是跟他们在一起，你不离开他们，一直在他们身边。第二个是"无"，你"无"了，才能够永远有余力支持他，而不是跟他一起滚下去，一起沉落下去。所以我们又要有童心，但又不能跟他们一样；你要站在学生的立场，但是你还是他们的老师；你是孩子的朋友，但是你又是他们的父母；你永远不离开他们，但是你也不能够跟他们一样。这是老子的体会。所以我说"不即不离"，道是不离开天地万物的，但是道不是天地万物。所以我们要兼有两方面的性格：第一，你要"内在"于他们；第二，你要"超越"于他们之上。内在是"有"，你跟他们在一起，这样你才能够解释他们的存在。超越是"无"，你要解释你自己的存在。什么叫解释你自己的存在？如果我不能"无"的话，那我的"有"就会出问题——我本身不能比孩子高一层、比学生高一层的话，那么跟他们在一起会出问题的。因为我们超离在他们之上，不会被对方拉下去，所以"生"不会出问题。

譬如说你要跳到游泳池去救人，想想看你要怎么做？第一，你一定要拉住他，不能只在旁边看。拉住他必须跟他有接触，也就是你一定要"有"。第二，你要"无"，就是你不能被他抱住。一个在水中挣扎的人，唯一的反应就是看到什么就抓住什么，你被他抱住，那就同归沉落了。所以你要游向他的身边，拉住他的手，这叫"有"，你不能离开他，总是要跟他在一起的；但是你要有保护自己的能力，这叫"无"，千万不要被他抱住，一旦被抱住，你就救不了他了。

所以，天道天道，天道的第一个性格是，总是跟万物在一起；第二个，他不能够被万物拉住，不能够被万物套牢。所以老师永远是跟学生在一起的，但是老师毕竟是老师；父母永远是跟孩子在一起的，但父母还是父母。父母还是父母就是"无"，总是跟孩子在一起就叫"有"。所以人生要"不即不离"——现代人用这句话来讲感情实在很美妙，这个应该是讲天道的。所以你的感情的"不即不离"，就是一方面永远跟他在一起（不离），但是当对方发脾气的时候，你不能够跟他对抗，那个时候你要"无"。当然有时候你"无"了，对方会更生气，因为你都不讲话。我们永远都要了解一点，作为生命根基的爱，总是要实现的，而实现之道，第一个是要"有"，你总是爱他的；第二个，你能够在某些重要的时刻越过他。你不能老在一个对立的立场，你要越过对方。曾昭旭教授有一个很好的说法，就是：夫妻之间，有时候太太当女儿，先生当爸爸；有时候太太当妈妈,先生当儿子。我想这种说法的意思就是:你要"有",同时要"无"!有时候她是女儿,你是爸爸,就是你是"无",你可以全然做她的依靠。而先生发脾气的时候,太太要跳高一层,用妈妈一般的心胸来对待他,那样是否就可以把一些问题化解了?因为那个时候她不只是"有",还是"无"。我觉得从这方面好好去体会,会给我们的人生很大的启发。

自我独立才可以周行天下

你总是要"有",但是你又是"无";"有"就是保住他,"无"是保住自己。所谓保住自己,是因为你有自己才能够带他。第二十五章说:"有物混成,先天地生。"这两句是描述"道"的;底下说:"寂兮寥兮,独立而不改,周行而不殆。"什么叫"周行而不殆"?"周行"就是你跟他同在,因为道是遍在万物之中的,要解释万物的存在,不是专属于某一个人或物的;人间的父母只管他的子女,天道是管万物的。所以天道遍在万物叫"周行",不管是哪一个人,在什么地方,道总在那个地方跟你同在,不然它绝对不能是天道。但"周行"还要"不殆","不殆"就是不息,你的爱一定要永不止息,永不变坏。所以第一点就是你总是要跟他在一起,不管他在什么时候,在哪一个阶段,在怎样的处境,你都是陪着他一起的,叫"周行"。"不殆"就是永不止息，永远不会停下来，这就是"有"。"周行"就是道的"有"。

可是讲到"无"，我们会有一点误会，以为"无"就是我都没有了。所以老子讲"独立而不改"，为什么要"无"？因为"无"，你才可以"独立而不改"。"独立"就是我永远"立"在这个地方，不投靠别人，自己就可以"立"叫独立。如果我们投靠别人，那我们就没有独立人格了。所以说婚姻不能投靠，就是这个意思；因为婚姻一投靠，你就是依靠别人，依附在别人的身边，变成人家的影子了。很难有人会去爱自己的影子，他一定会爱一个跟他不同的人，他看到对方在发光发热，他们像是两极，两极才有吸引力。你如果把自己取消，投靠过去，他会发觉要去爱一个人却没有对象，因为你让自己消失了。所以我认为所谓体贴不一定永远以对方为主，永远听对方的话不是体贴，因为那个叫取消自己，取消自己等于取消情爱之场。情爱之场永远是两极，南北两极、阴阳两极的互放光亮；你把自己取消，对方在那个地方一枝独秀，唱独角戏，就会失去爱的磁场——所以一定要有男女主角。

所以我们要说，老子的"道"是能够保住自己，因为你"无"了以后，才能够"独立而不改"。你永远是你，才能够永远做他的爸爸；你永远是你，才能够永远是他们的老师。你如果垮了，这个爸爸跟老师就没有了。那为什么会垮了？因为你欠缺"无"的智慧。所以那个"无"的性格，就是让我们自己一生永远能够"独立"，而且"不改"——就是永不变质。那么怎样才能够"不改"？独立的人才不改。什么叫独立的人？能够割舍外面的条件，不必靠别人的掌声和喝彩，这样的人才是独立的人。不然当你看到掌声没有了，赞美停止了，就会改变你自己。所以真正独立的人才可以"不改"，而且才能够"周行"，为什么呢？如果你不独立，"周行"就一定会变成他人，这叫"随俗浮沉"。爱情最终就是要能够独立，你才能够"与子偕行"，跟他走一生的行程。如果你本身都站不稳，那就会变成菟丝花，两人互相投靠，却都摇摆不定。所以我们才说：只有两个坚强的人在一起，才有坚强的婚姻。两个都不能"独立而不改"的人靠在一起，周行必殆，大概只能陪他走一段路而已。

"无"了才能"有"，才能长久

所以要"无"的人才会"有"，要"独立而不改"的人才能够"周行而不殆"，如果你不能"独立不改"，你的"周行"就一定会出现问题。所以"无"不是把什么都"无"掉，因为"无"你才能独立。我们要这样理解：老子的"无"是让我们做一个"独立而不改"的人，老子的"有"是让我们做一个"周行而不殆"的人。我先"无"了，先是我自己，我才能够真正地陪他，真正地支持他。如果我本身都有问题，我们就失去了支持别人的力量。所以在我们的生命出现弱点的时候，千万不要认为自己还可以救人，因为那时候就没有能量了；你一定要什么都不欠缺、什么都很完足才可以救人。你要是一个"独立而不改"的人，你靠自己立于人间，所以你不会改，你的一生永远是你自己，你永不变质，永不沉落。

涵养了道的"无"跟"有"，你是你自己了，才可以去跟孩子在一起，跟学生在一起，"周行"而且可以"不殆"，不会停下来，不会中途走掉。中途走掉最大的问题就是：你生下来的孩子已经退不回去了。所以我们才从这个地方来讲婚姻跟生儿育女是一个责任问题，不是你喜欢不喜欢的问题。比较严肃地来谈就是天道，天道生万物就是因为同时是"无"跟"有"，才能够成为天地万物的根源之始，成为天地万物的生成之母。那么这两方面，做一个"无"，做一个"有"，"有"就是永远在那个地方，"周行而不殆"，"无"就是永远是你自己，不会因为过程中的伤感、气愤、厌倦、疲累而退出。所以怎样让自己永远不会累坏，就是要"无"，要"独立而不改"。

第四十章说："天下万物生于有，有生于无。"事实上，天下万物是生于道。总说是道，那么，道是什么？所以才讲"无"跟"有"。一般说来，我们说"天道生万物"就完了，儒家也讲"天道生万物"。天道,在儒家来说就是一个"仁",天道就是仁。但老子不是通过这个"仁"来解释的,儒家说仁就是天理,所以天道就是天理,天理就可以生万物。但老子说:天下万物生于道,没有问题,问题是道的性格呢?道的性格,我们说是"有","有"就是他有关心,有担负。这个"有"就是总是要关涉万物,总是要引领万物。但是这个"有"如果只是关涉万物的话,那就会被拉引而去。道是"周行而不殆"的"有";但另一方面,又是"独立而不改"的"无"。一定要同时"无"才可以,不然你就会被困住,因为你脱不了身,没有办法突破。所以你是"有",又同时是"无"。

"玄"在"无"跟"有"的双向圆成

"无"使你超离现在的层次,不断地让自己提升。问题在如果你仅是"无",形同挂空,我说的"无"是化解。"有"是代表我们对人生的担当,但这个担当也可能滞陷,因为你总是跟他在一起,但却被他拉住了。所以众生悲苦,你也悲苦,因为你"有"嘛,到最后你就跟他一起掉下去,这叫滞陷。所以我们还要"无",这叫化解,就是前头讲的"挫其锐","有"就是你要"同其尘"。但要"挫其锐,解其纷,和其光",你才能"同其尘",天下万物都在尘土间,而你总是要跟他们在一起的，所以你要"有"，"有"的可能就在于你要"解其纷，和其光"。那怎么可能"解其纷，和其光"呢？你要"挫其锐"。"挫其锐"是"无"，"解其纷，和其光"是"有"，而"同其尘"就是跟天下万物同在。

虽然你要"无"，但是化解是为了再担当，不然化解有什么意义？我为什么要化解？为什么要读书？因为我为我的学生。我为什么不断地打球？为我的球队。我为什么求突破？为我所关心的人。所以这个"无"，这个化解，是为了再担当，再回应"有"。这样"有"跟"无"有两个方向，"有而无"的上回向，与"无而有"的下回向，这叫双向。而双向刚好画一个圆，就是"双向圆成"，所谓专业的人有圆熟的智慧，就是这个意思，不偏于任何一边。双向刚好成了一个圆，没有缺憾，不放弃对天下万物的承担，同时也不会失落你自己。因为是双向圆成，所以我在"有中无"，就是我在对人间的关怀中又可以超越自我；而且在"无中有"——尽管我在化解，我在超离，但为的是要跟他们长久在一起。

不要让学生觉得老师只知考试，只有"有"，却缺乏悠闲的那个"无"。所以老师有时候要带着学生忘掉考试，忘掉排名，这叫"无"。不管是老师还是学生，我们都需要这样的"双向圆成"。老子要我们一方面投进去，一方面化解；化解了以后，我才能够长久地投入。没有化解的人很难投入，一个绝对相信自己的人才敢把真正的关心给对方；而对自己没有信心的人是会害怕的。因为我们害怕我们的感情一进去就出不来，所以我们一般都不大愿意跟很多人接触，就是因为我们对感情缺乏安全感。缺乏安全感就是因为感情一定"有"，一定"有"就是一定拉在一起，感情似乎有陷落的危机。但是如果我们彼此间有一个"无"，人我的关心就不必心存疑虑，而可以很真诚地付出。

所以"无"的人，才能够真正地"有"；而在"有"中的人，一定要有"无"的化解，他的"有"才靠得住。所以"周行而不殆"是"有"，但是你要是"独立而不改"的人才行。你在"周行而不殆"的时候，随时都"独立而不改"。每天教学生读书，但事实上你每天还在读自己的书；每天陪学生打球，你自己还是要练球——这样才能够当老师，做学生队的教练。跟学生打球的时候，你不能把他杀得片甲不留，然后沾沾自喜地说：教练厉害吧！这样讲没有意义，应该让每一个学生都可以打到你的球——他会觉得自己在进步，这样你才是好老师。你不应该只表现你的能力，每一个学生跟你打的比分都很悬殊，这是在摧残学生的信心。现在很多中学的老师，经常打击学生的尊严，让他们考垮，家长紧张，学生惶恐，结果全部去补习。老师就是要培养学生的信心才叫老师的，绝对不要因为孩子考不好而失去对他的信心，要让他重新肯定自己。所以，天下的父母、老师，绝对不要去做伤害学生尊严的事情，因为伤害容易，重建很难的。这个时候你要一方面"有"，就是让他永远打得到你的球，永远知道你在讲什么；然后一方面你又能"无"，引导他走向一个更高的层次，而你自己却不被那个层次所羁绊。

我们要同时具备"有"跟"无"这样的性格，所以我说道有两面相、双重性，这就是说道同时是"有"，是"无"，因为同时，所以令人很难理解。在当代讲数学讲逻辑，有就是有，无就是无，怎么可能同时是"有"跟"无"？所以那个"无"不是等于零，那个"无"只是去掉一些人生的劳累，去掉一些人间的牵引，而让你永远是你，这才叫"无"；不是"无"就等于零。父母不等于零，老师不等于零；"无"就是不要有他们的弱点，不要被拉下去，不要他生气你也生气，他哭你也哭，他破裂你也破裂。所以"无"跟"有"具有两面相、双重性。我们通过这样来了解道，然后也通过这样来了解人间，不管是婚姻、事业、人际关系，成败的关键皆在于此。我们也许有一边，但是却没有另外一边。依世俗观点，游手好闲的人什么都不管，没有责任感，是"无"；而放不开、太执着，是"有"。所以你要关心他，但是又不能够给他压力，这叫"无"；你也不能漠不关心，所以你要"有"。"有"了以后，后遗症就是你太执着，老是压迫他，所以要让自己做"无"的功夫。

"无"就不会给人压力;但"无"了以后,你也不能够停留在自己的逍遥中,所以"无"随时还要下来"有"。

同时是"有",同时是"无"。同时在里面,同时在外面;同时进去,同时出来,叫"过而忘也"——你同时在每一个当下过,但同时在每一个当下忘。你在听课,但同时在消化。所谓"无"就是把它变成你的滋养,化成你的智慧,马上转化成你的体会。跟别人的互动,跟家人的相处,跟同事的关系,你把它化成智慧,就是"无"。所以你在听,又好像没有听,这就是道。

"观"是直接看到而不必经由中介

前面讲道不是先说它"常"吗?"道可道,非常道;名可名,非常名。"老子肯定"常道"跟"常名",他认为"可道""可名"是有限的,"常道""常名"才是无限的;"可道""可名"是封闭的,"常道""常名"才是开放的。因为你封闭了所以才有限,开放了所以是无限;所以他肯定"常"。再来,他又讲:道是"无",道是"有",这样说来,道是"常无",道也是"常有"。它的"无"是永恒的"无",它的"有"是永恒的"有",那个"常"是真常、恒常的意思。它是恒常的"无"、恒常的"有",而不是短暂的"无"、短暂的"有"。我们有时候也会忘了，但是过一阵子又记起来了；本来不跟他计较的，过两天又开始计较，而且计较得越来越凶，每一次讲出来的话都比前面更厉害。所以我们的"无"不会恒常，我们的"有"也不大恒常，而道是"常无""常有"。老子又说：那你怎么知"道"呢？底下说："常无，欲以观其妙；常有，欲以观其徼。"道是"常无""常有"，但道的性格还不是要靠人去体会，要人去理解吗？所以要靠人的"观"，第十六章说："致虚极，守静笃，万物并作，吾以观复。"这个"观"就是从"致虚极，守静笃"来说，叫"虚静"，我们的心要虚静，虚静就像一面镜子一样，可以"观"。"观"我说是"直观"，"直观"就是直接看到，没有经过中介，没有经过第三者，两个人直接照面地看到。以前是间接地看到，通过第三者的传话，通过第三者的媒介，通过第三者做桥梁，所以我们没有直接看到。我们总是通过第三者互动，那个叫"第三世界"，第三世界在思想上叫知识的世界、概念的世界。本来有一个主体世界，有一个客体世界，这两个世界被拉开了，所以中间通过一段知识把它们连接起来，就是第三世界。我是第一世界，这个世界是第二世界，知识是第三世界，这个知识的第三世界就是"可道""可名"。现在我不要第三世界，主跟客直接面对，这叫主客合一，就是"观"。所以主客合一的文学都是人跟自然山水合一的，你分不出是陶渊明还是他的田园，陶渊明跟他的田园是一体。所以"采菊东篱下，悠然见南山"，那个时候，陶渊明跟南山是"一"，南山不在陶渊明的外面，这叫"观"。

所以通过我们的虚静观照，就可以直接看到道的始物之妙和道的终物之徼。那个"徼"就是它的"归终"，什么叫"归终"？就是它发展的轨迹。王弼注说它是"归终"；"归终"就是看它到底走到哪里去。我们有时候送一个人，很不放心，一直到他的车子开远，看不到了，我们才走回头，是不是？就像天下父母亲总是希望看到孩子一生的行程安稳，没有波折，没有变动，这样才安心。所以"徼"就是陪他，带他走一生的行程；"妙"是始物之妙，就是给他一个美好的生命，然后展开他一生真实的行程。

观照"常无"的始物之妙与"常有"的终物之徼

但我们怎么才能够看到道的始物之妙和道的终物之徼呢？始物之妙就是前面讲的"天地之始"，终物之徼就是前面讲的"万物之母"。那个"母"就是终物之徼，那个"始"就是始物之妙。那我们怎样去了解道呢？是通过我们的心才知道的。你光描述天道是"无"跟"有"，问题是，我怎么能够了解天道呢？因为你有心有为啊！而你的心可以修养，你"无"掉人间的名利权势，就跟天道接近了。我们平时太被人间的名利权势拉住了,所以天道对于我们来说极其遥远,譬如说"道法自然"——就因为人生太复杂了,我们到自然中去寻找灵感、寻找那些生机情趣吧!但是老子给我们讲述的那种"道法自然"的形上世界,今天好像在山水田园中都找不到。现在的溪流没有水,山水田园被污染,连大地都有毒物,这样怎么能够讲"道法自然"呢?人间有问题,老子从自然找寻灵感;今天呢?到何处去追寻?

所以我们怎么去体会道的"常无""常有"?是因为我们的心可以去虚掉人间名利权势的执着、牵引,然后我们对自然才有一个亲切感吧!就好像我们不大在乎名利跟权势,才能够感受到亲情,平时你都觉得这不大重要,因为你每天都在工商业中追逐利益。所以老子的虚静,才能让我们的心不会狂乱,"不见可欲,使民心不乱","驰骋畋猎,令人心发狂",那种静就是不狂乱,虚就是"不知善,不知美","不尚贤,不贵难得之货"。这样一来你才可以"观复",什么叫"复"?就是你可以回到你自己了。因为你"不知美,不知善","不尚贤,不贵难得之货",心又不狂乱,就可以好好地过自己的日子,觉得世界还是这么美好,人生还是这么真实。但如果你没有放开那些,就会觉得你在一个名利的争逐之场,彼此间在对抗,甚至让你看不到自己的家人,何况是大自然。所以你一定要虚,要"致虚极,守静笃",你才会"观复",才能观到道的妙、道的徼。

你去观道的"常无"之妙,观道的"常有"之徼,通过我们的心,我们才能直接看到道的"无",道的"有",道的"常无",道的"常有";而这个"常无"是道的始物之妙,"常有"是道的终物之徼。因为它总是陪着万物,所以它能够看到万物的整个行程,关键在于我们是否有"观"?我们平时不大观得到,因为我们的心被名利填满,被权势填满,人际关系变成互相利用的关系,而我们对自我的要求也是成为对社会有用的人,但结果我们的代价是我没有我,我一生都在争取别人对我的满意,甚至不惜失落自我。因为要得到人家对我的肯定,人家给我的掌声,结果是"自己"没有了。委曲求全而把自我取消了。

常无常有,自在自得

我们往往为了得到人家的好感而让自己过得很苦,如果我们虚掉它,虚掉要得到人家的掌声和肯定的想法,我们就能自然地走我们自己的路,自在自得。别人欣赏也可以,不欣赏或许有些遗憾,但不至于造成我们的伤痛或者是令我们活不下去。这叫"自在自得"。从道来说叫"自在",我走在我自己在的路上;从名来说叫"自得",因为名是指生命的内涵,我过这样的人生，就得到了我生命的内涵。不是别人给我的，是我自己自然就有了。这叫"常道""常名"。

只要你自己在，你就是"常道"；你自己拥有生命的内涵，就是"常名"。老是要别人肯定你，你才有"道"，别人说你好，你才有"名"的话，那就叫"可道""可名"。"可道""可名"很容易消失，因为对方明天就不讲这些话了。他给你道，给你名，然后他说明天不理你了，你的道跟名就会同时失落，这叫存在的危机。有些人会发觉自己一无所有，发觉自己活不下去，就是因为你习惯于接受人家给你的道和名。所以，不是光我们自己，我们希望身边的人都能够自在自得。最爱我的是我的父母，但父母都不能够每天跟我们在一起，何况其他人。你还能够不自在，还能够不自得吗？还能够把你的"在"寄托在世俗的社会上，把你的"得"寄托在流动的人际关系上吗？那些一动摇你就没有了，你没有"在"也没有"得"了。所以"在"跟"得"都不能够建立在财富上，也不能建立在地位上；因为地位跟财富会随着社会的景气、社会的变迁而动摇。所以我们才有一种呼吁：父子、家人绝对不要动摇。连这个都动摇，那真的是无家可归了。这是道家式的自在、自得，但这也可以支持儒家的伦理——我觉得老子的灵感，很能够支持我们在人间做一个人和人际关系中的相处。这叫自在自得。

"常无""常有"讲的是道，先讲"常"，再讲一个"无"、一个"有",连接起来说是常的无、常的有。那我怎么能够知道"道"呢?怎么能够跟"道"一样呢?你可以"观"。那怎么"观"呢?第十六章说了,你可以"致虚极,守静笃",在"万物并作"中,你可以"吾以观复"。所以经过"观",你就看到了"道",你接近大自然,跟它有亲切感,从大自然中得到灵感,得到生机情趣,你就知道你要跟它一样。什么一样?始物之妙,终物之徼啊!你可以学自然恒常的"无"跟恒常的"有"。人生有两方面,第一个,恒常的"有",你永远跟他在一起;第二个,恒常的"无",你永远不被他拉下去。所以如果我们有这样的智慧,去股票市场都没有问题;股票市场是"有",但是你不被它拉下去叫"无",所以尽管今天赔钱,出来的时候还是可以自在自得。

"有""无"同在,是玄妙也是奥藏

再讲底下一句:"此两者,同出而异名。""两者"是指"无"跟"有","同出"是指同出于道,而"异名"是说有不同的指涉。所谓不同的指涉是指:"无"是说它的超越性,"有"是说它的内在性。"有"是说它永远跟万物在一起,"无"是说它永远是它自己。一方面我们永远是自己,一方面我们又永远跟万物在一起。所以尽管都是道的性格,但是它是有两面相、双重性的,

"异名"是指不同的性格，一个指超越性，一个指内在性。"无"是指永远是我自己，"有"是指永远跟万物在一起，不即就不离。

下面说："同谓之玄。"平时我们说：有是有，无是无，一是一，二是二；你不能够说我的一是二，或者说我的二是一。你要么是"有"，要么是"无"，皮包里面不会既是"有"又是"无"，除非是"乾坤袋"。"乾坤袋"里什么都没有，但是你说要什么它就有什么——它空空如也，却什么都有，它本来是"无"，虚才能够无限。"道冲而用之或不盈，渊兮似万物之宗"（第四章），讲道是虚的，所以它妙用无穷。乾坤袋是虚的，没有任何规定或限制，它才可能什么都有，这叫"奥藏"，什么都可以藏在它里面，因为它什么都不嫌弃。

在知识的探讨与现象的观察上，问你的态度或立场，若答案同时是"无"，同时是"有"，是会挨骂的。但是人的生命可以这样，因为生命是很玄妙的。杯子不能够同时是杯子又不是杯子，这是做不到的，但是心可以同时是我，同时又不是我。现在我是我，但是我又可以跳开自己，批判我自己；所以心同时是我，同时不是我。人的心灵才具备这样的能力，我们的心是可以"玄"的，物就不能"玄"。我的心空灵，可以同时是我，同时不是我；因为人会把自己当作对象来反省，午夜梦回，我们不是经常在反省自己吗？所以我们又是"有"又是

"无"。"物"跟"心"是不同的，中国哲学讲的都是心灵，所以讲了诸多很玄妙的话，像是我们跟天一样，跟天道一样无限，等等。你不要以为那是神话——那是真的。只有东西才不能变，因为它已经定形了，所以"君子不器"，"士志于道"。已经定在这个地方才叫器，"士志于道"是因为道是天道啊，知识分子的生命可以像天道一样的，人间有谁不为自己想？但是我们就可以不为自己想。

这个问题可以这样解释：哪一天你是文天祥，你也会慷慨赴死的；当哪一天你的生命代表整个中国的时候，你就不一样了；哪一天你当了人家的父母，你就不一样了。天下的父母如果要在孩子跟自己之中选择一个的话，他们会选择孩子，他们愿意让自己从这个世界上消失。这就是把自己提升到天的位置。你不要以为它是神话，我这个"人"当然不能，但是我的"心"可以呀，所以"此心唯天可表"就是这个意思。我们现在讲的就是人的心灵的无限性，在"物"来说，有杯子跟没有杯子不能同时成立，有杯子和没有杯子是相反的；但是人的心可以同时是"有"，同时是"无"；我同时在万物中，同时又跳开在万物之外；我同时跟学生在一起，同时跳开在学生之外。跟学生在一起是因为我关怀他们，跳开在学生之外是因为我要引导他们。所以这是两方面，叫"同谓之玄"。因为本来道只是一个，结果又是"无"又是"有"，而"无"跟"有"被认为是相反的，但老子的道是同时"是"，所以叫"玄"。我们只能够一，而不能二，只是有，或只是无，所以不玄。这个很肯定，你同时是"有"，又同时是"无"，这才叫"玄"。所以道是一，但一而二，道是二吗？但二而一，这叫"同谓之玄"。

我刚才也说："有"中"无"，"无"中"有"。你要么是"有"，就不是"无"；是"无"，就不是"有"。现在我是同时是"无"是"有"，在"有"中"无"，在"无"中"有"，所以叫"玄"。我们希望天下的父母、天下的老师都能够"玄"，我们不"玄"就会跟他计较，就会不甘心、不服气，一定要骂回来，让对方伤感，自己才能赢得面子，这样一来就不玄了。不玄的人就没有"妙"人家的能力，注意，我把"妙"当动词用——你没有"妙"人家的能力。

人损之又损，道玄之又玄

底下说："玄之又玄，众妙之门。"什么叫"门"，就是你要从它走出来叫"门"。"众妙"就是万有，就是美妙的万物。为什么道可以作为天地万物存在的理由呢？为什么这个天地可以生生不息，万物可以欣欣向荣呢？"四时行焉，百物生焉"，这个世界永远有生机、有情趣，这叫"众妙之门"。那"众妙之门"从哪边来？从道来。那为什么道可以成为"众妙之门"

呢？因为道是玄妙的。我们若只是一或只是二的话，就不玄了；而道是一而二又二而一，既是有，又是无。就是因为它玄，故妙，才叫"玄之又玄"，代表道的玄妙是无穷无尽的。所以在道的"玄之又玄"里面，才能够成为"众妙之门"。

身为老师、身为父母，你"玄之又玄"，你的孩子跟学生才能够"妙"得出来，所以"玄"才能"妙"。你要先让你的生命"玄"起来，什么叫"玄"起来？有两层，一般生命只有一层，一层就"妙"不起来了。我们有两层，因为我们有儒家和道家。儒家跟基督教的性格接近，道家跟佛教的性格接近；因为这两套，所以在人类历史上，我们是最能够承受苦难的民族。太平盛世是儒家出来，乱世是道家出来；我们具备儒家的"生"，也具备道家的"生"。

而道家的"生"，老子告诉你要"玄"，那怎么"玄"？我们讲过的"为学日益，为道日损，损之又损"（第四十八章），你的心知"损之又损"，你的生命就可以"玄之又玄"。"损"是什么？就是前面讲的"致虚极"那个"虚"，"虚"就是这个"损"，减损、虚掉。虚掉什么？虚掉名利跟权势，虚掉人间的利用关系跟实用立场。把那些虚掉了，你的生命就开始"玄"起来。原来我们想要很多东西来支持我们，结果我们越来越脆弱；我们的坚强就是我不要那些东西了，因此我说它是"割舍之后的刚猛"。一个人什么都不要的时候就会显现出他的刚猛,所以孔子说:"枨也欲,焉得刚?"那个人那么多欲,怎能刚强得起来?所以孟子讲大丈夫是"富贵不能淫,贫贱不能移,威武不能屈"。我想这些道理都是相通的。所以你在减损的时候,事实上你的心灵既观照又奥藏,而且是"玄"起来的。"玄"起来是两层的,是"无"又是"有"。因为"玄"你才能够"妙",你跟他在一起,又能够超越出来;你投入,又可以化解。我们一定要具备这样的能力,才能够真正成为"众妙之门"——"众妙"包括学生跟孩子,我们的家人、朋友。我们每一个人都可以有一个门,通过你的玄门,让我们的家人活得更好。所以只要我们的生命能够"玄"的话,我们就是"众妙之门"。关键是这个怎么可能?"损之又损"啊,另外,"致虚极,守静笃"啊,也可以"观"啊,就像这里讲"观其妙,观其徼"一样。

第一章是老子哲学的总纲,比较有理论性,我尽量把它放在生活、人生中来让诸位了解——本来老子的观念就是生命的观念,不是知识的观念。如果觉得很理论化,听不大懂,那么你就把它当"可道""可名",把它忘记,你忘记的时候就"常道""常名"了。你如果是把它当知识就不对了,这是把活生生的人生搬到纸上,讲的是一个很真诚的生命,一个很有智慧的生命,告诉我们:人生怎么能像天道一样长久?怎样让自己成为"众妙之门"?你只要"玄之又玄"。怎样让自己"玄之又玄"？你一定要"致虚极，守静笃"，"观复"，"观其妙，观其徼"，要"损之又损"，这样才可能。如此你就可以体会到天道，然后你的人生修养养成了天道的性格，就可以跟天道一样，去"生"所有的人。我们为什么要学这一套？就是希望拥有天道一样的性格，好让我们在为人处世里面带动别人，包容别人，看到别人，肯定别人；因为你的"有"要建立在你的"无"的基础上，所以又要"无"，又要"有"，然后你才能够去关心天下万物，是他们的"始"，又是他们的"母"；你要永远跟他在一起，但是你又永远是你自己；像一个救生员一样，你要救他，要拉住他，但是你还是你，不能被他抱住。所以天道才能够永远"生"万物，如果天道被万物拉住，万物寒冬，它也寒冬，大家就一起垮了。在万物凋零的时候，道还是道，这样它才能够为他们准备春天。如果道也跟着一起冰冻，大家一起凋零，那明年的春天就永远不会来了。

天真有德是上，人为无德是下

第三十八章（即《下经》第一章）说："上德不德，是以有德；下德不失德，是以无德。"这里的"德"不是指道德条目的"德"，道家的"德"是指真实的自我。老子说："道生之，德畜之。"（第五十一章）道生我们，但通过什么方式呢？它通过一个内在于我们的方式来生我们。就是把道的高贵、道的自然内在于我们的生命中来生我们，所以我们一生的过程中都有道的"德"在我们里面，这个"德"是人得之于道者。在儒家来说，德是行己有得，你去实践，去修养，你拥有的便叫德。儒家认为我们去实践，去修养，去做一个好人，我们就有这些德了；而道家的"德"是说人得之于道者，这很接近儒家的"性"的观念。儒家认为人性是人得之于天者，叫"天命之谓性"（《中庸》）。但道家不讲"性"这个观念，他讲德，这个德是天生而有的，自然的。生命的自然，生命的真实，这叫德。

老子先把德分上下，这个世界上有的人是上德，有的人是下德，这没有问题。但是他给我们造成震撼的是，他认为"不德才有德"，这便违反了常识。他又说"不失德是无德"，就是说，一个很守规矩的人唯恐失去德，那样刚好会"无德"。这就像每天担心自己口袋里的钱会不见的人才会丢掉钱，而不担心钱会掉的人，钱永远都在他的口袋里面。每天东藏西藏，往往藏到最后就没有了，因为他忘记藏在哪里，或是藏了半天，被太太卖给旧货商了，这样就算藏到天衣无缝又如何？老天总是有一些很好的办法来警告那些藏私房钱的人，这叫"天道好还"。也正好给那些"处众人之所恶"的人得到一点老天的支持——"处众人之所恶"是指收集垃圾、收集旧货的人，他们实在是得不到社会资源的支持，但回收场却有很多贵重的礼物隐藏在里面。我觉得这也是天道很美妙的庇佑，也就是"天道无亲，常与善人"的意思。

"上德不德，是以有德"，用这样的比喻，你就比较容易了解它的意思。不在乎德、不担心钱会失落、不会去想要藏到哪里去的人，他的钱永远都在。每天抓着它，东藏西藏，唯恐会失落的人，刚好就会失去他的钱。现在我们说：德分上下，什么样的人是"上"的人？怎么样的人是"下"的人？有德的人是上，没有德的人是下，这话一点问题都没有。我们把这两句拆解成"上德有德，下德无德"，你就不会觉得老子这句话不好理解了。有德的人是上德，无德的人是下德，这也合乎常识的观点，你不会觉得老子是在讲反话。德分上下，有者为上，无者为下，这个很自然。

如何有德？就在不德

现在的关键，也是代表老子智慧的，在底下这句——我们暂时忘记"上德"跟"下德"，只看"不德有德，不失德无德"这几个字。而且"不失德"就是要"有德"的意思，如此转成"不德"的人"有德"，而"有德"的人反而"无德"。这样是把这一章的开头转换成两方面来处理，第一个是德分上下，有者为上，无者为下；第二个是"不德"才有德，要有德的人反而无德。第一个前面讲过了，没有问题；第二个是什么意思？不要忘记道家的哲学都是从心里面讲，你的心不执着于社会上的那些德目、那些价值，或所谓的名利权势，或时髦、新潮、尖端——你不在乎那些东西的话，这叫"不德"；然后你才有真实的自我，才能够走出自己的路，这叫"有德"。

你有真实的自我，就不会迷失在人间的十字街头；人间的热门是在不断改变的，你走这一条路也不对，走那一条路也不对，因为社会总在变动。人生不过百年，我们老是跟着别人跑，跟着时代跑，何年何月才能停下来？所以这个时候，我们"不德"就是我们不在乎社会的价值，不执着于社会流行的那些东西，你才能够"有"出自己来。"不德"，就是不在乎天下对我们的呼唤，不在乎这个社会对我们的期许。大家都买股票，你身边的朋友，每一个都在股票上赚钱，你还是不为所动，这就是"有德"。所以我们要把"不德"跟"有德"讲清楚，不执着那些德目，不把道德当教条、当宣传、当口号来呼喊的人，才是真正有道德的人。我们也可以这么说：不在乎社会的价值判断、不在乎社会的流行时髦的人，才能够活出真实的自我，活出自己的风格来。

另外一句是，要"有德"的人反而"无德"。责求自己有德的人，就是每天唯恐失去德，唯恐赶不上时代，唯恐落后，害怕人家批评的人。做什么都不对，他便会没有自我，所以"无德"。这种人每天悒悒惶惶,不晓得怎么才对,是听老师的,还是听父母的?要听哪一家报纸或哪一家电视台的好呢?如果你到处都听,每一个都接受,真的会觉得左右为难。所以"不失德"的人是唯恐失去、过度小心、事事紧张、到处去跟着别人做的人,这样就没有自我了,这叫"无德"。

所以,这里有两个问题,第一个是有没有的问题,有的人才是上,没有的人是下;第二个是怎么样才可能有的问题,不想要的人才有,每天一直抓住不放、老担心会失落的人反而刚好会没有。第一个问题我们讲过,没有问题,现在我们要问第二个问题,既然有才是上,那我怎样才能够有呢?老子说:可以"不"的人才有,不失的人反而没有;这叫智慧。

放得下才担得起

如果我们问:什么叫第一流的球队?答案当然是打赢球的。那怎样才能够赢球?不在乎输赢,输得起、放得开的人才可以赢球。一个球队要是能够放得开,就是"不德",他不在乎胜败,胜败不构成那么大的压力,这样的球队才会赢球,所以"不德"的球队会"有德"。中南美洲和欧美的球队往往有一种放得开的性格,就算落后也照样豁出去打,而且士气如虹。这个对我们来说就比较难了,我们真的缺乏"不德有德"的智慧，我们永远受到"有德才是上德"的压力——没错，这个是责任感，我"有德"，胜利才是"上"球队。但问题是我们要怎样才能赢球？要靠智慧。所以老子的智慧很高，叫你要放得开，要输得起，要能够不放在心上，然后你才能全力以赴；担得起又放得下，这叫"无"。我去打这场球，并且全力以赴，这叫"有"，但是在每一个"有"里面我都是"无"，我不慌张，不紧张，不乱挥棒。东方球队输了以后，会看得很严重，所以这里我们就要培养豪杰的性格和放得开的智慧才行。

结果是"不德"的人才"有德"，这个是如何做的问题。哲学有两个问题，一个是"是什么"，一个是"如何可能"。"是什么"讲得最好的是儒家，人是什么？人是跟禽兽不同的，人是有人性的，儒家给出了"一个人是什么"这样一个很高贵的诠释，为人找到他是万物之灵的地位，而且人不仅是在天地间，还能跟天地合成三才，人是天地中的主人，这是儒家说的。好！儒家把价值是什么、人是什么都说了，那我们问：这怎么可能？他还是说：人应该是人，人应该希圣、希贤，人应该实现理想。对，这些我都承认，但是我更关心的是怎么可能？这是老子问的：怎么可能？把它忘了，不压在心头，不把自己压垮，放开身手，放下重担，就可以得心应手，恰到好处。不增也不减地把球打出去，这样就不会失常或反常，临场表现可以把自己的实力、平时的训练结果发挥出来，"不德"反而"有德",不想赢球却赢球了。

总之,儒家的"应该"和"是什么",要与道家的闲散和"如何可能"做一结合,正所谓以化解的智慧成全理想的事业。老子的"不德有德",就是这个意思吧!

十一　无心奥藏的生成原理

在我们的传统思想中，
天地一定生万物，圣人一定生百姓。
问题在，凭什么可以"生"出来？
儒家说要有仁心，道家却说要放下仁心，
因为仁心的爱，会起执着，
所以"不仁""无心"才"生"得出来。

以"不德"的作用来保存"有德"的实有

所以"不德"跟"不失德"，都是通过我们心的状态说的，"不德"就是不把它放在心上，不执着，不受到它的压制，放开一点，松动一点，这样反而"有德"。不在乎成败，并不想证明自己是卓越的，也不一定要走向顶端，这样更能够让自己充分地展现自我，这叫"有德"。反之，"下德不失德"，你执着于"不失"，唯恐它失落，太大的心理压力，太在乎非怎么样不可，这样反而会失落我们自己，反而束手束脚，不能把真正的自我表现出来，这叫"下德不失德，是以无德"。"无德"就是失落了真实的自我。

底下说："上德无为而无以为，下德为之而有以为。"我们现在把上下德分开来解释这句话，老子说上德是无为而无以为的，下德是为之而有以为的；上德是无为，下德是有为。"上德不德，是以有德"，"不德"就是这边的"无为"，"下德不失德"的"不失德"就是这边的"为之"。我们把它们连起来，这里的"上德无为"就是前面讲的"上德不德"，而"不德"就是不放在心上，不构成心理压力，这叫"无为"。"下德不失德"，"不失德"是执着于它，唯恐失去，而紧紧抓住它，这叫"为之"。事实上这个"为之""不失德"就是有为。

那什么叫"无为"，什么叫"有为"呢？"无为"是不是什么都不做呢？当然不是。我们通过底下这句话来了解"无为"，老子说"无以为"；而"为之"就是"有为"，老子说"有以为"。那个"以"字有两种解释，第一，可以当"用"讲；第二，可以当"因"讲，这边要当"因"讲。"无为"就是没有特别的原因、没有特殊的用意去做，这叫"无以为"。那个"因"经常是由我们的心来决定的,我们心里面有一个动机,就有一个特别的原因,没有特别的原因去做,就是"无以为",就是无心而为;所以"无为"不是什么都不做,只是无心去做,无心而为叫"无为"。你做了,但是你是无心的。什么叫无心地做?就是自然地做。所以我们家常、日常所做的事,道家都做,只是我们去做的时候,会"有以为",而道家是"无以为"。所以下德的"为之"我们会说它"有为",就是说因为那是有心而为,希望得到回报,这就叫"有以为"。有特别的目的和理由才去做的,叫"有以为",这是下德,落入下乘。如果我们很自然地去"为",就叫作上乘之作。

通常没有心理压力,事情就做得特别好;如果不是表演,我们一定做得很好,一到表演就奇怪了。因为那是有心而为,所以平时觉得自然的,到表演、比赛时就都出了问题,就是因为变成了下德。下德是"有为",为什么"有为"?因为你是有心而为,这样就会构成心理压力,而心理压力就使我们没有办法放开自己,所以本来的独特风格与姿采,就表现不出来了。

有心承受自己的压力,无为是无心自然的为

所以现在我们要了解什么是上德?上德是"无为","无为"是无心地"为"。那下德是什么?下德是"有为","有为"是有心地"为"。这样就把有为、无为放在有心、无心上来理解了。所以德分上下，有的是上，无的是下；为什么有上有下呢？因为一个"无为"，一个"有为"。无心地"为"就自然，有心地"为"是造作，造作刚好适得其反。我们说某个人矫揉造作，或是说某个风景区人工雕琢的痕迹太明显，就是说刻意想表现好，反而表现得不好；而有时候不刻意求表现，反而表现得非常好，这叫"上德"，在艺术上就叫上乘之作。我自己的感受就是：我的演讲不如上课。演讲多少有一点表演性质，又有很多人慕名而来，我怕对不起人家的这一份情意，所以总希望不会让人失望而返，觉得应该讲好一点，结果刚好就不行。上课就很自然，所以我在学校上课反而讲得好一点，因为没有什么心理压力，不会想今天要给学生多少东西，只觉得师生很相得，课也就讲得好了。这样就是"上德"，因为我"无为"，我是无心的，是每天日常的课程，很自然地就讲好了。如果感觉到人家给我多少时间，这样的时间要讲多少东西？你就构成了一些时间上的压力，这样一来就落在"有为"上了，有心来讲好这一场演讲，反而就讲不好了。我们在写文章、绘画、写书法，或者是做什么事业时，都要思考"作用层"的问题。

所以道家的"无为"，是无心而为的意思，而不是什么都不为，只是自然地"为"，无心地"为"。底下的"下德"是指不失德，不失德就是老是想抓住它，唯恐失去它，那么这样就会有心地"为"。有心地"为"就是人为造作。这是道家的一个很重要的界定,当人家问你什么是"无为"的时候,你就马上很清楚那是无心地"为",而不是不为,无心地"为"还是"为"。所以第三章最后有一句"为无为,则无不治"。他到底要不要"为"呢?"为无为"就是说一个圣人所要做的就是"无为","无为"就是通过"无以为"来规定,是无心地"为"。只要你治理天下是无心地"为",自然地"为",天下就会平治、大治了。因为自然地"为"是让百姓回归每一个人的生命自我,不是你来改变他或教导他,而是顺着他们的自然去"为"的;这样一定会得到百姓的支持,因为他们知道你是无心的,你是自然的,你是要成全他们,而不是要限制他们,把他们拉到你自己这边来。所以一个圣人所要做的就是"无为",也就是无心地"为"。无心地"为"是什么意思?就是自然地"为",当我们无心的时候,百姓就自己如此了。

你无心地"为",不是就让每一个人都跟着你回归自然了吗?那"然"由自己来不是很好吗?每一个人都有他自己的"然",我们无心一点,随意一点,有这么一个机缘,大家在一起好好相处,让这一段相处成为一生难以忘怀的回忆,叫随缘,这也是有一种自然的意思在里面。但是真要讲到缘的意义,就要在随缘之下讲一个缘分的"分"。这个"分"就是分际,要守住分际。我们每一个人都有自己的家庭、自己的人生轨道，我可以欣赏你，你可以欣赏我，但是我不扰乱你，你也不要妨碍我；这样就像"小国寡民"（第八十章），国跟国之间相望，而且鸡犬之声相闻，我们只是互相欣赏，但是不互相打扰，不互相妨害。这个是很难的，所以讲随缘的后面还要讲不变，不变就是指"分"，你要守住那个"分"，原来的缘才不会被破坏，不然人我相见的美感到最后会被破坏，因为我们那个"分"没有守住。所以中国人讲缘分，重点在"分"不在"缘"。就自然来说，本是价值观念，所以随缘背后好像应该有一个什么东西，那就是我们对价值的追寻，尊重对方，尊重自己，这叫"分"。

仁者爱人，位在上下德之间；义有知，已掉落下德

底下说"上仁为之而无以为，上义为之而有以为"，这是在讨论儒家的观念，老子先分别上德、下德，这里的"上义为之而有以为"，刚好跟前面的下德完全一样；而"上仁"却一半是上德，一半是下德。"上仁为之"，"为之"在下德，但是它又"无以为"，所以刚好各一半。可见儒家的"仁"在老子的评断中位居上下德之间，而儒家的"义"是下德，"礼"更是等而下之了，所以他说"上礼为之而莫之应"。很显然，第三十八章是老子在评论儒家的理念，因此老子《道德经》一定是出在《论

语》的后面,不然这些观念出不来。而三十八章他先讲自己是对的,底下再批评儒家,所以我们要先讲儒家的仁、义、礼是什么意思,然后才说老子为什么这样讲。

在《论语》里面,最重要的三个观念就是仁、义、礼。仁就是我们的仁心,孔子、孟子认为每一个人都有,因为我们都会有不安感,我们如果做了什么过分的事,心里就会感到强烈的不安,于是就要由不安而求安,这叫仁。仁就是要求心安,所以说心安理得——但不是光我心安的问题,我心安还是要跟另外一个人相处的。譬如说我们要送礼物感谢对方,自然希望他接受礼物,那样我才心安;他如果不接受,我的心就不安,所以我们就要求对方接受。但是有一点很重要——我们似乎忘了这一点——对方接受了,他安不安呢?所以儒家讲义,意思就是说不会因为你爱别人,你就是对的。我们本来以为:只要我这么真诚,这么友善,这么热情,你就应该接受,但这样我们就变成爱的独断了,所以这个信念不一定对。为什么不一定对?因为你安了,但对方可能不安,而人间的正义就是大家一起心安。有时候,我们会有道德的专制,就是我以为我爱他,要求自己心安,但是忘掉了对方可能不安。所以二者皆安的判断就叫义。

为什么讲仁之外还要讲义呢?因为不是光我一个人而已,是你跟另外一个人共处,这叫缘。我一个人叫命,我跟他在一起叫缘；但是我的命又受到我跟他在一起的影响，所以我们的命会受到缘的影响。缘是一种牵引，会影响到我们的命；因为不是我一个人活在世界上，我是跟另外一个人活在世界上，跟很多朋友活在世界上。跟很多人在一起就叫缘，这个缘会牵动你的命，所以重点就渐渐地往外移，变成缘很重要，人际关系很重要；本来是我这个人最重要，我的命最重要，但是显然你的命被缘牵动，所以缘会影响命。但是命也会影响缘——什么意思？你是什么样的人，大概就会跟什么样的人做朋友——我们一定会找跟我们气质相近、可以互相欣赏的人；所以有怎么样的命才有怎么样的缘，这里是命来决定缘。因为缘是复杂的，所以需要义；儒家是讲这样对不对，对每一个人说来是这样好不好？什么叫社会正义？就是对每一个人都是公平的，大家都可以心安。

总之，"仁"是我自己的心的自觉，从内心发出的那种善意、真诚，希望对方能够接受，能够听我说，能够让我充分地表达自己，这是"仁"。问题是你要尊重对方，是否接受要看对方的选择，大家都能够安心，大家都可以接受，这叫"义"。而大家都可以安心、都可以接受的那种礼节就叫"礼"，所以"礼"是通路。通路就是：爱心经由大家都可以得到肯定的"义"，然后我们就在这样的"礼"里面见面。所以送礼还是要有节制的，我们会希望礼物跟情分能够相等，不要让礼物越过了情意——有一点越过的话，会觉得收受人家这么重的礼，自己心不安；就像交浅言深，对方不能接受，所以交浅不能言深，什么样的交情讲到什么样的话也是"礼"。这三方面说起来，"仁"是一个心的发动，"义"是一个大家都对、大家都可以接受的判断，而"礼"是大家都可以交会、可以彼此交流的通路跟渠道。儒家是这样讲仁、义、礼的。

仁是爱，所以老子说"上仁为之"，爱人是有为的，我要去爱一个人，这不是"为之"吗？但孔子认为"仁"还是了不起的，就是因为你去爱，而背后那个"心"是无条件的，是"无以为"的。"上仁为之而无以为"，仁心的爱是无以为的，没有其他理由。那么爱有没有"为之"呢？有，但背后的动机很单纯，"无以为"，纯然只是对你的好感，所以"上仁"是"为之"，但是"无以为"。从"为之"来看是下德，从"无以为"来看是上德，所以老子认为孔子讲的仁在上下德之间。

但是义不然，义是为之，而且有以为。为什么是有以为？因为它是一个价值判断，它要说你对不对，背后有一个价值标准作为根据。所以上义比上仁差一点，因为它完全是下德，而上仁是一半上德、一半下德。

"礼"有为而没有感应

那"上礼为之"呢？上礼当然是为之了，但是它为什么会在下德之下呢？因为"莫之应"，它去做，可是没有人回应。我们总觉得"礼多人不怪"，其实不见得的——"礼多"人家可能不回应。我碰过一些朋友，看到你就赞美有加，他是"礼多"，把最好的话送给别人，以为这样是在表达他最高贵的友谊，但是真的"人不怪"吗？"上礼为之而莫之应"，没有回应，因为他那种话讲多了以后，我们就知道他的话是假的，以后他讲什么话，大家都没有感觉，好像没讲一样，这叫"莫之应"。所以不大真实的话少讲，讲到最后连你自己都不相信，连你自己都会讨厌自己应酬性的对话。要珍惜自己的话语，让我们的每一句话讲出去，对方都能够有很真实的感受，而且能够有生命的回应。所以我们要讲的话是真诚的，从心里面讲出来，跟生命相感应的；不然"上礼为之而莫之应"，天下没有人回应，没有人感动，没有人有回响，没有人有共鸣，这是白讲了，而且是把人类表情达意的语言扭曲了。

因为没有人回应，所以怎么办呢？他就开始"攘臂而扔之"——高举双臂，希望引导人家走他的路。礼是价值规范，责求每一个人要依礼而行。问题是：由仁心而义理，由义理而礼制，越来越流向外，越来越远离内心的真实。你当然会说跟着我就好了,为什么还要攘臂呢?因为没有人回应。为了要引起大家的注意,就高举双臂来呼喊口号,这叫"攘臂而扔之"。结果花的力气越来越大,但是离我们的心越来越远;而那样的行为正是最没有效率的行为。教导孩子就是要跟孩子的心贴得最近,这样才最有效;你把孩子推得很远,再来引领他,那是没有效的。"莫之应",孩子没有感动,没有痛痒,没有感受,到最后你只好高举双臂,他还是不理你,于是你只好拿起棍子,但是他会抗拒你。是啊!有效率了,但是他不认为你是他的爸爸妈妈了,因为爸爸妈妈不应该这样做的。所以我们不要太相信人为是万能的,如果人为离开自然,离我们的心灵越来越远,人间一切的作为都是没有意义的,只会适得其反。"礼"本来不是善意的吗?我们希望礼尚往来呀,结果对方没有回应,为什么没有回应?因为你不从"仁"中来。儒家本来是由"仁"到"义"再到"礼"连在一起的,现在道家的反省是:这个联结断掉了。所以他觉得你的"仁"还可以,你尽管是爱了,"为之"了,但毕竟你的动机是纯洁的,不是功利的,不是实用,所以他肯定你的"仁",因为你从你的心出发。到了"义"你就要做出判断,而你根据你的标准说人家不对,就变成了下德。到了"礼",人家没有回应,你还要硬来,这就越离越远了。所以"上礼为之而莫之应,则攘臂而扔之"就是这个意思。

道德是仁、义、礼的形上根源

底下说:"失道而后德,失德而后仁,失仁而后义,失义而后礼。"仁、义、礼是儒家的,老子讲道德,是道家的,所以书名又叫《道德经》。第一章是"道可道,非常道",叫"道";这一章是《下经》第一章"上德不德,是以有德"。上篇以"道"开始,下篇以"德"开始,所以叫《道德经》。老子要证明自己讲的道德是对的,就要告诉我们仁、义、礼是差一点的。那仁、义、礼是什么?是孔子的。所以讲"道可道,非常道"的时候,显然老子认为儒家是"可道",他才是"常道",因为他是自然、无心的;而儒家是有心有为的。本来按照这一章原文,应该是仁在德的下面,义在仁的下面,礼在义的下面,一路下来才对,但是如果我们把仁、义、礼写在德的下面,对《论语》来说是不公平的;因为人的仁心是最根本、最高贵的,你不能够把仁心放在德的底下。我们现在要了解,道德是老子的主张,道家的主张,仁、义、礼是他对儒家的批评。《道德经》是专讲"道"跟"德"这两个的,从天来说叫"道",天道;从人来说叫"德",人德;而"道"内在于"德",二者是合一的,叫天人合一。因为我们身上的"德"就是从天道来的,我们生命的自然就是天道的自然,这是一样的,只是落在人的身上叫"德"而已。

所以"德"是人得之于道的,"性"是人得之于天的,就好像我们得之于父母的就是我们这个人的命。所以我才说:孩子是我们生命的再现。人生不需要那么伤感,我们的年纪渐渐大了,但是孩子在成长,他是另外一个你,他还在成长,你何必老是觉得自己在逐渐老去,你有没有想到儿女正走在成长的路上?所以多看孩子的成长,少看自己的衰老。孩子是另外一个我——通过亲情讲,人生的遗憾就会减少很多。

从道跟德来说,都是自然、无心的,老子认为无心自然是最好的。而德的本初状态就叫婴儿,他说"含德之厚,比于赤子"(第五十五章),"复归于婴儿"(第二十八章),所以我们应该要像婴儿一样天真——就是天生本来是真的。到了庄子,干脆讲"真人",就是这样来的。因为你天生是真的,所以怎样维护我们天生的真,永远像童年一样可爱、一样单纯,是生命的大事。儿童看到一颗糖果,眼睛都会焕发出喜悦的光彩,好像整个世界充满了希望。天生本真就叫德,道家就维护这个。但是他发现:人可能会从无心、真人的那个德走到仁、义、礼来,会从这边跨过来。你本来是无心自然的,一到"仁",开始有心了;而到"义"就是有知了,就是有了一个正义的标准、是非的标准;到"礼"就有为了——什么有为?就是要求人家一定要做到。

道德是天生的本真,仁义礼是人为的流落

所以"德"到了仁、义、礼,就是很严重的一步,"德"这边是天生自然,仁、义、礼那边是人为造作,使你往外漂流,也就是生命往下的沉落。老子认为儒家仁、义、礼的开展是生命的流落天涯,他觉得人生的理想就是守住人天生的本真,所以我们只有一条路——回归道,回归自然,"复归于婴儿","复归于朴"。他要我们活在道跟德之间就好了,不要走到仁、义、礼这边来,因为这些是人为造作的产物,是人生的流落,而且越离越远;所以越往外的,他评价越低。他认为"仁"还可以,一半上、一半下,它已经有为了,但是它的有心还是最纯洁的;到了"义",各地方的"义"不一样,大家都用自己的"义"来判定对方不对。所以人间的发展,在道家说来不是更好了,而是好的东西消失了。儒家说:走出我们的路来,内圣外王,把我们的好推广到人间。老子不是这样认为的,他认为走入人间是人本来的美好在人间消失的过程,所以成长就是天真消失,不讲真话了,开始应酬了。道家认为这些是假的,他认为你有心就会有义;而当你认为自己是对的,就会进一步责求人家做到,这就是"有礼"。所以有心、有知、有为,越来越远,越外面的越不对,因为老子把标准定在"德","德"才是真的,"婴儿"才是对的。

这是道家对于儒家的仁、义、礼的一个反省，底下老子又说："夫礼者，忠信之薄，而乱之首。"他认为礼是"忠信之薄"，什么叫"忠信之薄"？"忠信"是指你天生的忠厚、信实；忠厚、信实开始薄了，因为你的内在很薄弱，才需要到外面去找啊；如果你内在很充实，又何必往外找呢？所以当我们谈到"礼"的时候，是代表我们内在的真实逐步消失了，因此说"礼者，忠信之薄"。"而乱之首"，走向乱的开始。为什么礼是走向乱的开始？因为人家不接受、"莫之应"的时候，你就高举双臂，勉强别人走你的路，这不是会引起对方的反抗吗？每一个人都要有儒家的修养跟道家的修养，不然每一个人都把自己摆在第一位，各有各的"义"，恐怕很难摆平。

让制度来保护生命感情

所以老子说：当我们讲到"礼"的时候，代表我的内在很贫乏，因而往外找。我不是说过我们打天下是因为要增加自己的安全感吗？人总觉得自己不够安全，最安全的就是天下都是我的。但是我们发觉，天下都是你的，你也没有安全感，因为你怕明天就不是你的了，这叫"宠辱若惊"，"得之若惊，失之若惊"，不会因为你得到了就没有问题了，得到了又害怕失去，叫"患得患失"，得了也是患，也是担心，担心你已经得到的会失去，可见"得"并没有解决问题。天下都是你的，另外一个麻烦就是要保管天下。庄子说"藏天下于天下"，你要保护自己，最好的方式是把天下放在天下。这是句很精彩的话，你把天下放在天下，不要把天下放在自己的身上——第一，你担当不起；第二，你很难保护的。所以何必去保管天下呢？人实在不需要去打出这样的一个人生行程来，这对老子来说是你失去原来的自我，而不是你增加了外面的天下；我们都以为我们增加了外面这一段，老子认为不是，反而是你把里面那个最真实的天下散掉了，这就叫流落，漂流且沉落。

所以当我们讲到"礼"的时候，代表这个社会不太行了，那今天讲法治岂不是更严重了吗？因为"礼"的下面是"法"啊，还好那个时候韩非子还没有出来，不然老子还要批判下去。孔子讲"仁"，孟子讲"义"，荀子讲"礼"，韩非讲"法"；今天我们讲法，所以我们在观念上不大能够接受老子的这个想法。

我们不是要把感情跟生命给出来吗？这是人际关系最重要的本质，是高贵的质量；这样人我的沟通是高层次的沟通，因为我们是心的沟通。所以大家安于自己的喜好就好，你喝你的酒，我喝我的茶，人生就是这样子嘛，这叫自然。不要强迫人家跟你一样，"攘臂而扔之"，到最后自己先垮。人际关系一定要用心交会，心的感应是高层次的，而不要用底下那个层次。

问题在于这个高层次的感情跟生命也最没有保险，又会受到伤害，这是因为每一次我把感情给出来、把生命给出来，我在人间就会受伤害。我们想想是不是这样子？那么有没有可能，我们跟人家相处，但我们的感情跟生命都不受到伤害呢？靠什么？靠制度，靠礼跟法，所以我认为礼跟法可以保护我们的生命、感情，不让我们赤裸裸地在十字街头承受挫折。

生命、感情通过制度就不会伤感，不会感到遗憾了。所以人生的两大问题：第一个，把生命、感情给出去；第二个，不要让它受伤。把生命、感情给出去是儒家的思想，不要受伤是道家的思想。但是道家只是心灵的化解，到了荀子、韩非，他用制度保护你，通过制度让大家都不伤感情。所以我希望把荀子的"礼"、韩非的"法"、当代的民主法治，说成是保护我们生命、感情的一道防线，而不要把它说成是束缚我们生命、感情的制度。

当然我这样的说法跟老子是不直接相干的，而且好像有一点在反省老子的意思，不过这是因为我担心讲了《老子》以后，大家对人间的相处、对人世间的制度会有反感。事实上我们讲《老子》，可以避开老子所说的流落。我不流落，尽管我一直在人间行走，但是每一步都是无心的，都保有天真；我还是会交朋友，还是会讲社会公义，还是会讲人我之间要守礼，还是会讲当代社会要守法，但是在每一个时刻我都保有天真。我真实地来,真实地跟你相处,真实地跟你沟通,真实地守法;不会说我已经流落人间,就一边漂流,一边沉落。所以这个时候我们就要有现代化的思考,有老子的智慧,同时又不会用老子的思想来反现代化。大家一直很担心,我们讲老庄,好像要放松了,不理学生了,那怎么办呢?不是这个意思,你还是要管学生,只是无心地管,比较自然地管,不伤感情地管,不会压迫他们地管。还是要管,不然你怎么能当老师,怎么能当父母呢?所以还是"为",只是"为无为",是无心地为。

过去还没忘记,未来又提前到来

底下说:"前识者,道之华而愚之始。"这里的"识"念作"志","道之华"是道的表面;道的表面还是很吸引人的,但却是愚的开始。什么叫"前识者"?孟子说仁、义、礼、智,人的心会发出仁、义、礼、智这四端——端倪,端倪就是心发动时候的那个感情,叫恻隐之心、羞恶之心、辞让之心、是非之心,这个智就是老子讲的"前识者"。本来人生的流落就是这样子,我们有心,我们有知,我们有为,一步一步地往外拓展出去,好像离原来的德越来越远了,但这只是现在而已。"前识者"是会预测未来的,还没有到来的岁月,我们已经通过今天把它执定下来了。譬如说我们排的行程表,明天怎么样,后天怎么样,都排到几个月之后了,这叫"前识者"。你现在这么忙,连未来都忙进去了,而且还没有来的,你就预先感受到压迫,看到行事历就烦,都不敢翻了,一翻开就觉得自己没有前途,全写满了。本来人生偶有不好,也是到当前为止,但是我们预先想到未来的不好,这个"前识者,道之华而愚之始",是道的浮表、浮华,而且是"愚之始"。这个"愚"不是那个老子所喜欢的"愚",这里是真的愚,愚蠢的开始,愚蠢进一步恶化就会连未来都赔进去。你失落了现在还不打紧,连未来都赔进去了,这叫"愚之始"。

所以我们真的应该要"过而忘也",我们的问题是:第一,忘不了过去,然后你就没有现在;第二,你连未来都预先预定出去了。这叫前识者,把未来的忙碌、压力都拉到现在来了。所以,每一个人的现在真苦,过去的没有忘记,未来的提前到来,令人有撑不住、过不下去的感受。而这个苦是自己找来的,不是愚蠢是什么?

王弼花了最长的篇幅来注解这一章,站在知识层面来说,这一章非常重要。但是我不愿意太过强调学问,我们希望多往人生智慧这方面去省思。最重要的就是:道家讲道德,儒家讲仁、义、礼。如果我们要跟儒家来对比的话,道家讲的"道"相当于儒家讲的"天",道家讲的"德"相当于儒家讲的"性",就是"天命之谓性"。天内在于人叫"性",所以我们叫

"人性";道内在于人叫"德",所以叫"人德";这样来比是最公平的。

所以老子把"仁"说成是在德的外面,对儒家并不公平,因为他的"德"相当于儒家的"性",而儒家的"性"就是从"仁"说的,叫"仁性",我们的"性"就是有仁心的。老子把"仁"推到"德"的外面去,并且说:我的"德"是无心的,你的"仁"是有心的,所以你们已经往外漂流、流落于外了。这对儒家的"仁"来说是不公平的,所以我们在讲老子跟孔子的时候,要注意到这一点。在老子的标准中,他把"仁"说成是外在的;在儒家说来,"仁"是内在的,"仁"是我最真实的心。老子大概认为"仁"就是往外面走的开始,你一有心就会走出去了,我无心就不会走出去,你有心才想到要去跟人家感应一下、交会一下、沟通一下,所以才形成"义",然后又形成"礼",进而形成"法",或者是"智",才会有这些问题。如果守住老子的德来说,就没有这个问题了。不过就儒家说,他的"性"就是"仁",仁性、仁心就是性善,而这个就是老子讲的本德天真。

老子道家在反省孔子儒家

孔子说:"志于道,据于德,依于仁,游于艺。"而《道德经》显然是针对《论语》讲的，孔子说"志于道"，老子就说"道可道，非常道"——你所"道"出来的那个"道"不一定是自然的"常道"；孔子说"据于德"，老子就说你执守的"德"不一定是上德，"上德不德，是以有德"，你的"据于德"就是"不失德"，因为"据"就是要据守、要守住，这不是"不失德"吗？"不失德"在老子说来是下德——"下德不失德，是以无德"。所以他说儒家的道是"可道"，儒家的德是"下德"。

"道"本来是道路，道路是人走出来的，所以叫"德行"；"德行"在儒家的意思是：道路是人开出来的，而这个"行"是通过心去"行"的，所以儒家哲学的基础是在"仁"，要"志于道"，就是有心为人间开路，为人生开路；那这条路通过什么地方开出来？通过德去实践出来，叫"德行"，因为"行"才能开出路来。道路的根据在德行，那么德行通过什么发动？从仁心发动的，所以老子一定要进入到这里来反省儒家的"仁"。因此当孔子说"依于仁"——一切通过"仁"、依靠"仁"来发动的时候，老子告诉你"不仁"。通过"不仁"才能够讲"不德"，通过"不德"来讲"不道"，所以庄子在《齐物论》中讲"大道不称""大仁不仁"，而老子一定要讲到"天地不仁""圣人不仁"。

你要反省人家的道，先要反省人家的德；你要反省人家的德，先要反省人家的仁。因为孔子是从道说到德、说到仁的，所以老子也一样，先说"道可道，非常道"，然后说"上德不德，是以有德"，再说"天地不仁""圣人不仁"。你主张道，他说"不道"；你主张德，他说"不德"；你主张仁，他说"不仁"。因为你所说的有心、有知、有为都是人为，他的不仁、不德、不道都是自然，他的"不"就是不落在有心、有为中，不落在人为造作中，然后让原来的道更"常"，原来的德更高；另外庄子也说"大仁不仁"，即让原来的仁更大。所以老子跟庄子所说的"不道""不德""不仁"，是为了让道、德、仁更美好，不是反对道、德跟仁的。他认为经过他的"不"以后，原来的道、原来的德、原来的仁会更恒定，更开阔，更崇高，更圆满，因为他是自然无心的。

正面道理从反面说

在讲第五章之前，先做这样一个对比，你就能看得出来老子《道德经》跟《论语》的紧密关联性。孔子的第四句是"游于艺"，仁心、爱心在哪里表现？在诗、书、礼、乐。我们的德行开出道路，我们的仁心开出德行，而这整个的爱心、德行、道路，是放在诗、书、礼、乐上表现的。所有的人文教养会让人得到一种熏陶，这叫"游于艺"。但是老子说"夫礼者，忠信之薄，而乱之首也"，你看他是不是在直接对儒家思想做出反省？你说它好，他就从不好的方面看，这在老子叫"正言若反"——儒家的正言，老子都通过反面来说。

儒家都从正面说，老子都从反面说，你的道是常道吗？也许只是可道。你的德是上德吗？可能变成下德。你的仁是大仁吗？也许你是小仁——就是说你的爱有偏差，有特别的对象，不是对每个人都爱。你"游于艺"，人文化成，很可能就是意味着你内在的薄弱，而变成责求争端的开始。我们今天常说某个人喜欢唱反调，老子倒不一定是唱反调，但是他都是从反面来反省你的想法，譬如说人间有什么活动，我们都会往好的地方想，老子就会往不好的地方想。他冷冷地在旁说一句：你不一定对喔！你没有权力帮人家决定，让他自己去思考比较好，不见得你帮他决定就是好的。这就是老子，儒家的正言他都通过反面说，叫"正言若反"。你说道，他一定"不道"；你说德，他"不德"；你说仁，他"不仁"。现在我们就要讲第五章的"天地不仁""圣人不仁"。因为这一句话被人引用得很多，但常被引错，所以这句话我们要好好说。

说到"天地不仁""圣人不仁"，你一定要想到前面讲的"不道"跟"不德"。"不道"就是不可道，道是不能说、不可说的；德则是不能规定的。而仁呢？仁是不能够执着，不能够封闭的。"天地不仁，以万物为刍狗；圣人不仁，以百姓为刍狗。"一般人会觉得这段话很令人接受不了，以为老子是说：天地是没有爱心的，它生了万物又抛弃万物；圣人是没有爱心的，他生了百姓又不管百姓了。"刍狗"是用草做成的狗，帮它修饰、打扮起来，然后用来祭祀；祭拜完了以后，就把它扔掉了。所以很多人都只看到这个抛弃的意思：天地是没有爱心的，它们抛弃万物；圣人是没有爱心的，他们抛弃百姓。这样一来他们就会对老子有很大的不满，"以百姓为刍狗""以万物为刍狗"，就是利用万物，利用百姓，利用完以后就不理人家，这叫抛弃，叫弃绝。

"不仁"不是冷酷而是无心放开；"刍狗"不是弃绝而是回归自然

先引用第四十九章的第一句话来对照第五章，就知道把它说成抛弃、弃绝是不对的。第四十九章说"圣人无常心，以百姓心为心"，就是说圣人没有自己非怎么样不可的心；"常心"是自己非如此坚持不可的想法，因为这代表我的权威。我就是这样想的，你们要听我的，我不能改变。但老子说：圣人没有自己的心，才会把百姓的心当作自己的心。所以"圣人无常心"就是"圣人不仁"，"以百姓为刍狗"就是"以百姓心为心"。这叫以经解经，在《道德经》里面，把这两句话并列求解，是不可能有不同的意思的。所以通过第四十九章的第一句话来解"圣人不仁,以百姓为刍狗",再通过"圣人不仁,以百姓为刍狗"来解"天地不仁,以万物为刍狗",这样来讲就对了。

所以"不仁"不是没有爱心,而是没有自己的心,就是前面讲的"无心而为"的那个"无心";圣人是无心的,以百姓的心为自己的心。那为什么讲"刍狗"呢?刍狗当然是草做成的狗,用来祭祀又抛开,表面上如此,但事实上那些草是从土地中来的,又回到土地中去,有什么不好呢?从自然中来,又回到自然中去,这不能叫弃绝,所以我的解读是"放开"——天地是无心的,它放开万物,让万物去自生自长;圣人是无心的,他放开百姓,让百姓去自在自得。

得其所哉就不叫抛弃,所以我说放开。天地没有自己心的执着,便能成全万物,放开万物,而让万物去自生自长。所以我说"放开就是成全"。圣人是没有自己的心的,也没有自己的坚持,他放开百姓,让百姓自在自得,这叫"无为而治","无为而无不为"——圣人"无为",百姓"无不为";天地无为,万物无不为。万物"无不为"就是万物自生自长,百姓"无不为"是百姓自在自得。所以"不仁"不是说没有仁,不是对仁的否定和反对,而是讲仁的提升和超越。我超越我的仁,我提升我的仁,我完全为对方想。本来仁是通过我出发的,现在我提升我自己,超越我自己,完全为对方想,这叫"不仁"。

所以老子讲的"不仁""不德""不道",都不是反对的意思,而是提升的意思;放开一下,让自己以更开阔的眼光、更广大的心胸去接受别人,去跟别人相处,这叫"圣人无常心,以百姓心为心"。对当代的民主政治来说,这句话是最有启发性的诠释,不管是官员或民意代表,都应该好好读老子这句话。民意代表或是行政长官,最重要的就是你要没有你,你不是你,因为此后你的生命是为人民活的,百姓的心就是你的心。我很喜欢美国一个国会议员讲的话,人家问他:你将来在国会里要投哪一边?他说:我要问我选区的选民,他们的意思是怎样,我就怎样。这话是对的,不是你反对,或是你赞成,不是你有权力决定的,你只是代表这个地区的人讲话。民主政治就是这样,所以严几道认为老子是支持民主政治的,我也认为很对。

以百姓心为心,才是民主的根本

我为什么一直讲老庄,就是因为我觉得老庄可能支持我们现代化的民主法治社会。在民主政治里面做一个领导人物或民意代表,最重要的素养就是我没有我自己。有人说:我没有我自己,那岂不是没有主见了吗?不是的,百姓的主见就是你的主见,你看这样不就是圣人之治吗?这是道家式的圣人之治;儒家式的是圣人来教化百姓,带动百姓,这样的心态跟民主比较不相应,因为是由圣人来决定的,那就不能讲民主了;是你决定的,那我的民主呢?道家相反,圣人不决定,你们来决定,是更切近当代民主政治的心态。

我当然也讲儒家,儒家讲道德、讲伦理讲得最好,但是在人我之间的关系上,道家才能化解那份紧张。我们老是觉得自己是对的,老是觉得我该帮你决定,父母帮你决定,那孩子就没有了,所以会造成亲子之间的紧张;这个时候我们就需要以道家的智慧去减少紧张,这叫"圣人无常心"。老师无常心,以学生心为心;父母无常心,以子女心为心。我们能够做到这一点,就会懂得老子哲学的个中三昧,不会坚持我们自己原来怎样怎样,而会是解消自己——"不仁"就是解消自己——然后你才能够给他机会,给他选择的机会,尊重他的想法和意愿,这叫让他自生自长,让他自在自得。

当然这很难做到,做老师的总是觉得他应该帮学生决定,做父母的总是帮儿女决定。其实"不仁"就是自然,而道家的"无心"叫"自然";无心自然就是不造作,不帮他决定。你不帮他决定,你不造作,就使对方自在自得了。不然你帮他做了,帮他造了,他就没有自己的空间,也没有自我的生长,没有自我的"得"、自我的"在"了。

何时退出是人生的大智慧

所以我说，要懂得放开的智慧。我常感慨我们总是等到人生的很多事情变坏以后，才愿意觉醒，像连续剧都要演到最后大家骂个不停，没有人看了，才会停下来。为什么不在最精彩的时候结束，让人家有无限的怀念？有时候人生的缺憾就在于少了美感，懂得在什么时候停下来，这是道家的智慧。人要在最高峰的时候停下来，让举世怀念那段属于你的灿烂岁月，否则会毁掉那原初的美好。

所以如何在最恰当的时候退出，是人生最重大的智慧——不是什么时候投进去，而是什么时候退出。我这样的感受是从老庄思想中来的，怎样改善人际关系，怎样才会有善缘，就在于懂得放开他，给他自由。不是任何事都是你对，都是你帮他决定，都是你来带动、鼓舞、督促；有时候我们会一厢情愿地认为这样做跟他的关系会更好，却常常适得其反，让关系更恶劣。所以我说要有两个修养：第一个是儒家式的修养，给出我们的真诚善意，把真情实感给出来，用最高贵的、最内在的情意来跟人沟通；第二个，忘掉我们自己的美好，如此才可以看到别人，才是可亲可爱的人，这个就是通过道家思想来说的。一般说来，我们都会少了老庄这一分智慧。所以"不仁"是退出的意思，是放开的意思，是给他自由的意思，是让他海阔天空的意思。你退出来了，他就拥有了自己的天空；老师多退出一点，父母多退出一点，让学生、子女有自己的天空，这叫以百姓为刍狗，以子女为刍狗，以学生为刍狗。让他们拥有天真的童年和美好的成长岁月。

在虚空中生出妙有

底下说："天地之间，其犹橐籥乎！"天地之间就像橐籥一样，什么叫橐籥？籥是乐器，像洞箫、七孔笛之类。天地之间的功能就像七孔笛一样，是"虚而不屈"，它是虚的，但是永不竭尽；它是空的，但任何乐章它都可以吹出来，所以说"动而愈出"，只要一吹动它，一个个生命的乐章就演奏出来了。什么叫"橐"？就是鼓风管。乡下打铁用的鼓风管，鼓动鼓风管可以把空气送到炉火处，使炉火纯青。鼓风管也是虚的，但是无限的可能性从那边涌现，就像洞箫、七孔笛可以吹出所有的乐章一样。

人生就要像这个样子，"不仁"就是"虚"，但是"以万物为刍狗"的好处就是"动而愈出"。老师是"虚"的，但是学生是"动而愈出"；我们只是给学生自由，只是引导他，但是就在你的"虚"里面，学生"动而愈出"，一个一个人才出来了。这是开放式、辅导式的教育，不是填鸭式的。

底下落在政治上来说:"多言数穷,不如守中。""多言"就是发布很多命令,有很多作为。"数穷"就是必穷之数,这个"数"是气数。你老是发命令,老是放不开,什么都要管,这叫必穷之数。"不如守中",就是不如守"冲"——"冲"是"虚"的意思——就是"无常心"。"多言"是"冲"的相反,"多言"是什么都要管,什么都要抓住,不失德,却刚好不行,所以那是必穷之数;不如守住这个虚,因为虚是不竭的,就是"道冲而用之或不盈"的意思,不会求满,不会用尽。你倒进去也不会倒满,你倒出来也不会倒光,这叫"不屈"。为什么?因为它是虚的。所以用洞箫吹奏,任何乐章它都可以吹出来,但是它没有自己啊,它没有自己的规定,没有自己的乐章,它是虚的,然而它不会竭尽,只要一启动,所有美妙的乐章都会从那边涌现。

所以不要以为"不仁"是没有爱心,"圣人无常心",圣人没有了,但是百姓都有了;百姓有了,你怎么会没有?爸爸没有了,但子女都有了,你怎么会没有?子女不就是你的"有"吗?所以看起来爸爸不仁,但是子女有了,这叫"动而愈出"。因此老子说"天下万物生于有,有生于无",你不要看它"无",一切的"有"从"无"里面出来;你不要看它"虚",一切美妙的乐章都从那里面流出来。

十二　小国寡民的桃花源

人生在世，活出一辈子，
我们总在追寻一个海阔天空、闲散自在的休歇处。
不是都会区的豪华大厦，
也不是山水间的清幽别墅，
而是一个朴实的国度与纯真的子民，
在看起来什么都没有的每一个"当下"，什么都有了。

本德的善，天真的信，人人皆有

之前通过第四十九章的"圣人无常心，以百姓心为心"来讲"天地不仁""圣人不仁"，现在我们继续讲第四十九章的其余部分："善者吾善之，不善者吾亦善之，德善；信者吾信之，不信者吾亦信之，德信。""德善""德信"是本德的善、本德的信，"善"就是有真实的自我，"信"就是能够体现自我的人，在孟子叫"可欲之谓善，有诸己之谓信，充实之谓美"。"有诸己"就是有之于己，人生路上，你要有之于己，不能够依附在外面；依附名利，依附权势，那样就失落自我了。所以说真正的贵、真正的爱就是不要天下的人。本德的善是你本来有的善，我们要把生命的标准放在每一个人本来有的自我、本来有的善、本来有的信上。既然是每一个人本来有的，所以天下就没有善跟不善的分别，就没有信跟不信的分别，就都是善、都是信了。所以说："善者吾善之，不善者吾亦善之。"

分别是因为某一个社会的标准才有的。例如及格者吾善之，不及格者吾不善之；上榜者吾善之，没上榜者吾不善之。因为上不上榜、及不及格，是来自于社会的标准，这样的标准不一定是为每一个人设的。就算它是常态，但是这显然有个别差异，用社会的标准来要求每一个小孩，会令每一个小孩无端地产生极大的压力。这个时候，我们要把所谓的"善"跟"信"放在每一个小孩的身上，他本身就是标准，所以就没有不及格、不上榜的贬抑了。因为人生在世，就是把自己活出来，活出来就叫"德善""德信"。通过社会的"善"跟"信"的标准来看，就有人"善"，有人"不善"；有人"信"，有人"不信"。结果造成很多人在这个标准之外，"天下皆知善之为善，斯不善已"，你说什么是"善"，就已经把很多人说成"不善"了；你规定一个什么叫"美"，很多人就被排除到"不美"的那边去了。所以老子说"圣人无常心"，没有我自己的心，就是没有我的标准；"以百姓心为心"，以百姓的心作为他的心，以百姓作为他的标准。这样就没有这个是"善"、那个是"不善"，这个是"信"、那个是"不信"的分别了，每一个人都回到他自己，每一个人就是他自己唯一的"善"、独一的"信"。

我们每一个人在这个世界上都是独一无二的，没有办法变成另外一个人，我讲的"命"的意思就在这里。我说要知命，知命的人有善缘也是这个意思；我们最大的挫折就是把自己跟别人比，哪一个子女不是父母亲的心肝宝贝？但是很遗憾的，不止是我们的子女一个人在那个地方，天下人的子女老排在我们孩子的前面。所以不要管别人考几分，只要看到孩子尽力了就好，这样每一个人都是有"德善""德信"的。我们对自己的要求亦复如此，千万不要老是跟别人比，你只要自己活得好就好，这叫"德善""德信"。

带百姓回归自然的美好

底下说："圣人在天下，歙歙；为天下浑其心。百姓皆注其耳目,圣人皆孩之。"是说圣人身在天下,领导天下;"歙歙"是内敛含藏,要自我解消,为天下人浑化他自己的心,就是"无常心"的意思。你要为天下人化掉自己的心,领导人物要做到没有自我是相当艰难的;人在权力中如何能放开权力,是古今中外所有的人都要反省的问题,所谓"权力让人腐化","绝对的权力,绝对腐化",被认为是当代民主政治的重大宣言。所以圣人在天下,老子认为重要的是怎样不抓住权力,他在那个位置,但是他不抓住权位,也不显现自己的权威;而宁可把它放开,放开权势,把天下交给天下,把天下还给天下。这是很了不起的,尧舜之所以伟大也就在此。尧让位给舜,舜让位给禹,没有人做得到。不要说尧舜禅让,就是父子师生,为儿女学生浑化自己的心,都不大能做到;父母老是要儿女去扳平或挽回自身的遗憾,所以就给了儿女很大的压力,每一个孩子都被逼到前线,都希望走最热门、最顶尖的科技之路,这就是"百姓皆注其耳目"——他们都通过耳目来看人生。我们讲"注"是专注,是说我们是用耳目去看,不是用心去看的。我希望我们用心灵来感受人生,看人生,而不是用耳目,不是只看到花花世界。这一来,"圣人皆孩之",就是圣人带着天下人回到自然,不在人间街头追逐名利。"孩之"是小儿的笑貌。带着百姓不走耳目的那条路,这叫"是以圣人为腹不为目"(第十二章)。"为目"是被带出去,"为腹"是回归自我;所以

"圣人皆孩之",是带着百姓,让他们能够有一个自然的喜悦、天生的本真。婴儿的欢声笑语,不是最天真、最自然的吗?人生可不可以永远保持童心过日子呢?不要怀疑,不要紧张,不要对抗,不要猜测,这叫"圣人皆孩之"。

第五章讲"天地不仁""圣人不仁",就好像乐器、鼓风管,它是虚的,但是有无限的可能。对一个圣人说来,无限的可能在什么地方?在百姓。对天地说来,不仁的虚,无限的可能就在万物;天地没有自己,万物就自生自长了;圣人没有自己,百姓就自在自得了。如果你把"虚"转成"实"了,就叫八音盒,八音盒怎么转、怎么放,都是同样一首音乐,这样万物跟百姓就没有个性了;如果天地跟圣人都只是制作八音盒,让所有的百姓唱同一首歌曲,这就不精彩了。开放的社会之所以多采多姿,就是因为每一个人都有自我,这叫"德善""德信",叫"动而愈出"。所以多言是必穷之数,圣人、天地有自己就是有心而多言。多言就是老发布命令,强调自己的意志,贯彻自己的想法。多言为什么是必穷之数?因为万物跟百姓都没有个性,那不就垮了吗?

所以要让每一个人都有个性,每一个人都有自我,才是一个成功的父母、成功的老师、成功的朋友;这叫"多言数穷,不如守中(冲)"。守着我的虚,我一虚,大家就有他自己了;我是无,他们却是有,这叫"天下万物生于有,有生于无",天下朋友生于有他自己，那么朋友为什么会有他自己呢？因为生于我的没有我；我没有我，我的朋友才能表现他的个性，不然他因为顾念我，就没有个性了。所以千万不要让自己成为别人的负担，不要让人家感受压力，这个叫"不如守中"。

小国寡民是素朴纯真

下面我们讲第八十章："小国寡民。使有什佰之器而不用，使民重死而不远徙。"老子的理想国是一个"小国寡民"的社会，那个"小"跟"寡"不是数量的意思，不要把它当成数量讲，然后理解成老子的哲学只适合小城邦，大帝国他一点办法都没有。王弼做注时在这一点上也错了，注曰："国既小，民又寡，尚可使反古，况国大民众乎。"这话如何理解？国家小，民众又少，尚且可以让它回到古时候的自然状态，何况是大国民众呢？这样说是不通的，大国民众应该比较难，怎么会用"何况"来说呢？应该说：大国民众，尚且可以使它回归自然，何况是国小民寡呢？这才像一个句子。所以第一流的哲学家面对现实有时候会变得过于天真，太理想性、讲太多道理的人，对人生现实反而没有解决的能力。孔孟跟老庄的了不起之处就在于能够面对人生存在的问题，包括人生的困苦以及智慧的传承；但是有些讲道家的人就没有这个，光讲境界、山水画、田园诗，那历史交给谁？为什么我在讲道家的时候，背后都会讲儒家，就是担心这一点。我希望今天的道家是"当代新道家"，我们学老庄是要来支持孔孟的，而不是为了隐居避世的。

所以"小国寡民"不是指数量的少，我认为"小"跟"寡"指的是它的质量。什么叫"小"跟"寡"？"小"跟"寡"就是不放在心上，不执着，不求多，没有得失、宠辱的分别。你看善跟不善、美跟不美，都放开了，便叫"德善""德信"，又叫"常善"。所以这个"小"跟"寡"是就我们的心很自然、放得开来说的，在《道德经》里面很多章有这个意思，但刚好我们都没有讲到。第三十四章讲："常无欲，可名于小。"这个"小"显然不是指数量的少，而是指"常无欲"，就是无心，没有心知，没有可欲。"小"不是说我的心特别小，而是说我的心没有执着，所以"小国寡民"就好像一个很素朴的农村。与世无争，每一个人走在人生道上好像都很自在，没有漂泊，没有流浪，没有迷惘，没有彷徨，没有恐慌，那样的社会叫"小国寡民"。"常无欲"，大家的心都放开了，没有什么执着，也没有什么缺憾，好像亘古以来人生就是这样走过来的，走在农村的道上，走在自然的田野上。但是对今天的我们来说，这个已经是可遇不可求的机缘了，因为现在的山水田园都被污染了，这是为现代化付出的代价，没有办法的。所以我说"小国寡民"是指这个意思，要这样了解，而不要说是一个国土很小、民众很少的国家,这有什么意义?老子是希望我们回到这样的一个自然无为、很素朴、很天真的社会,这样的生活才是老子的理想,而不是把一个大一统的国家变成很多很小的城邦。

有器而不用,有舟舆而不乘,有甲兵而不陈

"使有什佰之器而不用",是说它是有各种器皿的,是有文明的,不要以为它是野蛮的。它有器皿,只是不用就是了,为什么不用?因为无所求。道家告诉我们它什么都有,不是原始、野蛮、贫乏的,只是"不用"。"不用"是就心说的,因为心是"小"跟"寡"的,就是心都放下来了,所以"有什佰之器而不用"。

我刚刚说它很素朴,所以"使民重死而不远徙"——就是安土重迁。土地是我们的根,我们一般不大愿意离开自己的乡土;但历史的变局使整个乡土观念在渐渐淡薄。他是不在人间奔走、不在人间追逐、不在人间漂泊流浪的。在乡土中无所求,所以精细的器皿、高度的文明都用不着,每一个人都安于自己的家乡,在自然田野中过一辈子,因而不迁徙流离。我们向往这个境界,希望活用这个精神,现在我们没有人可以老是待在自己的乡土,所以我才说我们要认同第二个乡土,不管你在哪里,都要定下来,都要让自己不离开那种跟大地联结在一

起的深厚感情，不然我们会变得无根。"重死而不远徙"就是我们有根的感觉，那道家的根在哪里？在自然，在乡土农村，在山水田园中。

底下第二段说："虽有舟舆，无所乘之。"他说"有"舟舆，只是"无"所乘之。"虽有甲兵，无所陈之"，也"有"甲兵，不过"无"所陈之。你不要以为它没有军队，它也有防卫能力。为什么"虽有舟舆，无所乘之"呢？因为"重死而不远徙"啊！"重死"是什么意思？老子在第七十五章说："民之轻死，以其上求生之厚。""上"是君上。天下人民看轻死亡，不想活了，为什么？因为求生的东西都被君上囊括去了，天下人民顿时失去存活的资借。这里的"重死"是看重生命的意思，看重生命就要让生命不离开它的根土，所以"不远徙"；既然"不远徙"，你要舟车做什么呢？"虽有甲兵，无所陈之"，"甲兵"是指武器，既然列国皆小，安于自然，众民皆寡，安于简单，国与国、民与民间和平素朴，那么防卫武器就形同虚设，只是摆个姿态而已！

结绳是无心的自然素朴，甘美安乐总在心中

底下又说："使民复结绳而用之。"前面那些"什佰之器""甲兵""舟舆"，都只是象征的意义，指高度的文明要有

"什佰之器",要有"舟舆",要有"甲兵",这代表一种文明的质量,但整个文明最大的象征是文字跟符号。平时我们只是想看得到的东西,现在即使你看不到也会想;本来叫"具象",经过知识处理叫"抽象",经过文学创作叫"想象"。我们看到的实质是"现象世界","现"在我们眼前的"象"就叫"现象",而这样的现象是具体的,所以叫"具象",它具体地摆在那个地方,有形状、色彩、光影、声调,我们对它有感觉,看得到它的颜色,听得到它的声音,感觉得到它的柔软度。但是到了"知识世界"就不行了,只剩下"人"的符号。我们很害怕人被抽象化,而科学就是把人抽象化,因为抽象才有普遍性,并对每一个存在都有效。但是每一个人独有的个性没有了,感情、生命、血肉不见了,所以科学的世界是冷冰冰的世界,叫"抽象的世界"。它把你抽离,你变成符号,变成数字概念。文学的世界则是通过意象,让你回到原来的"象",文学是用文字符号写的,但是我们可以通过我们的想象力,让所写的故事还原到活生生的人生、活泼泼的自然。

我们活在现在的世界里面,文字符号显然就是抽象化的,所以"使人复结绳而用之",就是回到最素朴的世界中。事实上,结绳已经是符号的开始,像《易经》的阳爻、阴爻,就是符号的源始。这还只是最简单的符号,整部《易经》只有这两个符号,八卦是由这两个符号构成的,六十四卦也是,但是却能代表天地、人间所有复杂的现象——我们用六十四卦解释宇宙跟人生，这是一个很了不起的哲学系统。只有两个简单符号，却构成一个解释世界、解释人生的大系统，但毕竟还是符号啊！不过至少它是"使人复结绳而用之"，就是回到那最自然的感觉、不很复杂的社会，因为用结绳来记载是最简单的嘛。所以这让人生回到自然中，回到简单素朴中，感觉最灵敏、最真实，捕捉家居生活的幸福感，这样，家常、日常都活起来了。"甘其食，美其服，安其居，乐其俗"，尽管它是简单，它是素朴，但它是美好的，所以他讲"甘""美""安""乐"。不要以为道家否定人间所有的美好，他只是看到人文的负作用、文明僵化的不好，希望回到自然的好，并不是他反对美好本身。很多人间本来的好，后来渐渐变得不好了，就像送礼，彼此间的情意本来很好，但是送得过分，结果反而令人觉得是一种负担；所以道家的意思是大家都不送礼就好了。老子看到人间本来的好渐渐地变成不好——因为太执着、太夸张了，所以他要让我们回到自然的好，"甘其食，美其服，安其居，乐其俗"，就是回到自然的好，它是甘美的、安乐的，讲自然的和谐、生命的真实与人间的美好。

　　老子讲的"自然"是价值的自然，而不是原始的自然。所以不要把他当作复古，说老子主张文明退化论，希望我们回到一个原始、野蛮的世界去；那样讲就错了。事实上他的自然是相对于"他然",自己如此而不被外界牵动。所以"甘其食,美其服,安其居,乐其俗"的甘、美、安、乐都是从心上说,而不是从物质的精美、贵重说。甘美安乐是心的感觉,像茶本身有所谓甘美的味道,却没有安乐的感受,茶的品味是来自于喝茶的人心中的清静,你一定要有那分悠闲、不匆忙,才会觉得品茶是一个乐趣;你的生命中要有道,你喝茶,那道才会在茶中显现,所以喝茶人跟泡茶人的心情才是根源所在。"一箪食,一瓢饮",颜回可以不改其乐,"饭疏食,饮水",孔子也可以乐在其中,所以叫"孔颜之乐"。孔子跟颜回都可以在最简单的生活里面感受到最深刻、最丰富的内涵,这就是"甘其食,美其服,安其居,乐其俗"的意思。

在生命交会中保有距离的美感

第四段说:"邻国相望,鸡犬之声相闻,民至老死不相往来。"这些话很有意思,现在很多人常用后两句来说住在公寓中的生活。"邻国相望"是指没有国界,没有边防,没有要塞,没有关卡的意思;全球的国界都是开放的,就像加拿大跟美国,他们没有边界,但是"相望"。相望就可以产生距离的美感,可以直接看到,又有点距离。"鸡犬之声相闻",是说他们彼此间的心声可以互相感通,而且彼此间达到一个和谐。那"民至老死不相往来"是什么意思呢？就是保持生活的独立性，为什么"老死不相往来"？因为那么近，"邻国相望"，而且"鸡犬之声相闻"，如果不尊重对方生活的完整性，可就是"无所逃于天地之间"了。所以"民至老死不相往来"指的是，保存双方的独立性，存全隐私权，不受到妨碍、干扰。

儒家讲的"天下有道"是要天下大一统的，向往"礼乐征伐自天子出"的那种政局，有一个中央政府，有天子，全国每一个地方都遵从一体的理序。当然这个中央要"圣王"才行，所以"天下有道，礼乐征伐自天子出"，大一统的大国，也是一个文化的大国、文明的大国，这是儒家向往的。而道家希望这样的大一统散开来，大家回到每一个地区的特殊性、独立性，所以他才会说"小国寡民"。但是"小国寡民"不是说每一个地方各自独立，而是说在全国范围内，尊重每一个地区。儒家强调的是中央的大一统，道家强调的是散开的、个别的自然、天真、美好，因此产生了"小国寡民"这一理想国。老子认为应该从大帝国的结构、礼教中散开来，让每一个国度、每一个地区保持它本身的风格及独立性。

我们要用这样的意思来理解老子的第八十章，不要把它解释成退化史观或文明倒退论，说他要回到原始的自然、原始的野蛮。这样来解老子是不对的，所以儒家的"天下有道"，是大家都在"礼乐征伐"里面，"礼乐征伐自天子出"是大一统；

老子的"天下有道"是从这样的中央大一统散开,回到自然,什佰之器不用,舟舆不乘,甲兵不陈。儒家是把自然凝聚成人文,老子则是把人文解开,让它回归自然。

藏得住与妙得出

在讲第六十三章之前,先讲一下第六十二章:"道者万物之奥。"本来道家是把善的跟不善的分别打消的,但事实上还是有啊!所以他说了这句话:道是万物的奥藏。"奥"是奥藏,只有"奥"才能"藏",就像只有"玄"才能"妙"一样。第一章讲"此两者同出而异名,同谓之玄",就因为它是"玄之又玄",所以它是"众妙之门",众妙从它来。我们的生命要"玄"起来,你才能够妙得出你的子女,妙得出你的学生;所以做老师、做父母的,生命要"玄"。"玄"又是无,又是有,你又有他,又没有他,没有他是不跟他一般见识,有他则是永远跟他在一起。我是"无","无"就是不跟他一起垮——儿子哭,你不能也跟着哭;他生气,你不能也跟着生气。所以又是无又是有,才叫玄。这边叫"奥藏",生命要很深奥,你才能藏得住所有的人。所以我说:藏是藏得住,妙是妙得出。像"圣人无常心",也是说圣人是一个奥藏,藏什么?藏百姓——"以百姓心为心"。你看老鹰来了,那母鸡是藏得住它的小鸡的,突然间它的翅膀变成世界，变成一座城堡，所有的小鸡都在它的翅膀底下，然后它来对抗那俯冲而下的老鹰。这个生命的"生"真的是有大道理的，包括禽兽世界，所有的母爱都很伟大，因为它"奥"，所以它都藏得住。庄子是用榕树来形容的，一棵大榕树藏得住前来投奔的数千头牛马，这叫奥藏。如同你本身要"玄"，你才会"妙"得出所爱的子女、学生，甚至所有的人。

底下说"善人之宝，不善人之所保"，是说善人在道里面可以实现他自己；而不善的人就是天涯沦落人，在人间的标准、社会的标准中被判为失败者。"不善人之所保"是说你回到道（道是没有人间的标准），回到了自然的道里面，找回失落的自己。我们平时在十字街头失落自己，回到家才能找回失落的自己，因为你还是父母的宝贝，所以我们总是有家可回。我一直坚持家庭绝对不要变成课室跟教堂，不管这个人在外面受了多大的委屈，承受多大的挫折，他回到家，你要全部接受，这才叫家；如果又被父母赶出来，那就很严重了。"不善人"在这个地方找到了失落的自己，让伤感的自己得到休养生息，这叫"不善人之所保"，"保"是保护之意。

六十三章开头说："为无为，事无事，味无味。"这三句的意思是：所为的是无为，所事的是无事，所味的是无味。所以道家不是什么都不做的，我们在讲三十八章的时候讲过了"上德无为而无以为"，"无以为"是解释"无为"的，"无以

"为"是没有特别的原因、没有心知执着地"为",就是无心而"为"。所以人所"为"的是什么?无为。什么叫无为?无心地"为"。所事的是什么?无事。什么叫无事?无心地"事"。所味的是什么?无味。什么是无味呢?无心地"味"。譬如说我们喝茶,你说它有没有味?有味呀。喝茶是品味,它是有味的;但是我所味的是"无味",无味就是无心地"味"。无心地"味"是什么意思?就是你不会用你自己的标准来执着、抗拒那些不同的茶种、不同的泡茶人泡出来的茶——它有不同的品味。所以不是我不去品味,而是我所味的是无味、无心的,不执着的,或叫随缘的。这三句只是讲他是无心的,并不是说他什么都停下来,还的"为"、还是"事"、还是"味"是,但是无心地"为",无心地"事",无心地"味",这样那些原来的"为""事""味"才不会出问题。所以这里是要人放开的意思,不要执着,一执着,你原来的那个"事"、那个"为"、那个"味"都会出问题的,放不开就变成陷落了。

孔子以德报怨,老子报怨以德

底下说:"大小多少,报怨以德。"在《论语》中有人问孔子:"以德报怨,何如?"孔子的回答是:"何以报德?以直报怨,以德报德。"这是孔子的精神。老子则是说:"大小多少,报怨以德。"事实上,"报怨以德"跟"以德报怨"差很多的,很多人看到文字一样就以为意思一样,老子《道德经》的"报怨以德"和《论语》中的"以德报怨",是两个系统,两个家派,只看字句一样,那老子的"德"岂不是要跟儒家的"德"画等号了吗?老子讲道德,孔子也讲道德,"志于道,据于德",用《论语》解《老子》,用《老子》解《论语》,就混乱了。

"怨"是嫌隙,所有不愉快、疙瘩、猜测、不满,都叫怨。《道德经》另外一章讲"和大怨,必有余怨"(第七十九章),就是说当大怨已经形成了,你才去和解,还是会有余怨的。破镜重圆,那个伤痕还是在的。所以老子以为,不要等大怨已经形成再去求和解,这样是没有智慧的人。那怎么办呢?不要让怨产生。道家的思考是如何让它没有问题,这才是智慧。我们一般是等有了问题,然后便用另外一个问题来解决它,结果这个解决方法本身又是一个问题,于是再用另外一个问题来寻求解决。譬如说要解决贫穷问题,就开发大自然;但是开发自然又污染了自然,那怎么办?提倡环保啊——就是这样一步一步来补救的。道家的想法不是用后面的来补救前面的,而是根本不让原来的问题产生。怎样解决问题?让它不产生问题,让它没有问题。像党派之争怎么办?让它没有党派。所以"报怨"就是通过"和大怨,必有余怨"讲的,大怨形成了你才去和,那个怨还是在的,化不开的;所以只有一条路——不要让怨产生,这才是"报怨",是对应"怨"的最好态度。

那怎样让怨不会产生呢？我们讲到这个地方,要有一个逻辑的思考。怨是不可以成为大怨的,因为怨一产生,再和解也会有残余,也会化不掉,总是不愉快的。哪一天又产生冲突了,原来的旧嫌隙又会整个出来,所以最好是让怨不要产生。希望怨不要产生,我们要先问：怨是怎么产生的？原来怨产生于"大小多少"的分别。就像你买两个苹果回家给一双儿女,他们两个却马上吵起来,因为你的苹果有大有小。所以人的问题不出在"没有"上,而是在有了以后产生"大小多少"的比较;我们永远落在比较中,是比较让我们感受到压力,是比较让我们感觉自己是苦的。那要怎样"报"？这个"报"本来是指回报、报偿,在这里则是"化解"的意思。

那要怎么化解？"以德"。什么叫德？无心自然。"无心"就是无分别心,所以兄弟姐妹不管谁拿了苹果都"无心",反正是妈妈的礼物,里面是妈妈的爱,大家都"无心"。只要心里面无分别,无大小多少的比较,怨就化解于无形,这才是最有智慧的"报"。不然,"怨"是越积越深的,会深到大家都活不下去的。《论语》的"以德报怨",是问对我们有怨的人,我们也一样以最大的爱去回报他,你已经把最高奖额给了最后一名,那你还能够用什么奖额给第一名？这是儒家的问题,儒家总觉得要恩怨分明,要正义公平;但是宗教就会无限包容,所以罪人也可以被赦免，上天堂。而道家"报怨以德"，只说怎么样化解；至于怎么报才是对的？老子的答案是"无怨"，所以老子是超宗教、超道德、超法律的，他根本无怨。当你问要用什么来对待那些有怨的人的时候，老子说：何必，本来就没有怨呀！自然了，无心了，怨就不会产生。所以我说：法律是"以怨报怨"，道德是"以直报怨"，宗教是"以德报怨"，而道家站在化解的智慧来说是"报怨以德"。这里的根本意思就是让他无怨，这样就能让每一个人都得救，不要救也得救了，这是老庄思想中的宗教精神。

很多宗教都有一个困境：大菩萨出去救人，一个一个地救，救到什么时候？老子告诉你：同时得救。怎么做呢？用他自己救自己。他不要你救，他自己就救了，不是大家一起救了吗？我说老庄的宗教精神就是从这个地方说的，我们一般是用了很多时间、很多气力，试图把他救到我这边来，老子则是让每一个人救到他本身去，所以不要你救他，他自己就可以得救了，这叫"复归于朴""常德乃足"。所以老子的宗教精神是大家一起得救，不要很多人去一个又一个地救；一个又一个地救总是有遗憾的，因为你还没有救完，时间已经来不及了。因此老子想的问题是：有没有办法让大家一起得救？有没有不抛弃的救人方法呢？第二十七章说："常善救人，故无弃人；常善救物，故无弃物。"就是这个意思。

在细易处用心着力

底下说:"图难于其易,为大于其细。"人生困扰我们,我们要么就说它是难,要么说它是大:难题、困境,而且非常的大。所以一个是难,一个是大,我们希望去"图",去救治这个难,"为"就是去处理。那么要怎么样"图"、怎么样"为"呢?老子告诉我们一个原则,前面说"和大怨,必有余怨",老子反对到大的时候才处理,在大的时候、难的时候才处理,代表我们的智慧差一点。今天我们承受的困境,是因为我们没有在"易"跟"细"的时候处理,也就越来越大、越难了。所以要"于其易""于其细",事实上你在细、易的地方就要处理,现在我们让它扩大了,只会越来越棘手的。

"于"是"在"的意思,你怎样去对治难题呢?在它容易的时候。你怎样去处理大事呢?在它还小的时候。教育何尝不如此,一个孩子不好的习惯,在小时候就要帮他矫正,等他大了,错过了重要的成长阶段,以后就难了。所以解决问题要在细、易的时候。

底下说:"天下难事,必作于易。"为什么?因为任何的困难都是从"易"的地方发展出来的。同样的,"天下大事,必作于细"。天下的大事都有迹可寻的,是从小的时候蔓延、膨胀起来的。这句话是不是发人深省呢?这是政治的智慧,它不是制度的问题,重点在当机立断,在细易的地方就要赶快处理,你迟疑一下,拖延一下,就会变成"大"跟"难";你现在放弃责任,将来就会变成更大的责任、更大的难题给后面的人去接。所以如果你不在细易的地方去处理,它会发展成"大"、会加深成"难",到那个时候就更难了。

底下说:"是以圣人终不为大,故能成其大。"这句话的意思是:任何事情,圣人在细小跟容易的地方就处理了,所以他永远不会把自己逼到去面对大跟难的处境。"圣人终不为大",就是他从来没有让事情坐大;事情坐大了、困难了以后,他才做,叫"为大"。"故能成其大",是指如此他才是一个了不起的政治人物。这边的"成其大"是就那个人本身的成就来说,"终不为大"是说处理事情的时候不让事情坐大,在细小、容易时就把它化解了。这两个"大"的意思不一样,分清楚就不会觉得很难解了。后面那个"成其大"是指成就圣人人格的"大";那么圣人人格的"大"从哪里来?就是他从来不让事情坐大,他在小的阶段就把它化掉了。

底下说:"夫轻诺必寡信,多易必多难。"一个很容易答应人家的人,就是轻诺;说什么都拍胸膛保证,这种人一定会寡信,寡信就很难做到。"多易必多难"是什么意思?你把事情看得太容易,那样事情反而会变得更困难。不要以为什么都没有问题,我一句话就好了,要让一个学生从消极变成积极,从放弃写作到重新拿笔写作，你要花很多心思去引导，不是光讲几句空话就做得到的。所以"多易必多难"，事情哪里有那么容易，每个人背后都有他一生的历史，有他整个的价值观，你一句话就可以改变吗？

底下说："是以圣人犹难之，故终无难矣。"什么叫"犹难之"？就是把容易的看成难的，就是以易为难。所以圣人从来就把容易的看成难的，"故终无难矣"，它才不会发展成大难。因为你看重容易的，就会处理它，不会忽略它，它也就不会坐大。所以在细易的地方你"犹难之"，你把细易的看成难题，这样它才不会成为大难。不要看轻小问题，不要看轻星星之火，它会成燎原之势的，所以救火最好的办法，是在火刚起来的时候就把它灭了；千万不要让它烧起来，一烧起来就难了，小火马上就会变成大火。一定要从细易的地方处理，不让它变大，变难。圣人之所以有智慧，就是因为他知道小的会变成大的，因此在小的地方就解决了；比较没有智慧的人，则是等它坐大，花加倍的力气、以更惨痛的代价去解决。另外一个更高明的处理方式是根本不让它有问题，就是刚刚讲的"报怨以德"。

问题未有，时代未乱，就去处理化解，才是大政治家

第六十四章一开始说："其安易持，其未兆易谋；其脆易泮，其微易散。"就是说在它安定的时候容易持守，在它还没有征兆的时候容易图谋，在它脆弱的时候容易化解，在它微细的时候容易消散。所以底下说："为之于未有，治之于未乱。"我们就是要讲这一句，因为这一句是上章所没有的。这里跟"报怨以德"一样，也是有一个层次的分别的，前面告诉你天下的"大"和"难"要在细、易的地方就处理了，这边告诉你，不仅在细易的时候就要处理，而是在根本还没有问题的时候，就已经应该加以化解而不让它发生。所以你怎样去"为"？怎样去"图"？你怎样去处理？怎样去对治？在还没有发生的时候，在还没有乱的时候。前面说在它还是星星之火时就把它踩熄，这里又是什么意思？在还没有火的时候解决，连星星之火都不能出现！我从来没有限制过孩子爬上我的书桌，看我的书，但他们从来没有撕过我一张纸、一本书。我写博士论文的时候，我的书房跟孩子的玩具室是同一间，那个房子很小，孩子的玩具在里面，我的书又到处摆，我说这是很奇妙的结合，儿童的天真跟爸爸的人文，游戏跟学问各领风骚，然后彼此很有秩序，很有味道，那真的是天大的幸运，从来不会产生"有"跟"乱"的问题。那么现在我们把它放在人生问题上，就

是在还没"有"的时候你就"为"了，在还没"乱"的时候你就"治"了。

当然我们会有一个问题：既然还没"有"，那何须"为"呢？还没有"乱"，何须"治"呢？因为我"无为"，我"无为"所以根本不会"有"，我"无执"所以根本不会"乱"——无为故无有，无执故未乱。在老子的反省中，很多的"有"跟"乱"都是政治领导人物带出来的，很多学生的问题是老师带出来的，只是我们自己不知道而已。所以"为之于未有，治之于未乱"，就是你一定要反省到，很多问题是因为你才有的，就像我刚刚说的，天下有问题是因为"我"才有问题的。我们都以为天下的问题应该由大家一起来解决，不是的，是大家有自己才有天下的问题的。所以天下有那么多的事情，就是领导人物的问题呀，是带领的问题。我们平时都往孩子跟学生身上反省：孩子为什么出问题？学生为什么出问题？不是的，问题是出在你啊，所以你可以"为"，可以"治"，不让自己成为他们"有"跟"乱"的原因。

底下说"合抱之木，生于毫末"，两人合抱的大树木也是"毫末"般的小树苗长成；又说"九层之台，起于累土"，九层的高台是起于"累土"——一筐筐一筐筐的土；又说"千里之行，始于足下"，千里的远行是一步一步走出来的，抬起你的脚，一步一步就可以走出千里之远了。接着是:"为者败之,执者失之。"为什么"败"?为什么"失"呢?因为你"为"、你"执"啊!因为你"为"才会败,因为你执着才会失,譬如说我不执着第一名,怎么会失落第一名?因为我执着,我才会失落;我没有执着,就不会有失落。"为者败之",就是你有心有为,才会让事情更复杂。底下又说"是以圣人无为故无败,无执故无失",这是反省圣人自己,天下为什么会乱?为什么"有"?是因为你啊!所以我们让自己不执着,不造作,无执无为,自然就无败无失了。又说"民之从事,常于几成而败之",就是天下人民去做事情,常常在快要成功的时候失败了。

成败不在最后的冲刺,而在起始的抉择

底下说:"慎终如始,则无败事。"这句话我有新的解释,从上面那一句"几成而败之"来看,好像是功败垂成,所以我们现在的反省都说:为什么我没有成功?因为我缺乏最后的冲刺。但是老子的意思不是你最后没有冲刺,而是你一开始就错了。我们痛悔的是我不够坚持、后劲不足,但老子说事实上是你一开始就错了——你想打天下的心一开始就错了。所以"慎终如始"那个"如",我把它当"于"讲,就像"风雨如晦"就是"风雨于晦","于"是在的意思。怎样"慎终"?就在开始

的时候。一开始的时候，你就要"无为故无败，无执故无失"，因为"为者败之，执者失之"，问题出在你的"执"跟"为"，而不是说你最后"为"得不够，坚持得不够。不是坚持跟冲劲的问题，是一开始就不应该坚持，一开始就不应该冲出去。道家的反省，不是说最后我没有坚持，而是说一开始我就错了。所以"慎终如始，则无败事"，"无败事"就是无执、无为的结果，让败事远离。

所以圣人要做什么？底下说："是以圣人欲不欲，不贵难得之货。""欲不欲"，就像是"为无为，事无事，味无味"；"不贵难得之货"，是来解释"欲不欲"的，你所"欲"的是"不欲"。又说："学不学，复众人之所过。"你所学的是"不学"——无心地学。你去学，但不执着；有学问，有学位，但没有优越感。很多人把学问、学位当作利器，当作优越感、英雄气，这不好。你的学位念得越高，对你的朋友和另一半的压力就越大，因为你老是用你的学位来跟他比，所以你越念他越紧张。你如果是"学学"就不好了，他是"学不学"——又学又把它忘了，这叫"学不学"。"复众人之所过"是救众人之所过；众人会以学为利器，而你"学不学"，把那个"学"的优越感忘掉，这样才能补救把众人比下去的过错。最后说"以辅万物之自然而不敢为"，我们去辅助万物，让它自己如此，而你不敢有为——就是不敢改变它，改造它。我只是辅导他，让他自己成为这个样子,这叫"德善",叫"德信",这叫"以百姓心为心",叫"常善救人"。我只是辅导他自己实现他自己,而不敢说我来给他什么,或者说我来改变他。一个政治领导人物应该有这样的想法,老师和父母对待学生、子女也要这样的想法。

天道在利而不害中生万物,人道在为而不争中生百姓

最后我要讲第八十一章的总结:"天之道,利而不害;圣人之道,为而不争。"在人间世俗,凡是"利"一定会带出"害","利""害"是相对的,"利"的所在一定也是"害"的所在;就像你的彰显,一定也是你的遮蔽,我们精彩的地方,经常就成为我们的关卡。你最厉害在哪里,这个就是你修养的关卡;你最突出、最卓越的地方,很可能就是你的危机。我们每天都面对利害的权衡,有利也有害;但是我们要问:利多还是害多?利多害少,就"为之"了。但是天道只有利而不害,这才叫天道;人间则是利跟害永远同在,你在利他的时候,事实上也在害他。你一直拿零用钱给他,一直照顾他,很容易让他过度依靠你的支持——你对他的"利",很可能就形成他的"害"。但是天道能过滤掉害,而让利永远是利;所以"上善若水,水善利万物而不争"(第八章),这个水就等于道。水是利万物的,"而不争"就是

没有害；我们平时利他又跟他争，事实上就是利他又害他。因为你利他的时候，又用这个"利他"来压迫他——你看我们是不是常常这样说：我给你礼物，你是不是要听我的话呢？你给他的礼物是"利"，要他听你的话是"害"。所以我说你这样等于把礼物收回去了，等于把你对他的好收回去了。你要"生而不有"才可以，你生而有，对他好，却又当下把对他的好收了回来，那有什么意义？所以要"生而不有"，这边叫"利而不害"。

那"圣人之道"呢？"为而不争"。"为"就是为天下人做一切，但不认为自己有功劳，有贡献。一般人就以"为"去跟天下争，我为你做了许多，没有功劳，也有苦劳；就以苦跟劳来跟家人争，跟朋友争，跟天下争。总觉得别人亏欠我，对不起我，所以等待别人来回报，来补偿；一边"为"，一边争。只有圣人一如天道，他为一切，但什么都不争；只有"为"而没有争，才是圣人。一如天道只有利而无害。二者总结，天上的天道、人间的圣人，所为的是利万物、利百姓，而化解了所有可能带来的后遗症，"利"不会带来"害"，"为"不会带来"争"，这才是真正的人间道，也是天道的生成原理在人间的朗现。

附录 《老子》全文

第1章

道可道,非常道;名可名,非常名。无,名天地之始;有,名万物之母。故常无,欲以观其妙;常有,欲以观其徼。此两者,同出而异名,同谓之玄;玄之又玄,众妙之门。

第2章

天下皆知美之为美,斯恶已;皆知善之为善,斯不善已。故有无相生,难易相成,长短相较,高下相倾,音声相和,前后相随。是以圣人处无为之事,行不言之教。万物作焉而不辞,生而不有,为而不恃,功成而弗居。夫唯弗居,是以不去。

第3章

不尚贤,使民不争;不贵难得之货,使民不为盗;不见可欲，使民心不乱。是以圣人之治，虚其心，实其腹；弱其志，强其骨。常使民无知无欲，使夫智者不敢为也。为无为，则无不治。

第4章

道冲，而用之或不盈；渊兮似万物之宗。挫其锐，解其纷，和其光，同其尘。湛兮似或存，吾不知谁之子，象帝之先。

第5章

天地不仁，以万物为刍狗；圣人不仁，以百姓为刍狗。天地之间，其犹橐籥乎！虚而不屈，动而愈出。多言数穷，不如守中。

第6章

谷神不死，是谓玄牝。玄牝之门，是谓天地根。绵绵若存，用之不勤。

第7章

天长地久。天地所以能长且久者，以其不自生，故能长生。是以圣人后其身而身先，外其身而身存。非以其无私耶，故能成其私。

第8章

上善若水。水善利万物而不争。处众人之所恶,故几于道。居善地,心善渊,与善仁,言善信,正善治,事善能,动善时。夫唯不争,故无尤。

第9章

持而盈之,不如其已;揣而锐之,不可长保。金玉满堂,莫之能守;富贵而骄,自遗其咎。功遂身退,天之道。

第10章

载营魄抱一,能无离乎;专气致柔,能婴儿乎;涤除玄览,能无疵乎。爱民治国,能无知乎;天门开阖,能为雌乎;明白四达,能无为乎。生之畜之,生而不有,为而不恃,长而不宰,是谓玄德。

第11章

三十辐共一毂,当其无,有车之用。埏埴以为器,当其无,有器之用。凿户牖以为室,当其无,有室之用。故有之以为利,无之以为用。

第12章

　　五色令人目盲，五音令人耳聋，五味令人口爽。驰骋畋猎，令人心发狂；难得之货，令人行妨。是以，圣人为腹不为目，故去彼取此。

第13章

　　宠辱若惊，贵大患若身。何谓宠辱若惊？宠为下，得之若惊，失之若惊，是谓宠辱若惊。何谓贵大患若身？吾所以有大患者，为吾有身；及吾无身，吾有何患？故贵以身为天下，若可寄天下；爱以身为天下，若可托天下。

第14章

　　视之不见名曰夷，听之不闻名曰希，搏之不得名曰微，此三者不可致诘，故混而为一。其上不皦，其下不昧，绳绳不可名，复归于无物。是谓无状之状，无物之象，是谓惚恍。迎之不见其首，随之不见其后。执古之道，以御今之有：能知古始，是谓道纪。

第15章

　　古之善为士者，微妙玄通，深不可识。夫唯不可识，故强为之容。豫兮若冬涉川，犹兮若畏四邻；俨兮其若客，涣兮若冰之将释。敦兮其若朴，旷兮其若谷，混兮其若浊。孰能浊以静之徐清？孰能安以动之徐生？保此道者不欲盈；夫唯不盈，故能蔽而新成。

第16章

　　致虚极，守静笃，万物并作，吾以观复。夫物芸芸，各复归其根。归根曰静，是谓复命；复命曰常，知常曰明。不知常，妄作，凶。知常容，容乃公，公乃全，全乃天，天乃道，道乃久，没身不殆。

第17章

　　太上，下知有之。其次，亲而誉之。其次，畏之。其次，侮之。信不足焉，有不信焉。悠兮其贵言，功成事遂，百姓皆谓我自然。

第18章

　　大道废，有仁义；慧智出，有大伪。六亲不和，有孝慈；国家昏乱，有忠臣。

第19章

　　绝圣弃智，民利百倍；绝仁弃义，民复孝慈；绝巧弃利，盗贼无有。此三者以为文不足，故令有所属：见素抱朴，少私寡欲。

第20章

绝学无忧。唯之与阿，相去几何？善之与恶，相去何若？人之所畏，不可不畏。荒兮其未央哉！众人熙熙，如享太牢，如春登台。我独泊兮其未兆，沌沌兮！如婴儿之未孩。傫傫兮！若无所归。众人皆有余，而我独若遗，我愚人之心也哉！俗人昭昭，我独昏昏；俗人察察，我独闷闷。澹兮其若海，飂兮若无止。众人皆有以，而我独顽似鄙。我独异于人，而贵食母。

第21章

孔德之容，唯道是从。道之为物，唯恍唯惚：惚兮恍兮，其中有象；恍兮惚兮，其中有物。窈兮冥兮，其中有精；其精甚真，其中有信。自古及今，其名不去，以阅众甫。吾何以知众甫之状哉？以此。

第22章

曲则全，枉则直，洼则盈，敝则新。少则得，多则惑，是以圣人抱一以为天下式。不自见，故明；不自是，故彰；不自伐，故有功；不自矜，故长。夫唯不争，故天下莫能与之争。古之所谓曲则全者，岂虚言哉！诚全而归之。

第23章

希言自然。故飘风不终朝，骤雨不终日。孰为此者？天地。天地尚不能久，而况于人乎？故从事于道者：道者同于道；德者同于德；失者同于失。同于道者，道亦乐得之；同于德者，德亦乐得之；同于失者，失亦乐得之。信不足焉，有不信焉。

第24章

企者不立，跨者不行。自见者不明，自是者不彰，自伐者无功，自矜者不长。其在道也，曰：余食赘行。物或恶之，故有道者不处。

第25章

有物混成，先天地生。寂兮寥兮，独立不改，周行而不殆，可以为天下母。吾不知其名，字之曰道，强为之名曰大。大曰逝，逝曰远，远曰反。故道大，天大，地大，人亦大。域中有四大，而人居其一焉。人法地，地法天，天法道，道法自然。

第26章

　　重为轻根,静为躁君。是以圣人终日行,不离辎重。虽有荣观,燕处超然。奈何万乘之主,而以身轻天下?轻则失本,躁则失君。

第27章

　　善行无辙迹,善言无瑕谪,善数不用筹策。善闭无关楗而不可开,善结无绳约而不可解。是以圣人常善救人,故无弃人;常善救物,故无弃物。是谓袭明。故善人者,不善人之师;不善人者,善人之资。不贵其师,不爱其资,虽智大迷,是谓要妙。

第28章

　　知其雄,守其雌,为天下溪;为天下溪,常德不离,复归于婴儿。知其白,守其黑,为天下式;为天下式,常德不忒,复归于无极。知其荣,守其辱,为天下谷;为天下谷,常德乃足,复归于朴。朴散则为器,圣人用之,则为官长,故大制不割。

第29章

　　将欲取天下而为之,吾见其不得已。天下神器,不可为也，不可执也。为者败之，执者失之。故物或行或随，或嘘或吹，或强或羸，或挫或隳。是以圣人去甚，去奢，去泰。

第30章

以道佐人主者，不以兵强天下，其事好还。师之所处，荆棘生焉；大军之后，必有凶年。善者果而已，不敢以取强。果而勿矜，果而勿伐，果而勿骄，果而不得已，果而勿强。物壮则老，是谓不道，不道早已。

第31章

兵者不祥之器，非君子之器，不得已而用之，恬淡为上。胜而不美，而美之者，是乐杀人。夫乐杀人者，则不可得志于天下矣。夫唯兵者不祥之器，物或恶之，故有道者不处。君子居则贵左，用兵则贵右；吉事尚左，凶事尚右；偏将军居左，上将军居右。言以丧礼处之。杀人之众，以哀悲泣之；战胜，以丧礼处之。

第32章

道常无名，朴虽小，天下莫能臣也。侯王若能守之，万物将自宾。天地相合，以降甘露，民莫之令而自均。始制有名，名亦既有，夫亦将知止，知止可以不殆。譬道之在天下，犹川谷之于江海。

第33章

　　知人者智，自知者明。胜人者有力，自胜者强。知足者富，强行者有志。不失其所者久，死而不亡者寿。

第34章

　　大道泛兮，其可左右。万物恃之而生而不辞，功成不名有，衣养万物而不为主。常无欲，可名于小；万物归焉而不为主，可名为大。以其终不自为大，故能成其大。

第35章

　　执大象，天下往；往而不害，安平太。乐与饵，过客止。道之出口，淡乎其无味，视之不足见，听之不足闻。用之不足既。

第36章

　　将欲歙之，必固张之；将欲弱之，必固强之；将欲废之，必固兴之；将欲夺之，必固与之，是谓微明。柔弱胜刚强，鱼不可脱于渊，国之利器，不可以示人。

第37章

道常无为而无不为，侯王若能守之，万物将自化。化而欲作，吾将镇之以无名之朴。无名之朴，夫亦将无欲；不欲以静，天下将自定。

第38章

上德不德，是以有德；下德不失德，是以无德。上德无为而无以为；下德为之而有以为。上仁为之而无以为；上义为之而有以为；上礼为之而莫之应，则攘臂而扔之。故失道而后德，失德而后仁，失仁而后义，失义而后礼。夫礼者，忠信之薄，而乱之首；前识者，道之华，而愚之始。是以大丈夫处其厚，不居其薄；处其实，不居其华。故去彼取此。

第39章

昔之得一者：天得一以清，地得一以宁，神得一以灵，谷得一以盈，万物得一以生，侯王得一以为天下贞。其致之。天无以清将恐裂，地无以宁将恐发，神无以灵将恐歇，谷无以盈将恐竭，万物无以生将恐灭，侯王无以贵高将恐蹶。故贵以贱为本，高以下为基。是以侯王自谓孤寡不谷，此非以贱为本邪？非乎？故致数舆无舆。不欲琭琭如玉，珞珞如石。

第40章

反者，道之动；弱者，道之用。天下万物生于有，有生于无。

第41章

上士闻道，勤而行之；中士闻道，若存若亡；下士闻道，大笑之，不笑不足以为道。故建言有之：明道若昧，进道若退，夷道若颣。上德若谷，大白若辱，广德若不足，建德若偷，质真若渝。大方无隅，大器晚成，大音希声，大象无形。道隐无名。夫唯道，善贷且成。

第42章

道生一，一生二，二生三，三生万物。万物负阴而抱阳，冲气以为和。人之所恶，唯孤寡不谷，而王公以为称。故物或损之而益，或益之而损。人之所教，我亦教之，强梁者不得其死，吾将以为教父。

第43章

天下之至柔，驰骋天下之至坚。出于无有，入于无间。吾是以知无为之有益。不言之教，无为之益，天下希及之。

第44章

名与身孰亲？身与货孰多？得与亡孰病？是故甚爱必大费，多藏必厚亡。知足不辱，知止不殆，可以长久。

第45章

大成若缺，其用不弊；大盈若冲，其用不穷。大直若屈，大巧若拙，大辩若讷。躁胜寒，静胜热，清静为天下正。

第46章

天下有道，却走马以粪；天下无道，戎马生于郊。罪莫大于可欲，祸莫大于不知足，咎莫大于欲得。故知足之足，常足矣。

第47章

不出户，知天下；不窥牖，见天道。其出弥远，其知弥少。是以圣人不行而知，不见而名，不为而成。

第48章

为学日益，为道日损。损之又损，以至于无为；无为而无不为。取天下常以无事；及其有事，不足以取天下。

第49章

圣人无常心，以百姓心为心。善者吾善之，不善者吾亦善之，德善；信者吾信之，不信者吾亦信之，德信。圣人在天下，歙歙；为天下浑其心。百姓皆注其耳目，圣人皆孩之。

第50章

出生入死。生之徒，十有三，死之徒，十有三；人之生，动之死地，亦十有三。夫何故？以其生生之厚。盖闻善摄生者：陆行不遇兕虎，入军不被甲兵；兕无所投其角，虎无所措其爪，兵无所容其刃。夫何故？以其无死地。

第51章

道生之，德畜之，物形之，势成之。是以万物莫不尊道而贵德。道之尊，德之贵，夫莫之命而常自然。故道生之，德畜之，长之育之，亭之毒之，养之覆之。生而不有，为而不恃，长而不宰，是谓玄德。

第52章

天下有始，以为天下母。既得其母，以知其子；既知其子，复守其母，没身不殆。塞其兑，闭其门，终身不勤；开其兑，济其事，终身不救。见小曰明，守柔曰强；用其光，复归其明。无遗身殃，是谓习常。

第53章

使我介然有知，行于大道，唯施是畏。大道甚夷，而民好径。朝甚除，田甚芜，仓甚虚；服文彩，带利剑，厌饮食。财货有余，是谓盗夸。非道也哉！

第54章

善建者不拔，善抱者不脱，子孙以祭祀不辍。修之于身，其德乃真；修之于家，其德乃余；修之于乡，其德乃长；修之于国，其德乃丰；修之于天下，其德乃普。故以身观身，以家观家，以乡观乡，以国观国，以天下观天下。吾何以知天下然哉？以此。

第55章

含德之厚，比于赤子。蜂虿虺蛇不螫，猛兽不据，攫鸟不搏。骨弱筋柔而握固，未知牝牡之合而全作，精之至也。终日号而不嗄，和之至也。知和曰常，知常曰明；益生曰祥，心使气曰强。物壮则老，谓之不道，不道早已。

第56章

知者不言，言者不知。塞其兑，闭其门，挫其锐，解其纷，和其光，同其尘，是谓玄同。故不可得而亲，不可得而疏；不可得而利，不可得而害；不可得而贵，不可得而贱。故为天下贵。

第57章

以正治国，以奇用兵，以无事取天下。吾何以知其然哉？以此：天下多忌讳，而民弥贫；民多利器，国家滋昏；人多伎巧，奇物滋起；法令滋彰，盗贼多有。故圣人云：我无为而民自化，我好静而民自正，我无事而民自富，我无欲而民自朴。

第58章

其政闷闷，其民淳淳；其政察察，其民缺缺。祸兮福之所倚，福兮祸之所伏。孰知其极？其无正。正复为奇，善复为妖，人之迷其日固久。是以圣人方而不割，廉而不刿，直而不肆，光而不耀。

第59章

治人事天，莫若啬。夫唯啬，是谓早服；早服谓之重积德；重积德则无不克。无不克则莫知其极；莫知其极，可以有国；有国之母，可以长久。是谓深根固柢，长生久视之道。

第60章

治大国，若烹小鲜。以道莅天下，其鬼不神；非其鬼不神，其神不伤人；非其神不伤人，圣人亦不伤人。夫两不相伤，故德交归焉。

第61章

大国者下流，天下之交，天下之牝。牝常以静胜牡，以静为下。故大国以下小国，则取小国；小国以下大国，则取大国。故或下以取，或下而取。大国不过欲兼畜人，小国不过欲入事人。夫两者各得其所欲，大者宜为下。

第62章

道者万物之奥。善人之宝，不善人之所保。美言可以市尊，美行可以加人。人之不善，何弃之有？故立天子，置三公，虽有拱璧以先驷马，不如坐进此道。古之所以贵此道者何？不曰：求以得，有罪以免邪，故为天下贵。

第63章

为无为，事无事，味无味。大小多少，报怨以德。图难于其易,为大于其细。天下难事,必作于易;天下大事,必作于细。是以圣人终不为大,故能成其大。夫轻诺必寡信,多易必多难。是以圣人犹难之,故终无难矣。

第64章

其安易持,其未兆易谋;其脆易泮,其微易散。为之于未有,治之于未乱。合抱之木,生于毫末;九层之台,起于累土;千里之行,始于足下。为者败之,执者失之。是以圣人无为故无败,无执故无失。民之从事,常于几成而败之;慎终如始,则无败事。是以圣人欲不欲,不贵难得之货;学不学,复众人之所过,以辅万物之自然,而不敢为。

第65章

古之善为道者,非以明民,将以愚之。民之难治,以其智多。故以智治国,国之贼;不以智治国,国之福。知此两者亦稽式;常知稽式,是谓玄德。玄德深矣远矣,与物反矣,然后乃至大顺。

第66章

江海所以能为百谷王者,以其善下之,故能为百谷王。是以欲上民,必以言下之;欲先民,必以身后之。是以圣人处上而民不重；处前而民不害。是以天下乐推而不厌。以其不争，故天下莫能与之争。

第67章

天下皆谓我道大，似不肖。夫唯大，故似不肖。若肖，久矣其细也夫！我有三宝，持而保之：一曰慈，二曰俭，三曰不敢为天下先。慈故能勇，俭故能广，不敢为天下先，故能成器长。今舍慈且勇，舍俭且广，舍后且先，死矣！夫慈，以战则胜，以守则固。天将救之，以慈卫之。

第68章

善为士者不武，善战者不怒，善胜敌者不与，善用人者为之下。是谓不争之德，是谓用人之力，是谓配天古之极。

第69章

用兵有言：吾不敢为主而为客，不敢进寸而退尺。是谓行无行，攘无臂，扔无敌，执无兵。祸莫大于轻敌，轻敌几丧吾宝。故抗兵相加，哀者胜矣。

第70章

吾言甚易知，甚易行；天下莫能知，莫能行。言有宗，事有君。夫唯无知，是以不我知。知我者希，则我者贵。是以圣人被褐怀玉。

第71章

知不知，上；不知知，病。夫唯病病，是以不病。圣人不病，以其病病，是以不病。

第72章

民不畏威，则大威至。无狎其所居，无厌其所生。夫唯不厌，是以不厌。是以圣人自知不自见，自爱不自贵。故去彼取此。

第73章

勇于敢则杀，勇于不敢则活。此两者，或利或害。天之所恶，孰知其故？是以圣人犹难之。天之道，不争而善胜，不言而善应，不召而自来，繟然而善谋。天网恢恢，疏而不失。

第74章

民不畏死，奈何以死惧之？若使民常畏死，而为奇者，吾得执而杀之，孰敢？常有司杀者杀。夫代司杀者杀，是谓代大匠斫。夫代大匠斫者，希有不伤其手矣。

第75章

民之饥,以其上食税之多,是以饥。民之难治,以其上之有为,是以难治。民之轻死,以其上求生之厚,是以轻死。夫唯无以生为者,是贤于贵生。

第76章

人之生也柔弱,其死也坚强;万物草木之生也柔脆,其死也枯槁。故坚强者死之徒,柔弱者生之徒。是以兵强则不胜,木强则兵。强大处下,柔弱处上。

第77章

天之道,其犹张弓与?高者抑之,下者举之;有余者损之,不足者补之。天之道,损有余而补不足;人之道,则不然,损不足以奉有余。孰能有余以奉天下?唯有道者。是以圣人为而不恃,功成而不处,其不欲见贤。

第78章

天下莫柔弱于水,而攻坚强者莫之能胜;以其无以易之。弱之胜强,柔之胜刚,天下莫不知,莫能行。是以圣人云:受国之垢,是谓社稷主;受国不祥,是为天下王。正言若反。

第79章

　　和大怨，必有余怨，安可以为善？是以圣人执左契，而不责于人。有德司契，无德司彻。天道无亲，常与善人。

第80章

　　小国寡民。使有什佰之器而不用，使民重死而不远徙。虽有舟舆，无所乘之；虽有甲兵，无所陈之。使民复结绳而用之。甘其食，美其服，安其居，乐其俗。邻国相望，鸡犬之声相闻，民至老死不相往来。

第81章

　　信言不美，美言不信；善者不辩，辩者不善；知者不博，博者不知。圣人不积，既以为人己愈有，既以与人己愈多。天之道，利而不害；圣人之道，为而不争。